出来事から学ぶ
カルチュラル・スタディーズ

田中東子
Toko Tanaka
山本敦久
Atsuhisa Yamamoto
安藤丈将
Takemasa Ando
編著

川端浩平
Kohei Kawabata
二宮雅也
Masaya Ninomiya
川村覚文
Satofumi Kawamura
栢木清吾
Seigo Kayanoki
竹田恵子
Keiko Takeda
著

ナカニシヤ出版

目　　次

Chapter 01　カルチュラル・スタディーズへの誘い —————— *1*

田中東子

1-1　「出来事」を入り口に　*1*
1-2　変わる社会と教育　*4*
1-3　本書の内容と使い方　*7*

Chapter 02　出来事，支配，抵抗 ————————————— *13*

山本敦久

2-1　出来事のカルチュラル・スタディーズ　*13*
2-2　マギングとモラル・パニック　*16*
2-3　社会の危機と「法と秩序」　*20*
2-4　抵抗，節合，想像的解決　*22*
2-5　「フーリガン」現象とファンによる発話行為　*24*
2-6　黒人の表現文化，ディアスポラの音楽，資本主義批判　*30*
2-7　ま と め　*36*

Chapter 03　食，農，ライフスタイル ————————————— *39*

安藤丈将

3-1　食と農のカルチュラル・スタディーズとは何か　*39*
3-2　工業型農業のヘゲモニー形成　*41*
3-3　シビック・アグリカルチャーの挑戦　*45*
3-4　ライフスタイル選択としての農　*47*
3-5　食と農の文化的な争いの未来　*51*

Chapter 04　脱原発，社会運動，リスク社会 ————————— *57*

安藤丈将

4-1　民主主義と社会運動　*57*
4-2　脱原発：ライフスタイルと政治　*60*
4-3　コミュニティ：自治と熟議　*63*
4-4　福島：歴史的責任に支えられた民主主義　*66*

Chapter 05　健康，予防医学，身体の管理

新たな健康のパターナリズム ──────────── 75

二宮雅也

5-1　社会的価値を増す「健康」　75
5-2　新しい健康管理の方法：遺伝子検査のはじまり　78
5-3　リキッド・ライフと健康の自己責任化　80
5-4　リバタリアン・パターナリズムと健康　82
5-5　カルチュラル・スタディーズと健康　85
5-6　おわりに：健康を考える視点　87

Chapter 06　キャラクター商品，消費型文化，参加型権力

──────────── 93

田中東子

6-1　キャラクターをめぐる現象　93
6-2　キャラクターを愛するというのはどのような行為なのか　95
6-3　カルチュラル・スタディーズにおけるポピュラー文化研究　101
6-4　資本の手のひらで　107
6-5　さらなる研究の展開へ向けて　111

Chapter 07　ライブアイドル，共同体，ファン文化

アイドルの労働とファン・コミュニティ ──────────── 117

竹田恵子

7-1　アイドルファンのカルチュラル・スタディーズ　117
7-2　「ライブアイドル」とは何か　117
7-3　「いつでも会える」アイドルの台頭と，ファンコミュニティ　119
7-4　身体を共にすること：ライブを通じた一体感　122
7-5　アイドルと労働問題　124
7-6　〈ライブアイドル共同体〉は可能か　131

目　次　*iii*

Chapter 08　第三波フェミニズム，スポーツと女性，身体表象
―――――――――――――――――――――――――――― *135*

田中東子

8-1　映像に描かれるスポーツと女性　*135*
8-2　第三波フェミニズムによる視角の変容　*137*
8-3　女性アスリートの顕在化／商品化　*143*
8-4　「密やかなフェミニズム」の空間としてのスポーツ文化　*148*

Chapter 09　グローバル化，移民，都市空間 ――――――――――― *153*

栢木清吾

9-1　「もうひとつのオキュパイ・セントラル」　*153*
9-2　メイド・イン・ホンコン　*155*
9-3　占拠される香港都心　*158*
9-4　「家から離れたホーム」　*160*
9-5　「ホーム」の居心地と「アウェイ」な心持ち　*163*

Chapter 10　ヤンキー文化，郊外，排除と包摂
　　　　　ハマータウンの野郎どもはどこへ行ったのか ――――――― *169*

川端浩平

10-1　盗んだバイクで走り出す！？　*169*
10-2　魂の労働　*172*
10-3　環境管理の果てに　*175*
10-4　ヤンキーから排外主義へ　*179*
10-5　ヤンキーへ／の眼差しを取り戻す　*181*

Chapter 11　ネット右翼，ナショナリズム，レイシズム ―――― *189*

川村覚文

11-1　インターネットナショナリズムのカルチュラル・スタディーズ
　　　189
11-2　ポストモダンな社会とインターネットナショナリズム　*193*
11-3　インターネットナショナリズムを支える技術的次元　*196*
11-4　インターネットナショナリズムの文化政治　*200*
11-5　まとめ　*208*

Chapter 12 ポピュリズム，テレビ政治，ファシズム ——213

川村覚文

12-1 ポピュリズムという古くて新しい現象 *213*
12-2 スチュアート・ホールによるサッチャリズム批判 *216*
12-3 ポピュリズムを分析する理論 *220*
12-4 日本のポピュリズムを分析する *223*
12-5 ま と め *225*

Chapter 13 オリンピック，祝賀資本主義，アクティヴィズム

——*227*

山本敦久

13-1 "Hands up, Don't shoot"：ジョン・カーロス，再び *227*
13-2 表彰台のアプロプリエーション：身体表現の政治学 *232*
13-3 トラテロルコの虐殺 *236*
13-4 祝賀資本主義とオリンピック *239*
13-5 アクティヴィズムの現在：笑い・機知・皮肉，そして"人情"
245

コラム① 自分がメディアになる：ZINE 製作のススメ
諫山三武 *55*
コラム② 旅する選曲：DJ，文化，Fu(n)kushima
Shima（Soul Matters）／島 晃一 *72*
コラム③ 『初音ミク』がみせる，新たなコンテンツの生産と消費の関係
山際節子 *114*
コラム④ 「情動労働」としてのアイドルの労働
竹田恵子 *134*
コラム⑤ 歩くことの両義性：米軍基地とポケモン GO
高原太一 *186*
コラム⑥ 即興創作の「場」としての「ニコニコ動画」
山際節子 *211*

Chapter 01

カルチュラル・スタディーズへの誘い

田中東子

1-1 「出来事」を入り口に

◉炎上する PR 広告動画を考える

インターネット上で公開された企業や自治体の PR 広告動画の「炎上」が相次いでいる。炎上する動画の多くは，その内容が女性差別的であったり，女性たちに性役割分業を押し付けるものであったり，女性の身体やイメージを商品化し，男性による消費の対象とするようなものであると読み取れることから，主に女性たちによって批判されているのだ。

動画の中で描かれているイメージやストーリーに対して，私たちは誰であっても抗議したり，批判したりすることができる。インターネットが普及した現在では，ひとりの人間が挙げた抗議や批判のメッセージに賛同する人たちがこれまでよりずっと容易につながれるようになり，大きな勢力としてそれらのイメージに対抗することも可能である。

例えば，Twitter や Facebook で動画の内容に異議を唱えた文章がリツイートされ，シェアされることで，共感と同意を獲得できるかもしれない。他方，女性たちから批判されているこれらの動画イメージを肯定し，問題のないものだととらえる人たちもいることだろう。こうした人たちは，動画の内容を批判する人たちとはまったく異なる解釈を行い，むしろ批判する人たちのことを，小うるさい，面倒な人たちだと非難するかもしれない。

また，動画の中で描かれている侮蔑的な女性のイメージや性差別的なストーリーがどこから生まれ出たものであるか考えてみることもできるだろう。それらの動画製作を依頼する企業や自治体の人たちから発しているのか，それとも製作を請け負った広告代理店の人たちから生じているのか，それとも PR されている商品やサービスを購入する私たちの中にあるものなのか，もしくは，社

会に埋め込まれたもっとずっと大きな価値観やイデオロギーのようなものによって生み出されているのだろうか。

このように，PR広告動画のようなひとつの文化的な表現は，私たちの暮らす社会とその文脈のなかに投げ出されることによって，さまざまな意味の解釈にさらされ，賛同者や批判者による意見の相違を生み出し，その表現がどのような社会的価値や文脈のなかで生成されたものであるのか考えるきっかけを与えてくれる。

●カルチュラル・スタディーズとは何か

こうした文化的な現象や出来事を「意味の形成をめぐる闘争の場」であるとみなし，文化と権力の間の関係を捉えようとするのが，本書で学ぶ「**カルチュラル・スタディーズ**」（以下，CS）の主要な関心となる。本書で論じている「（社会）運動」の活動や戦術，「ポップカルチャー」の生産と消費，意味形成の場では，必ず支配的な集団と被支配的な集団，もしくは同一階層にありながらも利害の異なるさまざまな集団間での闘争と交渉が生じている。「文化」というのはまさにそうしたことが起こる「場」として考えられるのである。

このような闘争と交渉の場としての文化を，それではどのような姿勢で分析・考察してみればよいのだろうか。アメリカでのCS研究を牽引してきたローレンス・グロスバーグによると，CSは世界をよりよいものに作り替えていくのに奉仕できる最良の知を生み出そうとする努力であり，そうするための意志そのものであるという（Grossberg, 2010 : 55）。

そして，私たちの暮らす世界とそこで暮らすことのリアリティが，文化によって，そして文化とともにどのように創り出され，どのように表現され，その成立の背景にはどのような歴史や価値や条件があるのか，といった点をCSは明らかにすると同時に，創り出され，表現されたものの問題点を洗い出し，批判し，問題そのものに介入し，それらをより良いものに変化させていこうとすることに関わる学問であると，グロスバーグは述べている（Grossberg, 2010 : 8）。

本書には，個別の出来事や事例を入り口として，私たちの暮らす社会が抱えている文化や政治，メディアや地域社会，ジェンダーや人種といったさまざまな問題について分析し，それらの問題とどのように取り組み，なにを考えてみ

Chapter 01　カルチュラル・スタディーズへの誘い

ればいいのか書かれている。一見するとばらばらの事象を扱っているようにもみえるそれぞれの章であるが，いずれも CS の分析方法を用いているという共通点をもっている。

●カルチュラル・スタディーズの形成

　本書で扱っている CS の方法論や調査研究は，第二次世界大戦後のイギリスで誕生し，今日では世界中に広く学ばれているものである。戦後まもないイギリス社会にとって重要な社会的文脈は，「資本主義的工業生産の復興」，「福祉国家の確立」，「冷戦構造」の三つであり，これらの文脈は，戦前のイギリス社会とは異なる「新しさ」を生じさせた原因として考えられてきた（ターナー，1999：56）。これら新しい社会的文脈のもとで，エリートではなくごく一般的な民衆を主体とした新しい文化実践と，さらにはメディアの発達，その利用の普及を通じて生じたさまざまな文化現象，とくにポピュラー文化に関心をもつ人たちが増えてきたことから，CS は生み出されたのである。

　また，CS はフランスやドイツ，イタリアの思想家たちのさまざまな概念と，経験的で実証的な調査手法を混ぜ合わせた，きわめてハイブリッドな学問領域として形成されている。ある教科書では，CS の理論構築に影響を与えたヨーロッパの思想家や理論家たちとして，ルイ・アルチュセール，ロラン・バルト，ピエール・ブルデュー，ミッシェル・ド・セルトー，ミッシェル・フーコー，ジャック・ラカン（以上フランス），ジグムント・フロイト（オーストリア），カール・マルクス（ドイツ），グラムシ（イタリア），ミハイル・バフチン，ヴォロシーノフ（以上ロシア），フェルディナン・ド・ソシュール（スイス）ら，膨大な数の人たちの名前が挙げられている（Storey, 2003：2）。

　これらの思想家や理論家は，哲学者や歴史学者，社会学者や経済学者，心理学者や言語学者など，多岐にわたる学問領域に広がっている。最近では，他分野にまたがるテーマやトピックスを扱う学問を「学際的である」と称しているが，その先駆的な試みとして CS を捉えることもできるだろう。

　このように，雑多で複数の起源をもたざるを得なかったのは，そもそも「既存の学問分野では分析対象とならなかった現象や関係」（ターナー，1999：22）を調査・分析・理解したいという欲望に突き動かされて，CS が誕生したからで

ある。20世紀後半になると私たちの社会はどんどん複雑化し，それまでの伝統的な学問的視座では捉えきれない新しく多彩な現象にとりまかれるようになった。そして，それまで社会を形成し，その中心で活動していた担い手や，それまで研究の担い手として中心を占めてきた男性たちの，そして主に白人からなるエリートたちに代わり，戦後の世界ではごく普通の人たちもその地位を得られるようになった。

　こうしたことから，エリートたちとは異なる視点で社会活動や研究活動を行う人々が出てきたのである。これらの研究者たちは，戦前であればおそらく大学のような高等教育機関には進学していなかっただろう「労働者階級」と呼ばれるイギリス社会の下層階級に所属する人たちだった。例えば本書に登場するスチュアート・ホールという研究者はイギリスの旧植民地ジャマイカ出身の黒人であるし，その他にも本書で紹介される研究者の中には女性たちが多く含まれている。既存の学問や研究の担い手は「上流階級に属する白人男性」に占拠されていたのに対して，1950-60年代になるとアカデミズムからそれまで排除されてきた，白人以外の，エリートではなく，男性でもない人たちがたくさん参入するようになり，学問や研究への焦点の当て方や関心事が変容した。

　実際，学問の世界には厳格な「学問分野」が存在し，専門性および歴史性が増す領域ほど，学習や研究の対象として選択できるものが制限されている。現在ではそれぞれの学問分野ごとに内部での自己反省が生まれ，それぞれの分野で新しい出来事や現代的な状況に関心をもち，調査や研究の対象としていく姿勢も生まれているかもしれないが，あれもこれもというゴミ捨て場のカラスのような雑食性で，「いまここで起きている出来事」に取り組もうとする意欲を特に強くもっている人たちが，CSの理論や研究，そして運動を推進していったのである。

1-2　変わる社会と教育

● 1990年代以降の変化

　日本社会にCSの研究方法が入ってきたのは，1990年代半ばのことである。日本においても，大学の教員だけでなく，アーティストやアクティビストの方々との協働作業としてCSの考え方は広まった。その導入から20年以上が

経ち，当時，学部生や大学院生として CS を学んできた本書の執筆者たちは，それぞれ教員として大学で講義を行うようになった。しかし，本書の随所で指摘されているように，この間に社会情勢は大きく変わり，私たちの暮らしにさまざまな影響を与えている。先に，CS の誕生した背景には，第二次世界大戦後の「資本主義的工業生産の復興」「福祉社会の確立」「冷戦構造」の三つの文脈があると述べたが，日本に CS が導入された 90 年代以降，これらの文脈には変化が起きた。

　まず，一つめの「資本主義的工業生産の復興」についてであるが，今日の資本主義を駆動させている労働の質は，工業生産や工場労働によって支えられた物質的生産労働から，イメージ・感情・コミュニケーション労働によって支えられた非物質的生産労働へと移行している。二つめの「福祉社会の確立」も，1980 年代半ばを分水嶺に，福祉社会は解体されつつある。特に 2000 年代に入ると「規制緩和」や「自助努力」や「民営化」といった言葉が肯定的な意味を帯びて，私たちの生活を厳しいものに変えてしまった。

　三つめの「冷戦構造」についてはみなさんもよくご存じのことだろう。1989 年 11 月のベルリンの壁崩壊と，それと前後して引き起こされた東欧革命による東欧諸国の脱共産主義・社会主義化，そして 1991 年 12 月のソ連邦崩壊によって長く続いた構造は破綻し，1990 年代半ば以降は新しい世界秩序によって世界の仕組みが成り立つようになった。「資本主義・自由主義」対「共産主義・社会主義」というわかりやすい対立構造は消失し，その後に残されたのは資本主義と新自由主義を全面肯定するアメリカ，EU を主軸としたキリスト教世界と，それ以外の世界という非対称な権力関係に基づく三軸構造である。本書では特に，資本主義と新自由主義が全面肯定され，経済だけでなく文化や情報に関わるさまざまな格差が広がった今日の社会を批判的に捉える視点に基づいて書かれている章が多くあるので，この点は特に留意しておいてほしい。

●**変化する大学教育**

　こうした変化とともに大学教育の現場にも変化が訪れた。日本においても貧困問題は他人事ではなくなり，教育に対する公的支出の少なさから，学生やその親に経済的負担が重くのしかかっている。産業界は「有用」な「人材」を送

りこむことを強く大学に求め，「有用性」から距離をとる人文学のような学問領域は，激しい攻勢にさらされている。排外主義的な風潮が広がっており，インターネット上の「ネット右翼」の論調に共感する学生も出てきた。

　特に大きく変化したのが，4年制大学への進学率（特に女子学生の進学率の上昇），そして学生生活の過ごし方ではないだろうか。大学への進学率は上がったものの，経済的事情などから学生が学問に専念することが困難になりつつある。1990年代に崩壊したバブル景気ののち，日本経済は低成長が続き，多くの学生が学費や生活費の一部（や場合によっては全部）を自分自身で稼ぐため，空き時間の多くをアルバイトなどに費やさねばならなくなった。おそらく，今日の多くの大学教員が経験していると思われるが，授業中に眠っている学生を起こし，「夜更かしでもして眠いのか？」と尋ねると，「深夜の時間帯にバイトのシフトを入れて働いていました」という回答が返されることがある。詳しく聞くと，通学定期や授業料，教科書などのお金を自分自身のアルバイト代から出さざるをえなくて，授業は貴重な睡眠の時間であるというのだ。このような状況下で，かつてのように図書館にこもり，じっくりと時間をかけて国内外の文献を精読するなどということは，非常に困難かつ贅沢な行為となりつつある。

　そこで，学生にとって身近な出来事を糸口にして，CSのさまざまな議論や視座について学べる教科書のようなものがあるとよいのではないか，と考えた者たちで執筆したのが本書である。

●本書の特長

　本書では，昨今の文化的・社会的な出来事を糸口に，それぞれの執筆者が普段の講義で用いている具体的な題材や資料を提示し，CSの観点から分析を行っている。日本においては，バブル崩壊後の経済の衰退，世界における日本の地位の後退，そして2011年3月11日に起きた東日本大震災と福島第一原発の事故（とその急速な忘却），移民排斥とヘイトスピーチの急増など，危機的な課題が山積されているが，これらの危機を解決するための方法として，例えば，2020年の東京オリンピックを利用した国民の再統合といったポピュリスト的な政治手法が持ち出され，問題そのものの解決とは程遠い事態に陥っている。

　こうした状況を勘案してみたときに，いまの日本社会の状況は，1970–80年

Chapter 01　カルチュラル・スタディーズへの誘い　7

代のイギリスの CS が取り組んできた状況や局面と通じるところもある。時代
も，場所も，社会的文脈や文化的背景は異なっているとしても，彼ら彼女らが
取り組んできた諸問題は，いまの日本社会で暮らす私たちにとって参考となる
ものが多いと考えられるのである。

　CS の教科書の多くはイギリスやアメリカ，オーストラリア，香港や台湾など，
さまざまなロケーションと条件の下での出来事や事例を扱っているものが多い。
しかし本書のトピックスは，今日の日本の社会状況において必要なテーマは何
か，日本のメディアを通して学生のみなさんが見聞きしている事象は何か，そ
して議論すべき事柄はどのようなものであるのか，という観点から選択されて
いる。

　もちろん，CS にとって重要なテーマは，本書で扱っているもの以外にもた
くさんあるけれども，本書は CS について網羅的に説明したり，解説したりす
ることを目的とはしていない。本書で取り上げたのは，執筆者たちが日々，大
学で講義し，学生と対話し，都市や農村で調査活動を行う際に，こんな切り口
をきっかけに身の回りで起きている出来事，社会や文化，政治や社会運動に関
心をもってもらえれば嬉しいな，と思うような事柄である。

1-3　本書の内容と使い方

　各章で対象となる事象は，キーワードとしてそれぞれのタイトルに含まれて
いるので，本書を手にしたみなさんは，まずは目次をよく眺めてほしい。そし
て，それぞれの章のタイトルに含まれているキーワードの中で気になるものが
あれば，そのページから開いて読んでみてほしい。内容を知る手助けとなるよ
うに，どのようなことが書かれているのか，以下に簡単にまとめておく。

　いまみなさんが読んでいる第 1 章「**カルチュラル・スタディーズへの誘い**」
では，本書が執筆された文脈を説明し，それぞれの章で書かれている内容を要
約したうえで，本書の使い方について提示している。

　第 2 章「**出来事，支配，抵抗**」では，CS の今日的な展開の基礎を作ったスチ
ュアート・ホールやポール・ギルロイらによる 1970 年代・80 年代の英国にお
ける研究を紹介しながら，CS がどのような出来事を対象にし，そこにどのよ
うな問題を発見し，どのように批判していったのかを学ぶ。「法と秩序」「権威

主義的ポピュリズム」といった支配的な政治のなかで，社会の危機として表象された若者や労働者階級，黒人たちは，それに対して音楽や表現，サッカーといった文化を通じてどのように抵抗していったのかを考える。

第3章「食，農，ライフスタイル」では，高度に資本主義が発達した現代社会において，私たちの日常にとって大切なものの一つである食事をめぐり，どのような問題が起きているのかが示される。また毎日の食事を支える農業の仕組みが本来のあり方から乖離され，「アグリビジネス」によって支配された工業的な生産に取って代わられたと指摘する。しかし，こうした変化に反発し，新しい食と農の文化を形成するライフスタイルを選び，環境に配慮した倫理的な生産・消費の活動を行う人々が登場しつつあることを教えてくれる。

第4章「脱原発，社会運動，リスク社会」では，2011年の福島第一原発事故以降の脱原発運動を論じている。同時代のグローバルな運動の文脈，日本の歴史的な文脈の中に位置づけてみると，今日の脱原発運動は，自治としての民主主義を希求しているといえる。脱原発運動の現場は，首相官邸前の路上だけでなく，地域社会のような暮らしに身近な場にまで広がっている。こうした議論の後に，自治としての民主主義という観点からすると，今の福島の状況をどうみることができるのかについて検討している。

第5章「健康，予防医学，身体の管理」では，私たちの生活にとって非常に身近な健康の問題を糸口に，産業による健康ビジネスの台頭が，個人的な問題であるはずの身体へのケアや健康への意識を，社会的に管理され，もし健康を維持できないとするなら社会的制裁を受けてしまうような社会統制のための手段へと変換してしまった点を指摘する。さらに，バイオテクノロジーの発達により，諸個人の身体，そして健康の管理は，遺伝子検査や出生前診断のような，身体的リアリティを超えたものにゆだねられている。〈生〉の情報化ともいえるこうした手段の発展により，私たちは健康を軸にした，権力による身体への介入に取り囲まれているのである。

第6章「キャラクター商品，消費型文化，参加型権力」では，グローバルに展開されるキャラクターとそのグッズ販売を切り口に，現代社会においてキャラクター消費がもつ複雑な意味を読み解いていく。今日の文化産業においてキャラクターの消費は，単なる消費活動にはとどまらず，「二次創作」や「パロデ

ィ」といった新しい文化の生産へとつながっていく。一見したところ，現代の消費者は商品を受容するだけの従属的な地位から抜け出し，自発的で積極的な生産者の地位を占めるようになっているようにみえるのだが，現代の文化産業はそうした消費者による自発的な文化生産の契機を新たな商品として取り込み，資本に再び従属化させているのではないかと批判する。

第7章「**ライブアイドル，共同体，ファン文化**」では，日本社会でもっともポピュラーな文化の一つである女性アイドルのファンコミュニティと，当該アイドルの労働について分析している。本論文ではとくに，「ライブアイドル」や「地下アイドル」と呼ばれるパフォーマー達を対象としている。ライブアイドルは大規模なメディアに登場しないが，ライブ活動と「接触」と呼ばれる対面的なファンサービスを行い，ファンとの〈ライブアイドル共同体〉を形成し，その活動にはケア労働と共通する問題点がみられ，日本の労働問題と同様の困難をも抱え込んでいることが指摘されている。

第8章「**第三波フェミニズム，スポーツと女性，身体表象**」では，女性による身体表現空間であるスポーツ環境の変化に注目し，そのような変化を導いたのがフェミニズム運動の成果であったと説明する。しかし，スポーツ文化への女性の参画が進むにつれて，徐々に女性アスリートやスポーツをする若い女性のイメージが商品の購買を促すコマーシャルのアイコンになり，美と健康と消費への欲望を喚起させられている点を，女性アスリートや若い女性が登場する広告を考察することで，問題視している。

第9章「**グローバル化，移民，都市空間**」では，週末になると香港の中環駅付近に集まり「たまり場」を作っている移民家事労働者を取り上げ，香港のような「グローバル・シティ」には二極化された階級構造があることを指摘している。この出来事から，移民やマイノリティの人々が創り出す「目に見えず沈黙した数々の都市」の空間があることを学び，私たちが暮らす社会や都市にも，別の国や地域からやってきた人々の暮らしや「居場所」があることを想像してみることを提案している。

第10章「**ヤンキー文化，郊外，排除と包摂**」では，ヤンキー文化の変遷を追いつつ，近年，新しいタイプのヤンキー的な文化が営まれていると指摘する。なぜなら，新旧のヤンキー文化とその抵抗を取り囲む社会経済的な状況と地域

社会は大きく異なっていて，社会からの排除と包摂のメカニズムにも変化が生じているからである。特に，現代のヤンキー文化の担い手たちは，ゆくゆくは感情労働を中心とするサービス業に従事することを余儀なくされる予感から，また，郊外を含めた都市空間のセキュリティ管理の高まりから，かつてのような社会からの排除や抵抗という選択をせず，消費者として社会に包摂されることを望み，またそのようなものとして表象されるようになっている点を明らかにしている。

第11章「ネット右翼，ナショナリズム，レイシズム」では，インターネット空間で急増している「ネット右翼」や「ネトウヨ」という現象に焦点を当て，昨今の日本社会で力をもちつつある右翼的な言説を批判するための視座を学んでいく。こうした主張が台頭してきた背景にあるのは，現代が伝統的規範や確固たる価値観の揺らいだポストモダン的な社会であり，さまざまな価値や規範の揺らぎの中で，ナショナリズムに根差した主張が訴求力をもつようになったからである。そして，「国家」を価値あるものとして認め，それへの帰属意識を高めるナショナリズムの主張を正当化するために，レイシズムが生じると説明している。

第12章「ポピュリズム，テレビ政治，ファシズム」では，21世紀に入り改めて注目を集めるようになったポピュリズムという言葉を取り上げ，政治学や社会学とは異なるCS的視点から理解するために，スチュアート・ホールによるサッチャリズム批判を検討する。次に，エルネスト・ラクラウのポピュリズム理論について学び，日本のポピュリスト的事象の具体的な分析に応用している。

第13章「オリンピック，祝賀資本主義，アクティヴィズム」では，オリンピックという巨大イベントの空間が国民国家の代表者たちの集いという体裁によって構成される場でありながら，オリンピックの祝賀的ムードと多幸感が覆い隠してしまう人権抑圧，環境破壊，貧困，都市のジェントリフィケーションといった問題への批判的意思表明の空間として，ときに反転させられる可能性を指摘する。そして，オリンピックのような巨大イベントはまさに，CSが最も大切にしてきた「支配のただなかで，支配に抗する」瞬間を，世界的な規模で提示する，CS的身振りの実践のための場として検討される。

Chapter 01　カルチュラル・スタディーズへの誘い

　それぞれの章には，授業前後の予習や復習に役立て，討論をしたりレポートを書いたりする際に利用できるよう，簡潔にポイントをまとめ，課題を添えてある。

　まず，「**学びのポイント**」では，章全体で何が論じられているのか，またそれぞれの章を読み進める際に何を学んでほしいのか，箇条書きで論点が示されている。

　次に本文では，CS的な視点から重要であると考えられる現代社会の出来事が取り上げられ，その出来事を手がかりとしてさまざまな理論や分析方法や考察について示されている。本文に登場する重要な**キーワード**や**キーパーソン**については，囲み記事で説明が付け加えられているので参照してほしい。また，テーマに沿った内容の小説やマンガ，映画やドラマなどを紹介している章もあるので，これらの作品を読んだり観たりすることで，扱われているテーマについて考察を深め，重層的に学んでほしいと執筆者たちは考えている。

　本文の終わりには，復習のために利用できる項目がまとめられている。「**チェックポイント**」では，本文を理解できたかどうか確認するためのポイントが示されているので，ノートをとる際に参照し，読み終えた後にはミニレポートとして意見をまとめてみよう。

　「**ディスカッションテーマ**」は，授業の中でグループディスカッションやグループワークを行う際に論点として考えるべき点を示し，「**レポート課題集**」には期末レポートの課題として利用できるテーマを掲げてある。また，「**関連文献リスト**」には日本語や英語で読める関連文献を挙げてあるので，各章での議論を掘り下げるためや，期末レポートを書く際に探して，ぜひ読んでみてほしい。本書でフォローしきれなかったさらに発展的な議論について学べるはずである。さらに，いくつかの章には，その内容に付随するコラムが挿入されている。論文とは異なる形式の読み物として，それぞれの分野に詳しい若い人たちに書いてもらったので，楽しみながら読んでほしい。

【参考・引用文献】

ターナー, G. ／溝上由紀・毛利嘉孝・鶴本花織・大熊高明・成実弘至・野村明宏・金智子［訳］(1999).　カルチュラル・スタディーズ入門—理論と英国での発展　作品社 (Turner, G. (1990). *British cultural studies : An introduction*. Boston, MA: PBK.)

Grossberg, L. (2010). *Cultural studies in the future tense*. Durham: Duke University Press.

Storey, J. (2003). *Cultural studies and the study of popular culture* (2nd). Athens: Georgia University Press.

Chapter 02

出来事，支配，抵抗

山本敦久

学びのポイント

● カルチュラル・スタディーズの今日的な基礎を方向づけた 1970–80 年代の英国における研究は何を対象にし，何を問題にし，どう批判したのかを学ぶ。
● 「法と秩序」社会と権威主義的ポピュリズムに対抗する初期カルチュラル・スタディーズの方法や構えを知る。
● カルチュラル・スタディーズは，若者たちや黒人たちのサブカルチャーによる抵抗をどのように捉えようとしたのかを知る。
● 英国の黒人たちがディアスポラ的なネットワークのなかで，どのような音楽や表現を創造してきたのかを理解する。

2-1 出来事のカルチュラル・スタディーズ

◉出来事を解きほぐす

　本書におけるカルチュラル・スタディーズ（以下，CS）は，概念や理論から始まるのではなく，個別具体的な出来事から疑問や問題を立ち上げることを研究の出発点としている。もちろん概念や理論も大切だが，あくまで出来事とそれに関わる人たちに関する事柄から分析に着手していく。なぜなら CS にとって研究は，概念や理論のためにあるのではなく，また学問領域_{ディシプリン}のためにあるのでもなく，具体的な出来事や行為とそれに関わる人たちのことを考えるためにあるからだ。

　出来事を解きほぐしていくことから始まるので，必要とあればどんな研究分野の理論であろうが使っていく。だから CS は領域横断的とならざるをえない。そのことが既存の学問領域の壁を守ろうとする研究者たちの神経を逆なでするのかもしれない。しかし，出来事に向き合い，そこにイシューを見出し，問いを立てていく CS にとって，領域横断性は必要不可欠な条件なのである。

●批判的感性

　また，本書における CS のスタンスは，無批判に特定の文化現象が好きだという姿勢とは若干相いれない。この音楽が好きだ，このチームの戦術スタイルが好きだ，このファッションが好きだという感性は，研究するうえで欠かせないものだが，対象とする文化の諸現象のなかで「これはおかしいな」「どうしてなのか？」といった疑問にぶつかることも，その対象への愛があるからなのではないだろうか。サッカーや音楽やファッションやダンスが好きだからこそ，目の前の出来事に対して無批判ではいられないのではないだろうか。

　例えば，近年生じているサッカー場の人種差別を無視してサッカーの研究をすることはできないだろう。"JAPANESE ONLY"（日本人以外お断り）という横断幕が一部の浦和レッズサポーターによってサッカー場に掲げられるとき，なぜユニバーサルな文化であるはずのサッカーが「日本人」に限定されなければならないのかという疑問が立ち上がるはずだ。特定の誰かに限定されるということは，サッカーをする，観るというあたり前の権利を有する行為から締め出される人がいるということである。ではいったい誰がどのような理由で締め出されるのか。そもそもここでの"JAPANESE"（日本人）とは誰のことなのか。客席の人たちだけではない。ピッチ上でプレーをしている李忠成にも出ていけというのか。日本国籍を取得し，日本代表の大事な試合で得点を挙げてきた在日韓国人 4 世はここでサッカーをしてはいけないのか。このような疑問が沸き上がってきたときに，はじめてナショナリズムやアイデンティティ，ポストコロニアルといったものに関わる概念や理論を「サッカーの人種差別」を通じて考え始めることができるだろう。

　したがって本書における CS は，研究対象への愛と同時に批判的な感性を持ち合わせることを大切にしたい。遭遇する出来事や現象に敏感に反応するアティテュード（態度や構え）を磨くことは CS を実践するうえでの大切なファクターとなる。サッカーを子どもの頃からやっていて，いまも観戦することが好きだからサッカーを題材に卒論や修士論文を書きたいという気持ちはよくわかる。でもそれだけでは足りない。いまサッカー界には多くの批判すべきことが起きている。そういうことに関心を向けることから，好きなサッカーへの研究アプローチは始まる。

Chapter 02 出来事, 支配, 抵抗

●支配的ヘゲモニーの形を変えるために

　出来事は, それを生み出す文脈から切り離して考えることはできない。だからその出来事はどのような文脈に埋め込まれているのかに注意を向ける必要がある。なぜなら, 出来事は透明な箱のなかで起こるのではないからだ。さまざまな人たち, グループ, 勢力の考え方, 欲望, 権利, 利益／不利益といったものが影響し合い, ぶつかり合う力の磁場のなかで出来事は生じるのである。

　この力の磁場を「権力」と呼んでみてもいいだろう。ここでの権力とは, 特別な誰かがもっていてそれを一方的に行使したり, 誰かを支配したり, 抑圧することができる力のことではない。本書では, 権力をどこにでもある力の磁場のことだと考えてみたい。リビングルームにも権力はある。大学の教室にも, 教員と学生の間にも, 街のなかにも, スポーツ観戦や音楽鑑賞にも, あなたと家族の間にも, あなたと恋人の間にも, スマホを持つその手とあなたの間, スマホ画面とあなたの視覚や脳の間にも, ショップで買ったシューズや今夜食べる肉や魚や野菜とあなたの間にも権力の磁場は発生している。

　この磁場がある特定の形をなすときに, 誰かが抑圧され, 誰かが締め出され, 誰かが不利益を被ることがある。あるいはその誰かが現在の状況に置かれていることにすら気づかせないように, 巧妙に磁場がコントロールされているかもしれない。だがその権力の磁場の形は, つねにずっと同じ形をしているわけではない。その形は不安定で不確定なものである。なぜなら権力は誰かの所有物のようなものではないからだ。だから, その磁場の形をコントロールできる人やグループは, つねにその形を作りだすためにあの手この手を尽くし続けている。支配関係を作りだし, それを維持するために従属グループとの間に妥協点を見つけ出したり, 戦略を立てたり, 従属グループの人々の自発的な同意を取りつけたりもする。

　このような戦略や折衝は, 具体的な出来事を通じて遂行される。だからCSは出来事に関心を向ける。争われる磁場をできる限り有利な形にするためにどのような一連の出来事が選ばれ, それにどのような意味が与えられ, 利用されていくのかを考えていく必要があるのだ。

　磁場の形は, あらかじめ決定されていないのだから, その形を変えることも可能となるだろう。CSでは, このように偶発的で非決定的な磁場に向けて

働きかけるその戦略，力の行使，コントロールがせめぎ合う過程を「ヘゲモニー」と呼んでいる。ヘゲモニーを不確定で偶発的な折衝の過程であると考えれば，支配的なヘゲモニーを維持するための条件は何か，あるいはそれを変えるための条件は何か，何が出来事の磁場を変える要素となるのかという問いを立てることが可能となる。このように問いを立て，分析し，できれば現在の支配関係を成り立たせている磁場の形を変えることまでを想定することが，本書におけるCSの重要な狙いとなる。

　以下，本章では，支配的ヘゲモニーの形を変えようとする介入的実践としてのCSを学ぶためにいくつかの研究を紹介していく。CSが何を対象にし，何を問題にし，そのためにどのような研究を発表してきたのか，そのエッセンスと感性とアティテュードを追跡していくことにしたい。

2-2　マギングとモラル・パニック

●スチュアート・ホールとポール・ギルロイ

　まず，CSが具体的にどのような出来事を対象とし，そこで生じるどのような問題に対峙していったのかをみていきたい。そのためには，70年代に**スチュ**

> **スチュアート・ホール**　ジャマイカ生まれの英国の文化研究者。カルチュラル・スタディーズの代表的な理論家であり，1950年代には『ニュー・レフト・レビュー』誌の創刊に携わるなど，つねに研究と政治と実践（介入）を繋ぐ役割を果たし続けた。1968年にバーミンガム大学の現代文化研究センター（Center for Contemporary Cultural Studies）に所属し，1972年にはセンター長に就任する。センターの仕事を通じてホールは，文化とメディアと政治に関するさまざまなグループ調査を行い，今日のカルチュラル・スタディーズの理論や方法の基礎，政治や文化に対する構え，研究＝介入のスタンスを明確に作り出した。
> **ポール・ギルロイ**　英国生まれのディアスポラ研究者。近代を通じて大西洋両岸に離散した黒人ディアスポラたちの音楽文化や政治，社会運動に関する研究を行い，現在の日本におけるCSの展開にも多大な影響を与えている。『ユニオンジャックに黒はない―人種と国民をめぐる文化政治』『ブラック・アトランティック―近代性と二重意識』など，世界的に注目される名著を発表し続けている。

アート・ホールや**ポール・ギルロイ**らによって英国で展開され，CSの今日的な基礎を作ったバーミンガム現代文化研究センターに関連したいくつかの研究（バーミンガム学派と呼ばれることもある）を振り返っておく必要がある。

　ホールをディレクターとするセンターの共同研究として発表された『危機を取り締まる―強盗，国家，法，秩序』（Hall et al., 1978）と『儀礼を通じた抵抗―戦後英国における若者サブカルチャー』（Hall & Jefferson, 1993）は，この時期のもっとも重要かつ，いまなお世界中のCSに大きな影響力をもつ研究である。二つの研究はともに些細な路

上の強盗事件をきっかけに着手されていっ
た。これらの研究を通じて，CS は同じよう
な意味をもつ一連の出来事を分析しながら，
英国社会のなかでどのようにヘゲモニーを
めぐる折衝が展開されたのか，一連の出来
事がなぜ支配的ヘゲモニーにとって重要だ
ったのかを解き明かしている。

> **モラル・パニック** 安定していると思われて
> いた社会秩序や価値観が脅威にさらされ，そ
> の脅威をもたらす人びとやグループに対する
> 恐怖や不安といった激しい感情が公共の意識
> として共有され，集団的なパニックを引き起
> こす事象である。
>
> **逸　脱** 社会的な規範から外れていると想
> 定される行為。マギングや若者サブカルチャ
> ー，フーリガン現象といったものは，70 年代
> の英国で逸脱行為としてメディア報道や既存
> の社会学の中で扱われた。黒人や若者，労働
> 者階級の行為や振る舞いは社会全体を危機に
> 陥れる原因だとする言説が作られていったこ
> とに対して CS は対抗的な言説を作り出して
> いった。

●モラル・パニックの言説

　歴史的な事件，悲劇，暴動，カーニバル，
社会運動，スポーツの試合，音楽イベントから，若者たちの文化創造やサブ
カルチャー，そして日常的な表現や制作といった小さな行為にいたるまで CS
が扱う対象の射程はとても広い。こうした対象やトピックを取り上げながら，
CS は出来事や行為が特定の意味を付与され，それに関わる人びとが特定の意
味と表象をあてがわれていくその文脈と仕組みを解き明かしてきた。

　無数に存在するはずの意味の可能性のなかで，なぜある意味が選ばれ，それ
が固定化され，そのことによって特定の人びとが限定された表象を与えられる
のか。路上の窃盗事件，「フーリガン現象」，街路でのカーニバル，労働者階級の
若者サブカルチャーが，どのように犯罪や秩序や権威を乱すものとして意味づ
けられ，「**モラル・パニック**」として語られ，それらに関わる人びと（移民，非
白人，若者，労働者階級）が「**逸脱**」として問題化されていくのか。モラル・パ
ニックの言説は，広範な政治，経済，文化状況のなかでどのような役割を果た
しているのか。このような問いを解き明かしていくことが初期 CS の重要な作
業だった。

　モラル・パニックによって逸脱として問題化された人びとは，自分たちの未
来を限定され，場所を失い，日常的な差別を受けることになる。社会での役割
を限定され，あたりまえの機会を剥奪され，やりたいことやできることへの可
能性が閉ざされたりする。あるいは，過剰な監視や投獄の対象となり，支配権
力（警察やマス・メディア，マジョリティ，イデオロギー）によって暴力や迫害に
晒されることもある。CS にとっての克服すべきイシューはここから立ち上が

> **マギング** 英国の 70 年代に路上強盗を意味する言葉として広く流布した言葉。そもそもアメリカの凶悪犯罪で使われていた言葉を英国のメディアが輸入・使用することで特別な意味を帯びた犯罪となる。英国社会の治安と秩序の乱れを想起させ、社会の危機を生み出す元凶を黒人や黒人コミュニティに求めるような風潮を生み出していった。

ってきたのである。

　『危機を取り締まる』（Hall et al., 1978）では，70 年代の英国で起きた路上強盗や窃盗事件が，「**マギング**」という特別な言葉とともにタブロイド紙やメディア記事のなかでセンセーショナルに伝えられていく過程を詳細に分析していった。治安が日々悪化し，マギングの件数が急速に増加しているかのように伝えるニュース記事の数々は，移民の増加によって治安が乱れているかのように思わせながら紙面をリードしていった。

　連日の報道のなかでマギングは黒人犯罪と同義語のように扱われていく。少年や若者による些細な路上強盗にすぎない出来事は，あらかじめ人種化されたマギングという共有されたイメージによって，英国社会の恐怖と不安を煽り，モラル・パニックを引き起こしていった。だがパニックが起きて以降，実際の統計をみてみると，この時期に犯罪率が上昇したわけではないことがわかる。また，そもそもマギングというアメリカから輸入された犯罪名を裁く法のカテゴリーすらない。にもかかわらず「マギングは悪化している」という警察のコメントが報道され，黒人コミュニティへの警察による取締りが強化され，刑期は常軌を逸して長くなっていった。黒人コミュニティは犯罪の巣窟として，日常的に警察による暴力に晒されていったのである。

　マギングによってあらかじめ犯罪化されていったのは，カリブ海地域や南アジアから，まるで砂糖や紅茶のように輸入された安価な労働力としての移民たちである。戦後の好景気の時には，都合のいい安価な労働力として英国社会に組み込まれてきた移民とその定住者たちは，一転，経済状況が傾き始めると，マギングと同一視され，その存在自体が犯罪化され，社会内部にある脅威として英国社会の危機を生み出す者たちだと意味づけされていった。

　モラル・パニックの誘発にとって，メディア報道は決定的な役割を果たした。だからといってメディアはあからさまに人種差別を行ったのではない。メディア報道は，黒人たちの生活環境，家族構成や学校文化，居住環境，貧困状況のなかにマギングの原因を追究し，コミュニティとその環境が犯罪を必然的に生み出す温床だと論証するための素材を集めて物語化していった。こうした報

道は，警察の増員と取締りの過剰な強化を正当化する根拠を裏づけ，世間の合意を得ることに成功する。逮捕者の増加は，犯罪それ自体が人種化されることへの信憑性を与えていった。この一連のパニックは，法に基づいて秩序が作り出されるのではなく，法がもっぱら秩序に従属するかのように振る舞う社会のあり方に一定の説得力を与えるよう作用していく。CS ではこれを「**法と秩序**」社会への移行と呼んでいる。

> **「法と秩序」**　犯罪と司法の政策転換を指し示すと同時に，社会全体への支配・管理を強めるために特定の出来事と特定の人々の表象や言説を結びつけて利用する保守派の戦略としてCSによって批判的に分析された。
> **サブカルチャー**　美術館に展示される芸術や立派なホールで演奏されるクラシック音楽など，教養や知識による差異化と結びついた高級文化やブルジョア文化とは違い，むしろ体制批判や支配への抵抗を意味する従属的な文化を差す場合が多い。英国の労働者階級の若者たちは，親文化＝労働者階級文化から部分的に離脱しながら，同時に失われていく伝統的な労働者階級文化を想像的に再現するような象徴行為や集合的儀礼としての若者サブカルチャーを作り出していった。

またこの時代，白人労働者階級の若者**サブカルチャー**も伝統的な価値の衰退や道徳の乱れ，そして権威への脅威が生み出される源泉として，犯罪や社会不安へと結びつけられた。いわゆる「伝統的」な労働者階級コミュニティは，グローバルな資本の浸透や脱工業化への産業構造の転換によって弱体化されつつあった。小さな家族経営型の商店などは存続が難しくなり，古くからの街並みは不動産再開発の対象となっていった。大失業時代を迎えた 70 年代には，格差が広がり，貧しい者はどんどん切り捨てられていった。

こうして若者たちはそれまでコミュニティで継承されてきた労働者階級文化ではなく，メディア産業や文化産業によって提供される商品を通じて消費者化を進めていく。また，職を得るためにはコミュニティの文化や規範を身につけるのではなく，学校が教える能力を獲得し，親世代とは異なったスキルや知識や専門性を携えて社会上昇しなければならなくなる。それは労働者階級文化からの離脱を意味し，そこに残れば失業と下層労働者階級への軌道に飲み込まれることになる。

そんな若者たちは，親文化から離脱しつつも，失われた労働者階級の価値観や規範やプライドを再確認するような若者サブカルチャーを生み出していった。「フォーク・デヴィルズ」という社会的逸脱のラベルを貼られたサブカルチャー（スキンヘッズ，モッズ，ロッカーズなど）は，切り捨てられていった労働者階級の不満の吹き溜まりだと意味づけられ，モラル・パニックの原因とされていった。

2-3　社会の危機と「法と秩序」

◉想像された脅威

　CSはこうした社会状況を分析しながら，マギングや逸脱行為が事実としての脅威ではなく，あくまで想像された脅威だと批判していった。パニックは，戦後の好景気の後にやってきた社会不安を映し出す想像物なのである。では誰にとって，どのような理由から社会不安が投影されるモラル・パニックが必要だったのだろうか。それを解く鍵は『儀礼を通じた抵抗』のなかで述べられている。そこでは戦後の好景気のなかで神話化された「豊かさ」「合意」「ブルジョア化」という三つの要素からなるイデオロギーが検証されている。

　1950年代の経済状況は，労働者階級の給与と若者たちの可処分所得の上昇というある程度の「豊かさ」を実感する現実的な基盤があった。もちろん資本主義は，格差と不平等を生み出すシステムであるから，無階級社会が実現するわけではない。あくまで無階級の「感覚」が醸成されたにすぎない。また戦後の福祉国家は，社会的不平等を均すという意味での社会改良として広く展開されたが，根本的に不平等を解消するものではなかった。メディアや文化産業を通じた消費者化は，一枚岩の労働者階級というアイデンティティを切り崩し，国民を中産階級的価値へと導いていった。この時代の英国政治は，階級格差という現実を解消するのではなく，「豊かさ」を共有することで社会の不満を聞き入れながら不平等が顕在化しないように合意に基づいて運営されていたのである。

　したがってこの戦後の「豊かさ」なるものは，不平等や格差を現実的に解決するものではなく，労働者階級の自発的同意を調達することによって支配的ヘゲモニーを安定させる道具立てにすぎない。これは労働者階級の不満や抵抗をうまく逸らすための戦略やイデオロギーなのである。

　1960年代，70年代の不景気の時代になると，失業の増加と労働賃金の据え置きという事実を前にして，支配的ヘゲモニーは大きな危機をむかえることになる。それまでの合意による政治運営が難しくなると，支配勢力はヘゲモニーの危機がもつ意味内容の向きを変えようと奮闘する。この危機は英国社会の危機であると意味づけなおされていくのだ。しかもその危機は，社会の外からやってくるのではない。足元から社会に襲いかかってくるものとして意味を与えら

れていく。

　合意の政治が立ち行かなくなったとき，ヘゲモニーはその形を変えなければならない。黒人たちによるマギングへの恐怖，フォーク・デヴィルズによる秩序の乱れは，漠然とした社会不安に結びつけられ，社会の内側からやってくる危機へと結びつけられる。こうして，いま社会は例外的な状況に陥っているのだという風潮を醸成させていく。この例外的な危機を乗り切るためには，悠長な合意による手続きではなく，強制や権威による強いリーダーシップが要求される。政治と経済の危機や衰退は，こうやって反転させられていく。それは危機を取り締まる政治へと舵を切り，社会内部に構成された敵を痛めつけることで安心と人気を獲得しようとする権威的な支配形態による国家の改造が動き始めていくのである。

　マギングによって犯罪化された黒人たち，権威や秩序を乱す逸脱としての労働者階級の若者たちは，モラル・パニックを誘導するために作られたフィクションとしての危機である。個別の出来事は，社会全体の危機として意味づけられ，そうやって作りだされた危機を人々の不満や不安へと訴えかけながら支配勢力は「人気」を動員していくようになる。ホールはこのような政治形態を「権威主義的ポピュリズム」と呼んだ。これはサッチャー政権が成立し，その後の強制的な政治が維持されていく原動力となっていった。

●**ホールたちの挑戦**
　このようにホールたちによる初期 CS は，個別のミクロな出来事と社会的構成の再編制というマクロな出来事の間を往還しながら，出来事と社会，出来事と政治が節合され，新しい支配的ヘゲモニーが台頭していく過程を分析していった。「法と秩序」社会の進展とサッチャリズムの権威主義的ポピュリズムが後押しされていく土壌が整っていくなか，社会内部の他者として標的になる黒人たちの切実な境遇を目の当たりにして，それを打ち返そうと CS は研究を発表していったのである。

　こうした分析は，解体されていくコミュニティや労働者階級文化の危機への応答，あるいは逸脱や不逞の輩として枠づけられていく者たちの危機に直面する技術としての「抵抗」についても新しい分析を加えていった。本章の最初に

述べたように，CS は使えるのであればさまざまな学問分野の概念や理論を援用する。例えばヘゲモニーとは，ホールに多大な影響を与えたイタリアの思想家アントニオ・グラムシの概念を 70 年代の英国政治を分析するために導入したものである。ホールがこの概念を使う際にもっとも強調したのは，ヘゲモニーは偶発的で不確定な過程だという点にある。それは一度確立されたら永遠に支配関係が維持されるようなものではなく，支配勢力は抑圧によってではなく，従属集団からの同意を自発的に獲得するためにつねに働きかけ続けなければならない。

　ヘゲモニー概念をこのように捉えることによって，CS は「抵抗」についても新しい考え方を採用していくことになる。抵抗は，革命のように従属階級が支配をひっくり返すようなものではなく，また一枚岩の労働者階級が転覆によって実権を握るというようなものでもない。CS にとって抵抗とは，力の磁場の形を変えるために働きかけ，折衝し，あてがわれた既存の意味や表象を別の回路に繋ぎなおすことを示す概念となったのである。

2-4　抵抗，節合，想像的解決

●若者たちの文化への注目

　そこでホールたちは，若者たちの文化に注目していく。CS は文化を社会的で物質的な生活の経験に表現の形式を与えるものだと捉えることで，若者たちが文化（儀礼）を通じて社会的で物質的な原材料を巧みに利用する方法や形式のなかに，折衝過程としての抵抗を見出そうとするのである（Hall & Jefferson, 1993：10）。原材料とは，既製品のようなモノであり，街路のような空間であり，自分たちが規定されている親世代の文化のことである。

　ここでホールたちは「調達」と「再配置」をサブカルチャーにとって重要な戦略だとみなした（Hall & Jefferson, 1993）。労働者階級の若者たちは，資本主義が提供する商品や支配階級のスタイルを自分たちの流儀にしたがって流用・借用し，加工し，異なる組み合わせや異なる文脈のなかに再配置する。交通手段であるスクーターは，モッズによって別の使われ方をし，それは集団的な連帯や権威への脅威を象徴的に表現するための原材料となった。このように CS の若者サブカルチャー研究は，従来の使い方や意味をその文脈から切り離して

（脱分節化），別の回路に繋ぎなおす（再分節化），その美的で創造的な表現の行為遂行性のなかに階級支配との折衝を見出していったのである。

　しかし文化表現を通じた抵抗は，絶え間ない折衝の過程であるから，物質的な矛盾や現実的な条件を「解決」する特効薬のようなものではない。抵抗は，これによって失業問題や不平等や格差が解消されるものではなく，あくまで「想像的な方法」による解決以外のなにものでもない（Hall & Jefferson, 1993：47-48）。こうやってホールたちは，解体されていく労働者階級の文化とコミュニティの想像的な回復を若者たちの抵抗のなかに読み取っていった。若者サブカルチャーは，親世代の労働者階級たちが経験してきた失われていく連帯や帰属意識を想像的に取り戻すというノスタルジックな感情の発露や表現でもあるのだ。

　モラル・パニックを通じて社会的逸脱だとラベリングされた若者サブカルチャーは，ホールたちによって象徴や記号を通じた抵抗や想像的解決という別の意味に繋ぎなおされた。若者たちは，想像的解決としての抵抗を通じて自分たちの従属的な位置を認識し，自分たちは何を奪われているのかを見定め，階級構造や支配的ヘゲモニーと折衝するための拠点や戦略を組み替えているのだと再分節化されたのである。

●節合の回路を脱臼させ，組み替える

　すでに述べたように，労働者階級の若者サブカルチャーは逸脱という意味を付与され，社会の危機へと節合されていた。『儀礼を通じた抵抗』（Hall & Jefferson, 1993）は，この節合の回路を脱臼させ，別の意味へ再節合しようとする試みでもあった。ちょうど若者たちが既存のモノの使用法を脱節合して，別の用途へ再節合したように。また，ディック・ヘブディジの名著『サブカルチャー──スタイルの意味するもの』（1975）では，文化人類学者であるレヴィ＝ストロースの有名な「ブリコラージュ」という概念をCSのサブカルチャー分析のなかに流用している。「未開」社会の論理であるブリコラージュは，日常生活のなかにある平易な素材を組み合わせて，その素材に別の意味や働きを作り出して代替的に利用するというものである。

　パンクの若者は，ナチスのカギ十字をファシズムにおける意味や記号から切

り離して，「社会や体制側からの嫌われ者」という別の意味へと流用していった。ありあわせのモノや記号を組み替えて別の文脈に繋ぎなおす営為を，CS では「象徴論的抵抗」と呼んでいる。

このように CS にとって，研究することと節合の実践は切り離すことができない。ホールによれば，「節合とは，特定の条件下で二つの異なった要素を統合することができる連結の形態である。だがその繋がりは，つねに非必然的で，非決定的で，非絶対的かつ非本質的なもの」である（Hall, 1986：53）。したがって，若者たちのサブカルチャーの表現は，社会の危機の温床になるという決定的な保証はないということがいえる。連結を組み替えることも可能だからこそ，CS による「介入」の余地があるわけだ。

CS は，意味や表象を特定の形に方向づけていく支配的な力をみきわめ，できればその方向のアクセントを変えていこうとする表現や形式に注意を払っている。そのために，「介入」という構えが共有されてきた。研究対象を分析し，権力が作動する仕組みを解き明かすと同時に，その対象や仕組みのなかに入り込み，力の向きを変えることまでを想定することが CS ということもできる。

2-5 「フーリガン」現象とファンによる発話行為

ところで，ホールは節合という概念からもう一つの重要な意味を見出している。それは「発話する」（分節化する＝はっきりとさせる），あるいは発話行為そのものを意味するというものだ（Hall, 1986）。CS は，文化表現における発話行為にも関心を向けて分析してきた。例えば，白人労働者階級の不満の吹き溜まりだと意味づけられてきた「サッカー・フーリガン」という現象と，その現象に応答するサッカーファンたちによって作られる組織や小さな表現・発話媒体としての「ファンジン」研究などがそれにあたるだろう。

◉サッカー・フーリガンを考える

1960 年代，70 年代の英国のサッカー文化から現代のグローバル化するサッカー文化までを射程に説得力ある研究を行っている小笠原博毅は，ファンたちの発話行為のなかに，ホールが述べるような節合＝分節化の契機を探り出している（小笠原, 1998）。ここでは小笠原の研究を紹介しながら，CS がファンたち

の発話行為になぜ注目し，どのように分析
しているのかを探っていきたい。

　サッカーファンたちの表現や発話行為を
考える際，それが生み出される文脈を探ら
なければならない。そのためにまず CS が「フーリガン」をどう考えてきたの
かを振り返ってみる必要がある。1960 年代，70 年代を通じて，サッカー場の客
席や周囲の街路で，酒を飲み，暴れ，殴り合う行為，いわゆる「フーリガン」
という現象がメディアやスポーツ社会学の領域で注目された。このフーリガン
は，特定の人々へのラベリングとして作用した。ラベル化されたのは，白人の
労働者階級の男性たちである。週末にサッカー場に集まり，酒を飲んで暴れる
連中は，人種化され，階級化され，ジェンダー化された存在であり，そのうえ
で逸脱行為やモラル・パニックとして論じられていったのである。

　フーリガン現象へと全体化されてしまいかねないサッカー文化のなかで，暴
れる輩たちはごく一部であって，それを社会の危機へと結びつけていくメデ
ィア報道や一部の社会学を批判的に捉え返す作業を，初期 CS の研究者は行っ
ていった（小笠原, 2016）。しかし，1980 年代になるとフーリガン現象を逸脱や
モラル・パニックとして分析することそれ自体が大きく揺れる出来事が起きる。
リバプールの試合で起きた二つの事件である。

　一つは，テラス席に詰めかけていたリバプール・サポーターが将棋倒しにな
り，ピッチとテラスを仕切るフェンスに押しつけられ 96 人もの死者を出した
「ヒルズバラ事件」である。もう一つは，現在でいうところのチャンピオンズリ
ーグの決勝が行われたヘーゼル・スタジアムで，リバプールとユベントスのサ
ポーターとの間で起きた衝突によって 39 人が死亡した「ヘーゼルの悲劇」であ
る。酒を飲み，騒ぎを起こす男たちの逸脱行為として意味づけられたこれらの
出来事は，しかしこれまでとは違った角度からフーリガン現象を捉え返さなけ
ればならないということを明らかにするものでもあった。

　これらの事件をきっかけにしてサッチャー首相は，各クラブにヨーロッパで
の対外試合自粛を勧告し，それを受けて FA（サッカー協会）は対外試合禁止を
決定した。1986 年から 1991 年までの間，イングランドのクラブはヨーロッパ
での試合から排除されることになった。逸脱行為というラベルを貼られたフー

> **フーリガン現象**　ここで「現象」だというのは，フーリガンという具体的な個々人があらかじめ存在するのではなく，その行為とそれによって引き起こされるものの総体をフーリガンと呼ぶからである。

リガン現象は，サッカーというスポーツそれ自体への強制的なコントロールを自ら招き寄せてしまったのだ。

しかし，小笠原はヒルズバラ事件そのものがモラル・パニックによる危機の創出と取締りの強化という「法と秩序」の原理によって誘発されていた点を指摘する（小笠原, 1998）。この時期に頻発していたサッカー場のトラブルは，警察と自治体によってあらかじめ逸脱問題として意味づけされ，強制的・権威的なコントロールと過剰な取締りの対象下に置かれていた。この日のヒルズバラでは，スタジアムの周辺に収容人数を越える5万人もの観衆が集まり，周辺地域への影響が懸念された（そもそもテラス席は立ち見であるため，精密なチケット販売枚数が決まっているわけではない）。スタジアムに入りきれない観客の騒動と近隣での暴力行為を未然に防ぐため，警察は収容人数を越えて観客をテラス席に押し込んだのである。

> スタジアムへの封じ込め（containment），フットボールに直接関係のない世界とスタジアムとを遮断し，フットボール関係のトラブルを全て特定の空間の中で処理しようとしたのである。その結果が，10代の姉妹を含む18人の女性と78人の男性の圧死であった。ヒルズバラはまさにフットボールにおける「事前の取り締まり（policing）」の皮肉な，しかし極めて政治的な結果とも言えるのである。ところが警察発表は，物理的空間的にだけではなく，事柄の原因と意味までもフットボール・ファンへと封じ込めようとするものであった。つまり，この事件は一部の暴力的なファンが引き起こした結果の「偶然の事故死」（accidental death）であるというように。そして，フットボールの暴力に関係のない「普通の市民」は，フットボール文化の一層の取り締まりと統制を支持している，とされた（小笠原, 1998：278）。

ヒルズバラ事件は，フーリガンという脅威を強制的かつ権威的な方法で取り締まることによって生み出された悲劇であるが，最悪にも，さらなる取締りと管理を「普通の市民」たちを介して社会的合意を得て，支持と人気を集めていくことに成功する。逸脱として問題化される者たちの活動の空間と意味と身体

までもが，それまで以上に規律・管理され
ていくようになる。もっともポピュラーな
文化とされるサッカーを舞台にして，権威
主義的ポピュリズムとその重要な戦略であ

> **フットボール・ファンジン**　サッカークラブ
> のファンたちの手によって制作されるもので
> あり，小規模の読者と流通規模を対象とする
> 同人誌的なもの。

る「法と秩序」の原理が，実験され，実現され，さらに強化されていったので
ある。

●ファンダムを通じたサッカー文化研究

　しかし，他方ではフーリガン言説のなかで，サッカー場に集まるのは労働
者階級の男性であるというそもそもの常識が疑わしいということもわかってき
た。事件で犠牲になったのは男性だけではなく，子どもや女性，老人が含まれ
ていた。こうして CS のサッカー研究は，サッカー場に集まる観客たちの多様
性と出会うことになる。小笠原は，ここに CS のサッカー研究の一つの転換点
を発見する。つまり，サッカーに集まる人たちがいったい誰なのか，何を求め
ているのかといった観点からの理解と考察が求められていくのである。こうし
て CS は，ファン特有の文化形態やファンであることの構成要素を分析するた
めに「ファンダム」という概念を通じてサッカー文化研究を広く展開していく
ことになる（小笠原，2016）。

　このファンダムは，逸脱の対象や封じ込めの客体としての社会的位置から，
応援の表現や形態，選手への愛，ライバルクラブへの憎しみといった感情を表
現する行為主体としてファンを分析する視座を生み出した。このサッカーファ
ンダムは，単にサッカーを「観る」という受動的な位置ではなく，対抗的な言
説や活動を生み出すファンの基盤を分析する有効な概念へと鍛え上げられてい
った。

　リバプールのファンの中からは「フットボール・サポーター連盟」が設立
された。いくつもの**ファンジン**も作られていった。これまで一方的に表象さ
れる客体であった労働者階級のサッカーファンたちが，組織やファンジンのよ
うな小さな媒体を使って一時的ではあるかもしれないが，ファン相互の確かな
交流のネットワークを作り出し，そこで自分たちの意見や感情を表現し，発話
（分節化）していく回路を手にするようになる。CS は，逸脱という枠組みでは

なく，行為主体としてのファンやそのファンダムを読み解くことへと向かっていくことになる。

　ヒルズバラの出来事を通じてサッカーファンの多様化が確認されていくことは，同時にサッカーファンの消費者化の進行を示してもいた。スタジアムは整備・管理され（テラス席がなくなる），チケットが高騰化することで労働者階級はスタジアムから排除されていく。サッカーがグローバルな市場論理によって次第に支配され，産業化され，商品化されていく。そうした流れのなかでファンジンも出現してきた。そして企業化されるクラブと資本の力によって制度化・統制化されるサッカー文化環境のなかで，ファンジンという発話媒体が少なからずクラブ運営やクラブのポリシーに影響を与えることができるものだということがわかってきた（小笠原, 1998）。

●サッカーファンによる発話行為の可能性

　だが同時に，ファンによる発話はピッチ上の黒人選手たちへの人種差別的行為（ヤジ，バナナの皮を投げるなど）を介して極右勢力や排他的なナショナリズムに節合されもすることが明らかになる。労働者階級が支配（資本主義や大企業や階級支配）に対峙するという意味での発話行為（分節化）は，人種化を通じた労働者階級へのアイデンティフィケーションを裏づけもする。こうやって白人労働者階級こそが人種差別の主体であり，温床であるという前提がサッカー文化のうえで再生産されていく回路ができあがっていく。

　小笠原はこの前提に楔を打ち込もうとするファンの発話行為を丹念に読解しながらその可能性を探っていく。例えば，次のような発話である。

> （クラブの）ダイレクター，リーグ，連盟（FA）に対して白人によるリベラルな反人種差別キャンペーンを始めてくれといくらロビー活動をしようがプレッシャーをかけようが，そんなものは時間の無駄だ。労力の無駄遣いである。なぜなら，そういう連中も体制もそいつら自身が人種差別主義者だからだし，労働者階級の中の人種差別はただ労働者階級そのものによってしかブチ倒すことはできないからだ（小笠原, 1998：280）。

この一見するとどうしようもなく男性主義的で階級還元的とも受け取れる
発話行為は，使い古された既存の言葉使いの組み替えによってのみ発話が可能
だというきわめて限定された条件での出来事であることを証明している。しか
し限られた条件のなかであっても「発話させろ」という気概を感じとりながら，
小笠原はここに資本によって消費者化され，スタジアムから排除され，人種差
別の温床だとラベル化されるファンたちが，それでもなんとか自分たちの発話
の場所をこじ開けていこうとする欲望をみなければならないという。小笠原は，
こうした発話行為のなかに，一方的に表象される客体であった者たちの主体的
位置への転換を透かし見ながら，サッカーという文化に関わる人々の社会的位
置やアイデンティティの動的な編制を読み取らねばならないと強調する。

　しかし，この折衝は綱渡りのような極めて難しい立ち位置をとらざるをえな
い。発話主体であるこのファンの言葉は，サッカーという文化がつねに人種化
を通じて階級が形作られ，階級化を通じて人種が構成されるような複雑な節合
の現場だといっているからだ。サッカー文化がさまざまな矛盾の堆積した現場
であることを自覚したうえで，既存のありふれた語彙を組み合わせながら──
男らしい発話形態や白人労働者階級のプライドのようなもの──，新たに独自
の意味を作り出し，反人種差別を訴え，サッカーを自分たちの手に取り戻そう
とする。小笠原は，ここにサッカーファンによる発話行為の可能性をみる。サ
ッカー文化を通じて節合してきた白人／男性／労働者階級というまとまりを棚
上げしたり，手放したりするのではなく，それが人種差別の温床やナショナリ
ズムの元凶だと非難される場所において，人種差別やそれへの抵抗との分節・
節合の関係を再考していくような方法と感性が求められるのだ。

　このようにCSは，個別の特異な出来事，活動，発話，パフォーマンス，表
現のなかで，階級やジェンダー，人種といった既存の固定化された意味やアイ
デンティティが解体されることを指摘していく。つまり出来事の具体的な文脈
のなかで，そのつど階級，人種，ジェンダーがどのように節合し，あるいは切
り離され，既存の編制が組み替えられていくのかを明らかにしなければならな
いのである。

2-6　黒人の表現文化，ディアスポラの音楽，資本主義批判 ─────

●文化が作り出される力学

　人種差別を介して白人労働者階級アイデンティティが構成される場合であれ，反人種差別を通じて既存の労働者階級を別の文脈に繋ぎ直す場合であれ，その双方の節合の可能性の前提に，人種差別ヤジを浴びせられ，バナナの皮を投げ入れられる黒人サッカー選手がいることを忘れてはならない。ジャマイカ生まれで，リバプールでプレーし，イングランド代表にも選出された黒人選手ジョン・バーンズが，ピッチに投げ込まれたバナナの皮を華麗なヒールキックで蹴り返した場面はあまりにも有名だ。ピッチ上のバーンズによる人種差別への抵抗表現をリバプールの白人労働者階級のファンが見るという関係上の出来事がサッカー場にはある。サッカーというポピュラー文化は，黒人による人種差別への抵抗と白人労働者階級が出会う場所でもある。

　このように CS は，ある出来事を通じて黒人と白人が出会い，そこで触発されて再編制される人種と階級の関係のなかから文化が作り出されるその力学と過程を描いてきた。例えば，ヘブディジの『サブカルチャー』(1986) では，ロンドンのサウンド・システム・パーティや街路のカーニバルにおけるカリブ系の黒人たちの音楽やダンスが，警察による暴力や日常的な人種差別への黒人たちによる抵抗文化であるばかりでなく，レゲエやスカのリズムやダブの手法を白人労働者階級の若者たちが奪用・流用していく過程として分析されている。この手のカーニバルで有名だったロンドンのノッティング・ヒル地区で育った白人パンクバンドのクラッシュは，警察権力の介入に抵抗して運動（暴動）の場に変容していくカーニバルの動的なあり方に反応して「白い暴動」というタイトルのアルバムを発表している。

●対抗的実践としての黒人文化

　街路のカーニバルは警察による取締りの対象であり，黒人の若者と警察が衝突する政治的な現場であった。『危機を取り締まる』(Hall et al., 1978) において分析されたマギングの対象となった黒人コミュニティでは，ラスタファーライ文化が若者たちに深く共有されており，若者たちはレゲエのサウンドシステム

で音楽を楽しみ，働くわけでもなくカフェでガンジャをふかしたり，売買したり，場合によっては窃盗をしてわずかな生活費を稼いでいた。ドレッドやラスタカラーといった象徴やレトリックは，黒人コミュニティの集団的特徴となり，自分たちの忠誠を示す参照軸となった。

> **労働の拒否** 70年代のイタリアで学生や若者たちによって展開されたアウトノミア運動（学校や工場や街路などを拠点に「拒否」の戦略によって自治・自律を奪い返す運動）のなかで提起されたスローガン。資本主義の労働によって搾取される状態を拒否する思考や行為であり，資本主義が作り出す価値観や生き方とは別の主観性や欲望を展開させ，生きることと働くことの意味を問い直しながらオートノミー（自律）を獲得していこうとするもの。

　これが警察当局の警戒を呼び起こし，取締りの対象であることへの理由を与えもするが，ホールたちは人種差別への抵抗（反動）としてマギングを捉えていた。窃盗のような小さな犯罪を，経済的・社会的に切り詰められた黒人たちの生き残りのための代替的な戦略として考えるのである。経済の衰退によって失業する黒人たちは，意識的・自発的に失業状態を続けているというのだ。ホールたちはこれを「**労働の拒否**」だと論じる。もちろん，労働の拒否とはいえ，拒否できる仕事が十分にあるわけではないから，これは黒人たちの窮状を直接的に解決するものではない。むしろホールたちは，生産（資本主義的な労働）による競争の仕組みに組み込まれることを拒絶することに意味を見出す。それは労働予備軍という役割からの離脱であり，労働力の搾取によって剰余価値を最大化しようとする資本主義への批判＝攻撃だと考えるのである。

　ホールたちは，黒人たちが人種差別によって従属的な立場に置かれる犠牲者だとは捉えない。黒人コミュニティは，自分たちの人種と階級の交差する場所として抵抗の戦略を構えているのだ。ホールの次世代の研究者であるポール・ギルロイは，『ユニジャックに黒はない――人種と国民をめぐる文化政治』のなかで，英国社会あるいは国民というカテゴリーから疎外された存在として構成される黒人を不確かな構築物だと批判し，このイメージを破壊することが反人種差別にとって重要なことだと述べる（ギルロイ, 2017）。従属や疎外は，黒人が英国に組み込まれてきた唯一の方法ではない。黒人の表現形式，音楽，ファッション，ダンス，言葉や口語による文化闘争の豊かさを丹念に描きながら，ギルロイは黒人文化を反人種差別という概念にすら収まらない，より深い対抗的実践として論じている。

　戦後に，黒人文化が英国の都市文化の一端を形作りはじめると，その多様な

表現の豊かさを通じて，黒人たちは不完全に，不均一に英国社会の一部となっていった。この文化の力学と過程は，黒人たちが自分たち自身を定義し，表象する方法と深く関わっている。ギルロイは，黒人たちの英国社会への部分的・偶発的帰属や曖昧な同化を文化による英国社会への適応ではなく，文化の習合（シンクレティズム）だと考える。

　他方で，白人の若者文化は，黒人文化を消費し，模倣していった。アメリカ黒人たちのスラングである「ディグ」（希少な音源を掘る）がモッズたちに使われ，初期のビートルズがリズム＆ブルースのカヴァーに頼っていたなど，白人の若者文化や大衆文化にとって黒人の文化形式はきわめて重要な素材だった。

●ディアスポラ

　またギルロイが強調するのは，英国黒人たちの文化がアメリカ黒人やカリビアンたちが発展させた文化から多くのインスピレーションを受けているという点だ。それらは黒人であることの意味を再定義し，英国独自の文脈に節合する創造的な素材なのである。黒人たちの自己定義や表現文化は，資本主義経済（植民地主義や奴隷制）によって生み出された黒人たちの世界各地への離散とその歴史や政治に負っている。ギルロイは，このような黒人の生のあり方を考えていくために「ディアスポラ」という概念を導入する。

　CSにとって，ディアスポラという考え方はとても重要である。起源の土地から切り離され，現在は移動（移民）によって空間的に隔たっているものの，その土地（場所）との文化的，倫理的，政治的なつながりをもちながら，起源（ルーツ）と移動の経路（ルート）の二重性において変容していくアイデンティティを生きるその社会性やネットワークをディアスポラと呼ぶ。英国の黒人文化は，他の場所の黒人と結びつきながら，同時に英国の社会関係にも結びついてきた。このように考えることによって，特定の場所，そこに住む人，その人たちが育む文化が，国民や人種との間に照応関係を結ぶことを自然だとみなす思考は否定される。黒人文化は，どこか別の場所との記憶，思想，音楽，表現，社会運動を介した対話や交流を通じて変化していくものとして捉えられる。「黒人文化とは，積極的につくりだされると同時に，つくりかえられるもの」なのである（ギルロイ, 2017：343）。

Chapter 02　出来事，支配，抵抗

●サウンドシステム文化とヒップホップ

　黒人たちの，起源と経路の間にある矛盾と連続性を表現するのが音楽やダンスといった文化である。ギルロイは，英国の黒人文化にとってとりわけサウンドシステム文化が果たした役割が決定的に重要だったと述べている。ジャマイカの都会で誕生したサウンドシステム文化は，50 年代に英国へと導入され，そこで独自の美学と独特の消費様式を生み出した。このサウンドシステム文化のもっとも重要な影響は，ミュージシャンによるライブパフォーマンスよりもむしろレコードを音楽の中心に据えるという点にある。

　　レゲエ系であれソウル系であれ，黒人英国人の現代の音楽文化においてもっとも重要なのは，録音された音楽を公衆の面前でプレイすることだ。どちらの場合でもレコードは文化を創造するのびのびとしたパフォーマンスの素材となり，それぞれのレコードや選曲の流れを紹介する DJ や MC あるいはトースターが能動的で祝宴的な消費という対話的儀礼における主要な行為主体として出現する（ギルロイ，2017：321–322）。

　DJ や MC やトースターたちのレコードを使った対話的な音楽的空間は，即興性と自然発生性と親密性の表現であり，それらは西洋音楽が伝統的に作り出してきた演奏者と聴衆，芸術と生活，作品と表現行為の間にある溝やヒエラルヒーを解消する。対話的かつ祝宴的な消費空間には，かつていたかもしれないアフリカという想像された場所の伝統的な音楽構造が挟み込まれ，そこで西洋的な意味での「パフォーマンス」という言葉は再定義されていく。

　サウンドシステム文化は，アーティストによって最初に録音された音源とその録音物を加工・再編集する作業とを切り離す。録音物はもともとの文脈から切断されながら，それが消費される瞬間自体を表現する。しばしば DJ たちは，自分が使うレコードのラベルをあえて剥がすことによって作品に関する情報を隠し，資本主義におけるモノの私的所有の重要性を覆した。このようなレコードの使用法＝消費は，誰の作品であるのかということを二次的なものとみなす。むしろ，使用される集合的な消費の流儀のなかでこそレコードは重要な意味をもつのである。

このような英国の黒人音楽は，特定の文脈に埋め込まれている。戦後の英国は，黒人音楽を自国で生産する力も流通させる回路もなかった。そのことがレコードによる音楽空間の信頼性において大きな意味をもっていた。BBC はアフリカやカリブの音楽に興味を示さず，ポップチャートからも黒人音楽は構造的に排除されていた。この状況が，「レイス・レコード」（黒人たち向けのレコード）の市場を独自に発達させることに寄与し，独自の流通回路やチャートはラジオ局によって担われた。英国黒人にとってレコードは，文化表現における重要な一次資源となり，同時にそれはアメリカ黒人社会とカリブと英国黒人を繋ぐディアスポラの網の目を移動する媒体となったのである。

　ディアスポラの時空のなかで形成されてきたレゲエ，スカ，ダブ，そしてヒップホップといった黒人の表現文化は，一国内的な現象としてその起源を辿ることのできないものである。それらは複数の場所，複数の歴史，複数の記憶，複数の音楽形式が移動し，結びつき，変容する混在的なものである。ジャマイカのサウンドシステム文化におけるスタイルと手法がニューヨークのサウス・ブロンクスのダンスと習合して誕生したヒップホップ文化（スクラッチ，ブレイクダンス，ラップ，グラフィティの総体）は，とりわけリズムと声をアフリカ的要素に切り詰めることに喜びを見出していく。このヒップホップは，英国においてレゲエとソウルのシーンに浸透し，習合し，ブラザーフッドと連帯というテーマを奪用してそれをアフリカ的なつながりへと結びつけた。ギルロイは，サウンドシステムがもたらす祝宴的・即興的・自然発生的な出来事に，音楽文化の習合的な特徴とディアスポラ的な時空の特異性を見つけていくのである。

　ラップの影響を受けた英国のレゲエ・アーティストは，街路での抗議や暴動，警察の暴力や取締りを題材にしていった。サウンドシステム文化は，コミュニケーションの働きに重きを置き，街路で起きた事件やアンダーグラウンドな情報を発信・共有することで，政治的な出来事をコミュニティの声や見解として記した。こうやって音楽の消費空間は，社会との交渉の現場となる。歌詞（リリック）は，しばしば資本主義に対する批判を表現し，商品（黒人は奴隷制以来労働力商品であった）に対する強い反感を強固なものとした。ヒップホップは，実際の楽器が贅沢品であるような都市の貧困のなかで創造されたものであり，レコードプレーヤーというありふれた消費の道具を再定義し，それを生産のため

の楽器に変えた。

このような消費形式は，既存の空間を音楽の力によって変容させ，支配的な時空間の秩序を一時停止させる。それは労働と賃金へ同一化される時間と空間の秩序からそもそも排除されてきた黒人たちによる祝福の時空間となる。「夜の時間こそがぴったりの時間である。休息と再生産に割り当てられたこの夜の時間は，その代わりに独断的かつ挑発的に余暇と快楽の追求に用いられる」のである（ギルロイ，2017：452）。

「サウンドシステムの配線が完了し，照明が落とされるや，ダンサーたちは自分たちの快楽の質を変えることなく，ディアスポラの住むあらゆるところへ運ばれていく」のだ（ギルロイ，2017：452）。「もはや消費は私的で受動的で個人的な過程ではなく，集合的な肯定と抵抗の行為となり，それによって新しい本物の公共圏が現れる」（ギルロイ，2017：453）。

●もう一つの歴史を掘り起こす

起源に優先するハイブリディティにもとづく文化の移動と接触と変容は，ギルロイが別の著書のなかで述べた「ブラック・アトランティック」と呼ばれる黒人たちの対抗的な公共圏と重なり合う（ギルロイ，2006）。ブラック・アトランティックは，近代を通じて白人たちによって支配的に形成されてきた大西洋世界に内在しながらも，それに対抗する黒人たちのもう一つの近代の歴史と文化と記憶が織りなすアフリカ，アメリカ，カリブ，ヨーロッパを繋ぐ起源／経路である。英国黒人たちは，アメリカやカリブから輸入されたレコード，それを販売するレコードショップ，ラジオ，そしてサウンドシステム文化がもたらす対話的・祝宴的な消費の場を通じて，自分たちもブラック・アトランティックというディアスポラの網の目のなかにいることを自覚していったのである。

ギルロイをはじめとして CS は，近代社会や資本主義経済に内在しつつ，その支配的なヘゲモニーに裂け目を入れながら形成されるもう一つの近代，別の経済圏，別の公共圏を生み出した黒人文化のなかに，支配的な記憶や秩序とは違ったもう一つの歴史を掘り起こし，語りなおすのである。

2-7 ま と め

　本章では，1970年代，80年代の英国における政治・経済的な状況のなかで，危機の言説，「法と秩序」社会，権威主義的ポピュリズム，人種差別といった支配的な力と折衝した初期 CS の研究の展開とエッセンスを紹介してきた。いうまでもなく，ここで論じた事柄は現代の日本社会とは時代も場所も異なる。文化をめぐる状況も大きく変容している。黒人たちの抵抗の BGM は，いまや資本主義による負のグローバル化のサウンドトラックにすぎないのかもしれない。奴隷制から続く労働の世界から奪還され，快楽へと捧げられた黒人身体は，いまでは新しい人種差別を誘発する道具になりかねない。CS が分節化した若者たちの抵抗文化も，商品化され，毒を抜かれてしまったのかもしれない。受動的な消費を批判し，消費形式を生産へと転換するさまざまな戦略も，資本主義を駆動させる動力源へと流用されてしまったのかもしれない。

　だからといって，こんなものは昔の話だから，英国の話だから，黒人の話だから，「日本人」には関係がない，とはならないだろう。現代の日本社会は，初期 CS が闘った「法と秩序」社会や権威主義的ポピュリズムの現在性の系譜のなかにある。経済的な停滞，移民やヘイトスピーチの増加，日常化する人種差別，治安の悪化や秩序の乱れに関わる危機の言説と反動的で息苦しくなるような自主規制と法の強化，若者たちの貧困と未来への不安など，政治や経済の危機をテコにした強制的な政治を「一般の人々」がますます求め，支持する道具立てはそろっている。私たちは誰一人として，近代社会やグローバル化する社会の外部に出ることなどできないし，世界の歴史から無関係になることなどできないのだから，70年代の CS が扱った事例と繋がっているポイントを探し出すことは CS をすることの大切な導入になるはずだ。

　初期 CS が闘った方法を学び，実際にそれを現在の文脈のなかで使い，加工し，批判を組み立てなければならない。CS は勉強のための勉強ではない。でも，勉強はしなければならない。英国の初期 CS は，現在の日本社会を生きる私たちが，何を問題にし，何をどのように批判し，考え，行動するべきなのか，そのための多くの素材を与えてくれるはずだ。本章で学んだようにヘゲモニーは永遠ではない。だからこそ CS の折衝の過程はまだまだ続く。支配的なヘゲ

Chapter 02 出来事，支配，抵抗　37

モニーの形を変えていくために，新しい言葉と感性と行動を組み立てなおさなければならない。

チェックポイント

☐ 初期 CS は，「ヘゲモニー」をどのように理解したのか。
☐ 1970 年代英国において「マギング」と「フォーク・デヴィルズ」は，どのように危機の政治に結びつけられたのか。
☐ 英国黒人文化における消費の形式とはどのようなものか。

ディスカッションテーマ

①「法と秩序」や権威主義的ポピュリズムを現在の日本社会の文脈に当てはめて考えてみよう。
②自分たちの好きな文化をディアスポラや移動という観点から考えてみよう。

レポート課題集

①「法と秩序」社会と権威主義的ポピュリズムが進展する政治状況のなかで，黒人や白人労働者階級の若者たちはどのように表象されたのか。またそれに対してどのように抵抗したのかを論じなさい。
②英国の黒人文化は，どのような表現や音楽の形式を生み出したのか。またディアスポラの黒人音楽は，どのように人種差別に抵抗し，資本主義を批判したのかを説明しなさい。

関連文献リスト

市田良彦・ポール・ギルロイ・本橋哲也・小笠原博毅（2009）．黒い大西洋と知識人の現在　松籟社
上野俊哉（1999）．ディアスポラの思考　筑摩書房
上野俊哉・毛利嘉孝（2000）．カルチュラル・スタディーズ入門　筑摩書房
小笠原博毅（2017）．セルティック・ファンダム─グラスゴーにおけるサッカー文化と人種　月曜社
現代思想─総特集　スチュアート・ホール増補新版（2014 年 4 月臨時増刊号）　青土社
プロクター，J／小笠原博毅［訳］（2006）．スチュアート・ホール　青土社

【参考・引用文献】
小笠原博毅（1998）．文化政治におけるアーティキュレーション─「奪用」し「言葉を発する」こと　現代思想, **26**(4), 250-293.
小笠原博毅（2016）．イギリスのサッカー研究の系譜とカルチュラル・スタディーズ　スポーツ社会学研究, **24**(1), 35-50.
ギルロイ, P. ／上野俊哉・毛利嘉孝・鈴木慎一郎［訳］（2006）．ブラック・アトランティック─近代性と二重意識　月曜社（Gilroy, P. (1993). *The Black Atlantic: Modernity and double consciousness*. London: Verso.）
ギルロイ, P. ／田中東子・山本敦久・井上弘貴［訳］（2017）．ユニオンジャックに黒はない─人種と国民をめぐる文化政治　月曜社（Gilroy, P. (1987). *There ain't no black in the Union Jack: The cultural politics of race and nation*. London: Hutchinson.）
ヘブディジ, D. ／山口淑子［訳］（1986）．サブカルチャー─スタイルの意味するもの　未来社

(Hebdige, D. (1979). *Subculture: The meaning of style*. London: Methuen)

Hall. S. (1986). The problem of ideology: Marxism without guarantees, *Journal of Communication Iquiry*, 10(2), pp.28–44.

Hall, S. et al (1978). *Policing the crisis: Mugging, the state and law and order*. Basingstoke: Macmillan.

Hall, S., & Jefferson, T. (eds.). (1993). *Resistance through rituals: Youth subcultures in post-war Britain*. London: Routledge.

Chapter 03

食，農，ライフスタイル

安藤丈将

学びのポイント
- カルチュラル・スタディーズの方法を使って食と農の世界を分析する。
- 現代の食と農の文化を巡る争いを理解する。
- 工業型農業という食べ物の生産の支配的な方法に対するオルタナティブ（代替案）を知る。

3-1　食と農のカルチュラル・スタディーズとは何か

◉食と農の文化をめぐる争い

　食べ物は私たちの生活に身近なものである。この本を読んでいるみなさんも，1日に少なくとも1度は食べ物に接するだろうし，日常の中でも食べ物について話す機会も多いはずである。テレビをつければ，毎日のように何らかの料理番組が放映されているし，情報番組ではおいしいレストランや安売りスーパーの話題を耳にする。本章では，食べ物とそれを作り出す営みである農に対してカルチュラル・スタディーズ（以下，CSと略記）的にアプローチする。それでは，食と農の文化的な側面を考えるとはどういうことであろうか。そして，今，食と農の文化的な側面をみることが，なぜ必要なのだろうか。

　一つの事例を通して考えてみよう。1999年8月12日，フランス農民のジョゼ・ボヴェとアベロン南部にあるミヨーで暮らす彼の同僚たちは，建設中のマクドナルドの店舗を解体した。マクドナルド解体事件の経緯は，次のようなものである。1999年4月，EUがホルモン投与したアメリカ産牛肉の輸入を消費者の健康への悪影響を懸念して禁止したのに対して，**WTO**（世界貿易機関）の支持を受けたアメリカは，フランスの酪農製品の輸入に関

> **WTO**　WTO（世界貿易機関）は，1995年に創設され，世界貿易の自由化を目指す国際経済機関。2015年3月現在，世界160か国が加盟。発足以来，貿易や経済自由化の影響を懸念する人びと，特に農民からの激しい抗議行動を受けてきた。

税を課すことで，この処置に報復した。関税を課された製品のリストの中には，ミヨーの経済にとって重要なロックフォールチーズが含まれていた。抗議の理由は，アメリカ産牛肉の安全性に対する不安やミヨーの農民の経済に大きな打撃を及ぼす関税措置への怒りがある。しかしそれだけならば，たとえばアメリカ大使館をターゲットにすればよいわけで，マクドナルドを攻撃する理由にはならない。

　ボヴェは，ファーストフードを「マルブッフ」（ジャンクフード）という言葉で表現し，この言葉を通して，問題の所在が食の安全性や健康だけでなく，文化にあることを示そうとした（ボヴェ，2001：75）。マルブッフにおいては，生産と消費は切り離され，農民は消費者ではなく食品産業の要求に応え，消費者は不安を感じながらも，誰がつくったのかわからない出来合いの食品を購入して，お金と時間を節約する。食の文化，すなわち，何を，どのようにつくり，どう食べるのかが，マクドナルド解体行動の焦点である。文化的な側面を考慮しない限り，ボヴェたちの解体行動を理解することができない。その行動は，アメリカとEU，またはフランスとの政治的な衝突か，フランス農民たちの経済的な要求のいずれかに還元されてしまう。ボヴェの事例は，現代の食と農の世界で何が争われているのかを理解するには，政治的，経済的な側面だけではなく，文化的な側面をみることの不可欠さを示している。

●食と農への CS 的アプローチ

　それでは，食と農の文化に対する CS 的なアプローチには，いかなる特徴があるのだろうか。一つ目は，文化をめぐる支配と抵抗に注目するということである。CS の理論に大きな影響を与えたイタリアの**マルクス主義**者である**アントニオ・グラムシ**は，複雑化した国家の統治を理論的に分析した。古典的なマルクス主義では，国家は資本家の利害を代表する政治機関と理解されているが，グラムシは，現代国家では，資本家の利害が押しつけられる時でも，

> **マルクス主義**　カール・マルクスとフリードリヒ・エンゲルスによる社会思想。資本主義社会のメカニズムを分析し，来たるべき共産主義社会の展望を示した。1917年のロシア革命に示されるように，20世紀の世界に大きな影響を及ぼした。
> **アントニオ・グラムシ**　イタリアのマルクス主義者（1891-1937）。ムッソリーニ政権下で投獄されるが，牢屋の中で思索を重ねる。彼の理論は，国家や革命に関するマルクス主義の古典的な議論に修正を図り，カルチュラル・スタディーズの理論形成にも，大きな影響を及ぼしている。

Chapter 03　食，農，ライフスタイル

人びとの合意を獲得する必要があるという。この合意は，学校や労働組合のような市民社会の結社を介して形成される。国家による支配と人びとの抵抗とがせめぎ合う中で一時的な合意が得られた時，それを「**ヘゲモニー**」の形成と呼ぶ。グラムシの議論に依拠すれば，食と農の文化をめぐって，いかなる合意の獲得を通して支配が形成されるのか，その支配がどう揺らぎ，どう変化していくのかが焦点になる。

> **ヘゲモニー**　ヘゲモニーとは，ある集団が政治的支配を持続的に発揮している状態を指す。アントニオ・グラムシによれば，ある階級の支配が有効になるには，支配者が強制力を行使できるだけでなく，市民社会（教会，学校，結社，メディアなど）の場で被支配者からの自発的な合意を調達しなくてはならない。グラムシのヘゲモニー論は，支配に対する考え方を刷新し，カルチュラル・スタディーズにも大きな影響を及ぼした。
> **ミッシェル・フーコー**　ミッシェル・フーコーはフランスの哲学者（1926–1984）。その著作には，『監獄の誕生』『言葉と物』『性の歴史』などがある。「規律訓練」「統治」「権力」「言説」「生政治」といった言葉をキーワードに独特な議論を展開し，その議論はさまざまな学問分野で参照されている。

　二つ目は，権力に注目するということである。権力といえば，他人の考えや行為を強引に変更させることを思い浮かぶかもしれない。**ミッシェル・フーコー**は，権力の行使が「統治」に関わるという点を強調した。人びとがいかに行為するかには無限の選択肢があるが，彼らに働きかけてそれを特定の方向に導いていくことこそが，統治である（ドレイファス & ラビノウ, 1996：299–302）。導きの方法は，さまざまである。お金や暴力に物をいわせる形で人を導くこともあれば，「こう行為すべき」という道徳や正しい知識をつくり出す形で導くこともある。CS的なアプローチでは，人びとがある特定の食や農の文化を選んでいく際に，いかなる導きが作用しているのかに注目する。その導きを通して，いかなるヘゲモニーが形成されているかを考察するだけでなく，支配的なものとは異なる食べ物の作り方や消費の仕方の導きが生み出されるプロセスにも注意を払う。

3-2　工業型農業のヘゲモニー形成

● 「食べ物をめぐる戦争」

　CS的なアプローチを用いて分析すると，食と農の世界は，いったいどうみえてくるだろうか。ティム・ラングとマイケル・ヒースマンの研究は，グラムシ的な方法を使って食と農をめぐる争いを分析した本である。彼らによれば，食べ物をいかにして生産，供給していくのかに関して，異なる**パラダイム**（物の見方）が社会的合意の獲得を目指して争っている。この

> **パラダイム** パラダイムとは，科学者の集団で広く認められた物の見方を指す。もともとは文法学の用語であったが，トーマス・クーン『科学革命の構造』の影響を受けて，知識に関する議論で広く使われるようになった。パラダイム論では，どのようなイシューを，いかに問うかは，その集団に形成されたモデルに依拠するという。

「食べ物をめぐる戦争」は，農場から消費者に至るまでのフードチェーン（食べ物をめぐる一連のつながり）のあらゆる過程で生じている（ラング＆ヒースマン，2009：24）。

ラングとヒースマンは，「戦争」という言葉を使っているが，この戦争はどこか遠くで自分とは無関係に起きているものではなく，私たちの生活にも深く関わっている。私たちが，何を，いつ，どのようにして食べるかということは，自分自身や身近な人だけでなく，遠くで暮らす見知らぬ人びとにも影響を及ぼす。たとえば，それは，鶴見良行『バナナと日本人』で示されているように，日本の消費者がもっと安いバナナを求めることが，プランテーションでの大規模栽培の労働へとフィリピンの農民を駆り立てていくような関係である（鶴見，1982）。逆に，私たちとは無関係に思われる，国やグローバルな次元での食料政策の決定も，私たちの食に大きな影響を及ぼしている。この相互作用が，全体としての食のあり方を決定している（ラング＆ヒースマン，2009：25）。

●アグリビジネスの支配

ラングとヒースマンによれば，第二次世界大戦後の食の世界で，ヘゲモニーを獲得してきたのは，「生産主義パラダイム」である。そこでは，都市人口に食べ物を供給するため，食べ物を増産することに主眼が置かれている（ラング＆ヒースマン，2009：31）。その目標を果たすために，近代的な技術を使いながら，労働と資本を効率的に利用し，大規模な食料生産を進める。こうした食べ物の生産の方法を，ピーター・ゲーリングたちは，「工業型農業」とよんでいる（Goering et al., 2001：4-6）。まるで工業製品をつくるように農産物を生産するというのが，生産主義パラダイムから導かれる農業の方法である。

この工業型農業で影響力をもっているのは，農民ではなく，アグリビジネスである。アグリビジネスは，食に関連する企業を指し，農業，水産業だけでなく，資材産業（肥料，飼料，農薬，農機具などを提供する），食品加工業，外食産業，中食産業（弁当や総菜の販売），運輸業，物流業にまで関わっている。すなわち，食べ物が生産され，加工や流通を経由して，販売されるまでのあらゆる

Chapter 03 食, 農, ライフスタイル

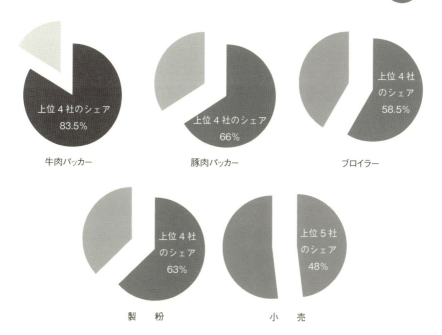

図 3-1 巨大企業がアメリカの農産物市場に占めるシェア （Hendrickson & Heffeman, 2007）

局面に展開している。

　アグリビジネスは，生産に巨額の投資をして大規模に生産を展開することで，市場への影響力をつくり出している。アグリビジネスの影響力の強さは，巨大企業がアメリカの農産物市場に占めるシェアをみれば明らかである。牛肉パッカーでは，タイソン・フーズを始めとする上位4社のシェアが83.5%（2007年），豚肉パッカーでは，スミスフィールド・フーズを始めとする上位4社のシェアが66%（2007年），ブロイラーでは，タイソン・フーズを始めとする上位4社のシェアが58.5%（2007年），製粉では，カーギル&CHSを始めとする上位4社のシェアが63%（2005年），小売では，ウォールマートを始めとする上位5社のシェアが48%（2005年）に達している（Hendrickson & Heffeman, 2007）。

●ファーストフードは，なぜ人気があるのか

　生産主義パラダイムに基づく食のあり方を最もよく示しているのが，ファー

『美味しんぼ』 原作が雁屋哲，作画が花咲アキラのマンガ。1983年より『ビッグコミックスピリッツ』（小学館）で連載。当時は珍しかった食を主題にストーリーを展開して人気を博し，単行本の巻数は110を超えている。単なるエンターテイメントではなく，食をテーマにしながら，農，環境，原発などの社会問題に切り込んでいる。

図3-2　『美味しんぼ』9巻

ストフードである。今では，世界中に浸透しているファーストフードだが，これには根強い反発もある。『美味しんぼ』単行本9巻で，芸術家の海原雄山は，目をかけていた弟子が自らの運営する料亭を辞め，ハンバーガーショップを始めるというのを聞き，「味覚音痴のアメリカ人の食べるあの忌まわしいハンバーガー」と言って，嘆いた。ファーストフードを見下して，その味を酷評し，アメリカ大衆文化の安っぽい一例とみなすのは，昔も今も，日本の美食家の常である。だが，ここで次のような疑問が出てくる。美食家たちの批判にもかかわらず，なぜファーストフードは人気があり，人びととはそこに導かれていくのだろうか。

　エリック・シュローサーによれば，アメリカのファーストフード・チェーンは，テレビ広告に年間約30億ドルをかけている。特に力を入れているのは，子どもを呼び込むことである。アメリカのマクドナルドでは，8000店舗以上が子どもの遊び場である「プレイランド」を運営している。子ども向けのメニューに景品としておもちゃを添える「ハッピーセット」も人気である（シュローサー，2001：69）。さらに，マクドナルドは子どもに人気のディズニーとも提携関係を結んでおり，これによってディズニーランドでフライドポテトを販売することが可能になった（シュローサー，2001：72）。こうしてマクドナルドは，子どもたちのポピュラーカルチャーの一部として認知されるようになったのである。

　こうした宣伝活動以外にも，ファーストフード業界は，食べ物の味付けを通して子どもの支持を獲得することに努めている。アメリカでは，1960年代半ば，「ハンバーガーヘルパー」などの新たな化合物が開発され，食べ物の新製品に風味を与えるようになった（シュローサー，2001：171）。子どもの頃に親しんだ食べ物の匂いは，人びとの心に一生消えない跡を刻みつけ，彼らは大人になってもそこに戻っていく。こうして，ファーストフードの味に懐かしさを覚え，中毒になっていく大人の顧客がつくり出されるのである。以上のように，消費者

Chapter 03　食，農，ライフスタイル

がファーストフードにハマってしまうように，香料，宣伝，子ども向けのおもちゃなど，さまざまな導きの形が用意されている。この導きを通して，ファーストフードは食の世界でヘゲモニーを形成したのである。

3-3　シビック・アグリカルチャーの挑戦

◉工業型農業の行き詰まり

　第二次世界大戦後，工業型農業は，増加する世界人口に供給する食料の増産に成功した。工業型農業では，GDP のような数値化された指標を尺度にして，人びとの富が測定される（Goering, et al., 2001：5）。経済成長を遂げて数値を上げれば上げるほど，人びとの幸せの量も増加するというのが，暗黙の前提になっている。工業型農業を基礎づける「経済の拡大」というのは，食と農の世界だけでなく，20 世紀には世界各国で広く共有されたスローガンであった。

　しかし近年では，この考え方に対する支持が揺らいでいる。それは拡大する経済のあり方がさまざまな問題を引き起こし，その結果として批判に直面しているからである。ビル・マッキベンの整理によれば，そこには三つの問題がある。一つ目は，成長は人びとの暮らしを必ずしも良くせず，不平等につながるということ。最も進んだ拡大する経済の国であるアメリカでは，生産性が加速成長しているのに，4 年制大学卒の賃金は，2000 年 –2004 年の間に 5.2%減少している（マッキベン, 2008：22）。生産性向上の果実は一部の人間のポケットに入り，豊かな者と貧しい者との間の不平等が拡大している。暮らしがよくならないのに，なぜ歯を食いしばって生産性を上げて成長していかなくてはならないのだろうか。こうした疑問が人びとの間で湧き上がっている。

　二つ目は，エネルギーの有限性である。「ピークオイル」という言葉が示すように，石油資源の枯渇が懸念されている。石油にしても石炭にしても，地球が太古の昔から長い年月をかけて蓄積してきた資源を，この 100 年ほどの短い時間のうちに使い果たすことで経済成長は可能になっている。しかもエネルギーの多使用は環境破壊を引き起こしており，地球温暖化はその一例である。

　三つ目は，成長が必ずしも幸福につながらないということである（マッキベン, 2008：21）。全米世論調査センターの調査に

> GDP　国内総生産。一国内で一定期間に生み出された生産物やサービスの金額の総和。各国の経済力を示す指標としてよく用いられる。

よれば，自分が最近とても幸福であると答えた人の割合は，1950 年代がピークで，それ以来，着実に低下している（マッキベン，2008：52）。経済学でも，GDP以外の幸福の測り方が模索されており，収入がある一定を超えると，幸福との相関関係がなくなるという調査が出ている（マッキベン，2008：59）。

　マッキベンによれば，拡大する経済は，「魔法の杖」であり，それを見つけてしまうと，強い衝動に駆られてそれを振り続けてしまう。しかしおとぎ話ではしばしばそうであるように，魔法は尽きることがある（マッキベン，2008：21）。不平等の拡大，資源の枯渇，幸福感の低下は，これまでの経済のあり方に疑問を投げかけている。

● 「シビック・アグリカルチャー」

　生産主義パラダイムのヘゲモニーが揺らぐ中，それに対する挑戦者が出てきている。ラングとヒースマンは，それを「エコロジー・パラダイム」と呼んでいる。その政治的な影響力は，アグリビジネスには及ばない。しかし世界各地のローカルな場で，工業型農業の問題に向き合う人びとからの支持を広げている。エコロジー・パラダイムの基本的な考えは，自然には自ら問題を解決する力があるので，人間はそれを引き出すことに徹するというのが基本的な姿勢である（ラング＆ヒースマン，2009：39-40）。たとえば，輪作は，農業における自然の力を引き出す方法の一つである。同じ土地に同じ種類の作物を栽培し続けていると，病原体や害虫が発生し，収穫量が低下するので，栽培する作物を周期的に変えることで土の栄養バランスを保つ。他には，病害虫や雑草が出てきた時に，アブラムシにとってのテントウムシのような天敵を利用したり，土の表面を黒いビニールや藁で覆ったりして，農薬の使用を控えるという方法も含まれる。注意すべきは，エコロジー・パラダイムは，単に古いものの再発見ではないということである。農家が古くから有していた経験に基づく知識を，現代の科学的知見の中で再評価して効果的に利用している。

　生産主義パラダイムに基づく農業の方法が工業型農業だとすれば，エコロジー・パラダイムに基づく農業の方法は，ライソンが「シビック・アグリカルチャー（市民の農業，以下，CA）」とよぶものである。CA は，「地元の地域社会に埋め込まれた農業そして食料生産」（ライソン，2012：95）のことを指し，次

のような原則がある。国内の他地域や海外の消費者に向けてではなく，地域住民のための食べ物をつくることを優先させる。中間業者を介した間接的なつながりではなく，消費者との間に直接的な関係を築こうとする。子どもたちに農業体験の場を提供するなど，食料生産以外の目的をもつ農である。CA の担い手は，工業型農業のそれよりも小規模な農家であり，彼らは，アグリビジネスが提供する画一化された知識ではなく，土地固有の知恵に依拠して農業生産を行なう。具体的な例としては，**地域支援型農業（CSA），レストラン支援型農業，ファーマーズ・マーケット**，路面直売所，都市農業，市民菜園などが挙げられている。

> **地域支援型農業（CSA）** community supported agriculture の訳。農産物の定額購入のような方法で，小規模農家を支援する仕組み。スーパーマーケットなどの大規模な流通とは異なり，消費者が収穫物だけでなく，その生産のリスクも農家と分け合うのが特徴。北米やヨーロッパに普及しているが，日本にも「産消提携」という形で実践されてきた歴史がある。
> **レストラン支援型農業** 消費者ではなくレストランが支援の担い手になる CSA。農家と密接に連携し，食材にその農家の生産物を使い，料理を提供する。
> **ファーマーズ・マーケット** 複数の農家が集まり，自分たちの生産物を消費者に直接販売する市場（いちば）。日本の都市部でも，大きな公園などで定期的に開かれている。
> **フェアトレード** 途上国の製品を適正な価格で持続的に購入する貿易。植民地主義の歴史がつくり出した国際貿易の不平等の解決を目指している。コーヒー，カカオ，バナナ，手工芸品などがよく取引される商品。

なぜ，消費者は CA で生産された農作物を選んでいるのか。単にお金を節約して安い食べ物を求めるのならば，スーパーの特売に出かければよい。食品偽装の報道がメディア上をにぎわす中，人びとの食の安全性に対する関心が高まっているが，単に安全な物を求めるだけならば，ネット通販で少し値の張るオーガニック食品を購入すればよい。CA の消費者には，価格と安全性の論理を超えた，食べ物と地域社会へのコミットメントがある。彼らは，食べ物がどのように生産され，供給されているのかにまで関心をもち，時には自ら農作物をつくって調理することに関わる政治的行為者である。この行為者は，フェアトレードの研究では「倫理的消費者」とよばれたりするが，いかなる社会的な背景の中で出現しているのだろうか。

3-4　ライフスタイル選択としての農

●個人化，アイデンティティ，自己文化

ウルリッヒ・ベックの「自己文化」についての議論を参照してみよう。安さと安全性以外の基準で食を選択する「倫理的消費者」の出現を考えるのに，ベ

ウルリッヒ・ベック ドイツの社会学者。1986年のチェルノブイリ原発事故後，放射能汚染問題の性格を近代化の中に位置づける『危険社会』という著書を発表し，世界的に知られるようになる。彼は，「リスク」「再帰的近代」「サブ政治」など，現代社会を分析する際に有用な概念を提示した。それらは，カルチュラルスタディーズにおいても，重要な分析概念であり続けている。

ックは，伝統社会から近代社会に移るにつれて，世界的に「個人化」が進展するという。既存の階級，家族，近隣関係，ジェンダー秩序が解体し，個人は新たな要求，管理，制限にさらされる（Beck & Beck-Gernsheim, 2002：2）。たとえば，17-18世紀の結婚は，家族とコミュニティの経済活動に埋め込まれ，その中で決定されるものであり，当事者の力だけで決定できるものではなかった。もしこの規範を破れば，違反者には厳しい制裁が課された。

　近代化とともに夫婦の経済的単位としての意味が失われていくと，結婚は経済領域から切り離され，個人が自らリスクを引き受けて選んでいくものになる（Beck & Beck-Gernsheim, 2002：9）。ただし，国家や市場が，個人の選択に指針と規則を与えるので，この選択は，あくまで制度化された自由である（Beck & Beck-Gernsheim, 2002：11）。それでも，個人化は伝統的な規範からの解放を意味し，個々の選択の幅を広げる。個人の自由を保証する法制度のもとで，人びとが自由を内面化する。とりわけ強調されるべきは，経済的にどれだけの利益があるかだけではなく，「何がクールである（かっこいい）か」という観点が重んじられるようになったことである（Beck & Beck-Gernsheim, 2002：43）。こうした個人の出現こそがベックのいう「自己文化」の特徴である。

　人びとはこれまでの規範から切り離され，生活上の多様な選択肢にさらされる中で，いかに自己を組織し形成していくのかということに対する関心が高まっている。「自己文化」の広がりは，アイデンティティの問題を浮上させている。現在，人びとのアイデンティティ形成に大きな影響を及ぼしているのは，消費である。それは，企業が溢れる広告の波を介して自己形成の方法を方向づけてくることに表れている。たとえば結婚式は，かつての家族とコミュニティの結びつきを確認する場から，「こうありたい自分」を表現する場となってきており，商業的な性格を帯びるようになった。人びとの自己形成が消費に左右される程度は高まっているが，他方，「自己文化」の中では出来合いの商品を消費するのでは飽き足らない人びとが出てきている。

　食に関する「倫理的消費者」の出現は，この「自己文化」の形成を背景にし

Chapter 03 食，農，ライフスタイル

ている。食べ物の欠乏の時代に，食は空腹を満たすためのものであったが，「自己文化」の中では，自己を表現し形成する方法である。シビック・アグリカルチャーに関わる人びとにとっては，お金で買える物をあえて手間暇をかけて作り出すという行為が，アイデンティティを形成することにつながっている。

● 食の DIY の広がり

　こうした DIY の実践は，サブカルチャーの諸領域に浸透しているが，とりわけ食と農の分野に顕著にみられる。食べ物は，人間が生きていくうえで不可欠なものの一つである。安易に物を買わずに生活上の自律性を高めようとする人びとにとって，自ら食べ物を作り出すことは避けて通れない。そして，自然や人と直接対峙する農は，会社で組織の命令に従って仕事をするよりも，自分が社会に関わっているという感覚を刺激しやすい。このような理由から，食と農の分野には DIY 的な実践が盛んに展開されているのだ。

　食に関する DIY を求める動きは，ポピュラーカルチャーの中にもみてとれる。たとえば，荒川弘『銀の匙』(小学館)の単行本 2 巻には，農業高校に通う主人公がピザを食べたことのない同級生のために，ピザ作りに奮闘する姿が描かれている。小麦粉，野菜，ベーコン，チーズ，ピザ窯もすべて校内産。できたての食材で作った絶品のピザを味わい，友人からのお礼の言葉に照れながら，主人公は，一見すると時間の無駄に思えるが，あえて手間暇かけて食べ物を自分で作っていくことの豊かさと価値を見出していく。このような農業マンガが多数の読者を獲得し，アニメ化，映画化もされていることに，「自己文化」の時代における食と農の DIY に対する人びとの憧れを見て取れる。

DIY　ディー・アイ・ワイ。Do It Yourself の略語。生活に必要なものを購入するのではなく，自分の手でつくり出す。雑誌，音楽，手芸品などの自作は，お金が幅を利かす資本主義の対抗文化としての性格をもっている。
『銀の匙』　『銀の匙』は，荒川弘原作のマンガ。2011 年から『週刊少年サンデー』で連載が始まり，農業というマイナーなテーマながらも人気を博し，単行本化，アニメ化，映画化もされる。訳あって北海道の農業高校に通うことになった都会育ちの高校生の目を通して，農という異世界を，驚きを交えながら描き出す。

図 3-3　『銀の匙』2 巻

以上のように，自らのライフスタイルとして農を選んでいく人びとの数は，近年，増加傾向にある。『食料・農業・農村白書』で日本の新規就農者数の変遷を見ていくと，高度経済成長期以降，新規就農者は減り続け，1990 年には15700 人にまで落ちたが，その後は増加傾向をみせ，1998 年には 64000 人台，2004 年には 81000 人台にまで達し，その後も高い数値が続いている。テレビで田舎暮らし番組が一つの人気ジャンルとして定着していることから推察できるように，ライフスタイルとしての農の潜在的な希望者はもっと多いと考えられる。

　地方に移住しなくても，都市に在住したまま農と関わる人びとの数も増えている。同じく『食料・農業・農村白書』によれば，農家以外の人びとが農地の小さな区画を借りて野菜などを栽培する市民農園の開設数は，2001 年に 2676 だったのが，2011 年には 3968 にまで増えているが，それでも都市部での農園の利用申込者は定員を大きく上回り，抽選になるというケースもしばしばである。「半農半 X」（塩見, 2008）と呼ばれる，他の仕事をしながら半自給的に小規模生産を行う都市住民の存在は，ライフスタイルとしての農に対する支持の広がりを示している。

　確かに，日本で都市住民の農業志向は，高度成長以降に繰り返しみられ，そこには，都市のサラリーマン生活の対照物としての位置づけが与えられていた。彼らは，自分の仕事に充実感をもてず，不満を覚えていた。これに対して，自然や人と直接対峙する農業には自分で何かを作り出しているという手応えがあることに魅力を感じ，安定した会社員生活を捨てて農村に向かったり，そこまでいかなくても，仕事のない週末に農業を行ったりする人びとがいた。

　現在では，事情は少し異なっている。都市部で非正規労働者が増える中で，会社の正社員になるのが難しくなっている。たとえ正社員になっても労働時間の長さに比例しては賃金が上がらず，正社員のお得感が下がっている。それにもかかわらず，都市生活にかかる費用は変わらず高いままである。半農生活は，たとえお金がなくても，食べるという生活上の最低限を質高く保証するものである。しかも自然の中の畑仕事は，職場や工場での仕事環境とは大きく異なるので，気分転換になることが多い。その意味で，現在の半農生活は，都市在住者のサバイバル的な意味合いを色濃くするようになってきている（安藤, 2015）。

3-5　食と農の文化的な争いの未来

●三つのパラダイムの間で

　3-3，3-4 では，生産主義パラダイムの挑戦者としてエコロジー・パラダイムが出現し，エコロジー・パラダイムをもとにしたシビック・アグリカルチャーを支えているのは，ライフスタイルとして農を選択する人びとであることを論じてきた。ラングとヒースマンによれば，生産主義パラダイムには，もう一つの有力な挑戦者がいる。それは，「ライフサイエンス・パラダイム」である。これは，最新の科学技術，とくにバイオテクノロジーを駆使しながら，人間が食料生産を計画的にコントロールするという考え方を指す（ラング＆ヒースマン：33）。遺伝子組み換え作物の事例に示されるように，テクノロジーの開発には巨額の資金が必要なので，その生産の主役はアグリビジネスとなる。

　ライフサイエンス・パラダイムをもとにした農業の方法として，近年，急速に台頭しているのが，植物工場である。温度や光などの環境を自動制御した室内で，天候に関係なく野菜や果物を栽培できるので，生産量を安定させることができることから注目を集めている。植物工場は，2013 年 3 月時点で全国に 153 施設あり，その数は 2 年間で 9 割増加した。外部からの病害虫の被害を受けにくいので，無農薬野菜を生産しやすく，三菱樹脂は子会社が千葉大学と共同開発したシステムで完全無農薬のほうれん草を栽培している。このように，農薬の多使用による環境破壊や健康といった工業型農業の生み出した問題に対して，エコロジー・パラダイムでは人間が自然の力を引き出すことで解決しようとするのに対して，ライフサイエンス・パラダイムでは最新のテクノロジーの力によって解決を試みる。

　ラングとヒースマンは，三つのパラダイムを理念型として提示しているが，実際にはそれぞれが純粋な型で現れているわけではない。有機農業は元来，エコロジー・パラダイムに基づき，地域社会を基盤にして始まったものであったが，その付加価値に注目した企業が大規模展開するようになっている。このように，生産主義とエコロジーの異なるパラダイムをまたにかけた農業の方法も登場し，三つのパラダイムが社会的な合意の形成をめぐって争っている。

●「ローカルの罠」

　三つの中でもエコロジー・パラダイムをもとにする CA が，現在の食と農を
めぐる問題に対する根本的な解決策を提示していることは確かである。しかし
CA は万能薬ではないという点を最後に強調しておこう。この点は，食と農の
社会学的な研究において，「ローカルの罠 (local trap)」という言葉をキーワード
に論じられている。「ローカルの罠」とは，CA のような地域社会に軸足を置い
た食べ物の生産において，ローカルな食が条件抜きに価値のあるものとみなさ
れるために，その内部の問題点が見逃されることを指している。たとえば，ロー
カルであることは，しばしば社会正義と結びつけられる。しかしローカルな
食は，必ずしも公正さを保証するわけではない。たとえば，農村で自然，文化，
人との交流を楽しむ滞在型の観光であるグリーンツーリズムは，都市の観光客
が「あたたかいふるさと」としての農村を求めてくる。彼らをもてなすために，
女性が手間をかけてつくる「郷土料理」がもてはやされ，その女性が「おかあ
さん」と表象される（渡辺, 2011：139）。ここで農村，とりわけ女性は，都市の
まなざしや願望に対して一方的に適応することを求められる。ここでは地域を
基盤にした農業の中に，都市と農村，男性と女性との間の不均等な関係が再生
産されるという皮肉を見て取れる。

　もう一つは，CA の「市民」には誰が含まれ，誰が含まれていないのかという
問題である。アメリカの事例研究によれば，ファーマーズ・マーケットに参加
する主な層は，白人のミドルクラスである（Alkon & Agyeman, 2011）。公式に排
除しているわけではないのに，CA は人種的，階級的な性格を帯びていることを
考えれば，階級や人種の違いによって異なる食の文化への導きが存在すると考
えられる。これもまた CS 的なアプローチで分析する対象といえるだろう。

●さらなる研究の展開へ

　本章では，現代の食と農を CS 的なアプローチで考察してきた。食べ物とい
うのは，人びとの生活に身近であり，CS が最も得意とする分析対象の類であ
るにもかかわらず，これまで CS の中では十分に関心が寄せられてこなかった。
CS の研究が都市のポピュラーカルチャーを中心に展開される一方，食と農と
いうテーマの舞台を農村に限定してしまう中で，食と農と絡めて CS が論じら

れることは少なかったことが原因と考えられる。しかし半農半Xの例に象徴されるように，農はもはや農村に限定されるものではない。食に関していえば，それは，メディア，ポピュラーカルチャー，消費，労働，貧困，ジェンダー，ナショナリズム，グローバリゼーション，レイシズムなど，CSの中で理論的，実証的な研究が蓄積されている問題群と絡めながら分析することが可能である。食と農のCSは，まだまだ未開拓の領域であり，さらなる研究の蓄積が求められている。

チェックポイント

□ 工業型農業とは何か。それは今，なぜ行き詰まっているのか。
□ ランクとヒースマンの「食べ物をめぐる戦争」とは何か。三つのパラダイムについても説明しなさい。
□ ベックの「自己文化」とは何か。それが食と農の分野に顕著にみられるのは，なぜか。

ディスカッションテーマ

①私たちが食べ物を選ぶ時には，安さと安全性以外の，いかなる選択の基準があるかを話し合ってみよう。
②何らかの形で農に関わる都市住民が増えているのはなぜか。社会的な背景を含めて話し合ってみよう。

レポート課題集

①ファーストフード，ファミリーレストラン，コンビニエンスストアなど，アグリビジネスの具体的な事例を一つ取り上げ，それがいかにヘゲモニーを形成したのかを論じなさい。
②身近にあるシビック・アグリカルチャーの事例を取り上げて，それがいかにエコロジー・パラダイム的であるかを説明しなさい。

関連文献リスト

ボヴェ, J. (2001). 地球は売り物じゃない！―ジャンクフードと闘う農民たち　紀伊國屋書店
マッキベン, B. (2008). ディープエコノミー―生命を育む経済へ　英知出版
ラング, T. & ヒースマン, M. (2009). フード・ウォーズ―食と健康の危機を乗り越える道　コモンズ
ライソン, T. (2012). シビック・アグリカルチャー―食と農を地域にとりもどす　農林統計出版

【参考・引用文献】

荒川　弘 (2011). 銀の匙　2巻　小学館

安藤丈将 (2015). ネオリベの時代に「新農本主義」を求めて　現代思想　総特集 宇沢弘文 **43**(4), 214–227.

雁屋　哲 [作] ／花咲アキラ [画] (1987). 美味しんぼ　9巻　小学館

塩見直紀 (2008). 半農半Xという生き方　ソニー・マガジンズ

シュローサー, E. ／楡井浩一 [訳] (2001). ファストフードが世界を食いつくす　草思社 (Schlosser, E. (2001). *Fast food nation: The dark side of the all-American meal.* Boston, MA: Houghton Mifflin.)

鶴見良行 (1982). バナナと日本人—フィリピン農園と食卓のあいだ　岩波書店

ドレイファス, H. L. ＆ラビノウ, P. ／山形頼洋・井上克人・北尻祥晃・高田珠樹・山田徹郎・山本幾生・鷲田清一 [訳] (1996). ミシェル・フーコー—構造主義と解釈学を超えて (Dreyfus, H. L., & Rabinow, P. (1983). *Michel Foucault: Beyond structuralism and hermeneutics.* Chicago, IL: University of Chicago Press.)

ボヴェ, J. ／新谷淳一 [訳] (2001). 地球は売り物じゃない！—ジャンクフードと闘う農民たち　紀伊國屋書店 (Bové, J. (2000). *Le monde n'est pas une marchandise: Des paysans contre la malbouffe.* Paris: La Découverte.)

マッキベン, B. ／大槻敦子 [訳] (2008). ディープエコノミー—生命を育む経済へ　英知出版 (McKibben, B. (2007). *Deep economy: The wealth of communities and the durable future.* New York: Henry Holt.)

ラング, T. ＆ヒースマン, M. ／古沢広祐・佐久間智子 [訳] (2009). フード・ウォーズ—食と健康の危機を乗り越える道　コモンズ (Lang, T., & Heasman, M. (2004). *Food wars: The global battle for mouths, minds and markets.* London: Earthscan Publications.)

ライソン, T. ／北野　収 [訳] (2012). シビック・アグリカルチャー—食と農を地域にとりもどす　農林統計出版 (Lyson, T. A. (2004). *Civic agriculture: Reconnecting farm, food, and community.* Medford, MA: Tufts University Press.)

渡辺めぐみ (2011). 「消費される農村」と女性労働　藤原千沙・山田和代 [編] 労働再審3　女性と労働　大月書店　pp.135–159.

Alkon, A. H., & Agyeman, J. (2011). *Cultivating food justice: Race, class, and sustainability.* Cambridge, MA: MIT Press.

Beck, U., & Beck-Gernsheim, E. (2002). *Individualization: Institutionalized individualism and its social and political consequences.* London: Sage.

DuPuis, E. M., & Goodman, D. (2005). Should we go "home"to eat?: toward a reflexive politics of localism. *Journal of Rural Studies*, **21**.

Goering, P., Noberg-Hodge, H., & Page, J. (2001). *From the ground up: Rethinking industrial agriculture.* New York: Zed Books in association with International Society for Ecology and Culture.

Hendrickson, M., & Heffeman, W. (2007). *Concentration of agricultural markets. April 2007* 〈http://www.foodcircles.missouri.edu/07contable.pdf（2016年6月27日確認）〉

コラム①
自分がメディアになる：ZINE 製作のススメ ————————

　いま，若者やアーティストを中心に「ZINE（ジン）」とよばれる自主出版文化が流行っている。ZINE とは，数枚の紙にイラストや文章などを自由に書き綴り，それらを束ねて折り，ホッチキスで留めた，簡易的な小冊子のことである。一般的には，10 〜 100 部ほどの少ない部数で発行し，できあがった ZINE は身の回りの知人・友人に配る，近所のカフェや書店に置いてもらうなどして読まれることが多い。「出版」というと，どうしても書籍や商業誌のイメージが強く，高額な製作予算や特別な知識・技術が必要なものだと思われがちである。しかし ZINE は，紙，ペン（あるいはパソコン），プリンタ，ホッチキスさえ揃えれば，誰でもつくって流通させることができる，非常に安価で手軽な出版物である。また，コミュニケーションツールとしての機能性も高く，ZINE を媒介として，他者との交流が生まれたり，独自のコミュニティがつくられたり，自分の仕事に結びついたりするなど，使い方次第ではかなり広がりがある。ここでは，そのひとつの具体例として，私が発行する『未知の駅』という ZINE を紹介してみたい。

　『未知の駅』を創刊したのは 2012 年，私が大学 4 年生のときである。当初の発行部数は 500 部，ページ数は約 100 ページ。内容は，毎号，自分の知人や友人 10 人ほどに原稿を依頼したり，取材をしたりして彼らの "生き方" を紹介するというものだ。地方で建築を独学で学びながら本屋をつくる人，「女性と仕事」をテーマにフリーペーパーをつくり続ける人など，自分の好きなことや関心のあることを生活と結びつけながら実践する人たちが登場する。自分たちの手でおもしろい生活をつくっていこうとする姿勢を DiY（=Do it Yourself）というが，『未知の駅』はまさに各地の DiY の実践を取り上げる ZINE である。原稿が揃ったらそれらを編集し，紙面デザインをつくる。編集経験のない素人の私は，まず詳しい友人に話を聞くことから始めた。そこで Adobe の InDesign という組版用のソフトウェアを教えてもらったのだが，数万円もする高い商品だったため，私は 30 日間の体験版をダウンロードして，本を読みながら独学で 1 冊をつくりあげた。製本は印刷所に依頼するとコストが高くなるため，印刷だけ依頼して，製本は友人らに協力してもらい手作業で行った。「丁合い」という作業で，1 枚ずつ紙を重ねていき，25 枚揃ったら大きなホッチキスで 2 か所留めて折り，完成。1 日で 500 部の ZINE をつくりあげた。早速，近くの小さな書店に持って行き，店主と交渉を開始。承認され，1 部 500 円で販売されることとなった。同じ要領で都内の店を数軒回り，取り扱い店舗数を 5，6 軒と増やしたり，興味のありそうな友人に送ったりしているうちに，気がついたら 3 か月で 500 部の ZINE が完売した。

最初はほとんどひとりで始めた ZINE 製作だったが，その後，2号，3号とつくり続けるうちに，友人たちから「面白そうだね，なにか手伝えることない？」と声がかかるようになった。文章の校正・校閲，デザイン，製本，発送管理などを無償で手伝ってもらうようになり，いつの間にか編集部のような体制ができあがっていた。資金面でも，Facebook で1人 1,000 ～ 10,000 円のカンパを募ると，およそ1ヶ月で 10 万円が集まるようになった。寄稿者の中には『未知の駅』への寄稿がきっかけで書籍を出版する人が，読者の中には大学の卒論の引用文献で使用する人が現れるようになった。私自身も，取材先での出会いや経験を機に，会社を設立し，編集者として自分のやり方で仕事をするようになった。思いもよらない展開が1～2年のうちに繰り広げられ，ZINE 製作それ自体が自分のライフスタイルをつくりはじめていた。最初からこうなることを期待していたわけではなく，「誰が得するのかもわからないけど，とにかくやりたい」とだけ思い活動してきた。そして周りにも同じように，1円の得にもならないのに，仕事の休みを使ってわざわざ製本の単純作業を手伝いに来る人たちが集まってきた。この活動やネットワークは，お金ではなく，みんなの「やりたい」「関わりたい」という思いがモチベーションになっている。ビジネスとしては決して成り立たないかもしれないが，ZINE は「ビジネス」という回路ではない，別の回路から生活やコミュニティを構築する可能性を示唆しているようである。

　ZINE には「これが ZINE だ」という明確な定義が存在するわけではない。内容，デザイン，ページ数，部数，判型，綴じ方，価格設定など，つくり方はすべて作者の自由。極端にいえば「なんでもあり」である。「自分でやる」視点に立っていろいろ試してみると，「これしかない」と思い込んでいた選択肢が実は他にもいろいろあるということに気づかされる瞬間がある。まさに「出来事から学ぶカルチュラル・スタディーズ」である。ZINE やカルチュラル・スタディーズが何なのか，という定義づけはいったん横に置いておいて，そこでいったい何が起こっているのかによく着目してみよう。そこに「まだ言葉や理論になる以前のもの」を見つけることができるかもしれない。

諫山三武

Chapter 04

脱原発，社会運動，リスク社会 [1]

安藤丈将

学びのポイント

- ●社会運動に参加する人たちの行動の動機を理解する。
- ●「3・11」後の社会運動の中で，ライフスタイルと地域社会を変える動きが出ていることの背景を知る。
- ●福島の原発被災者に関する議論で見落とされていることを考える。

4-1　民主主義と社会運動

◉脱原発，オキュパイ，ヒマワリ学生運動

　2011年3月11日に起きた東日本大震災と福島第一原発事故は，日本の政治と社会に潜んでいたさまざまな問題をあらわにしたが，それと同時に，この問題に取り組む社会運動が生まれるきっかけにもなった。本章では，「3・11」後の社会運動について考えていくが，その前にまず，日本の社会運動をいったんグローバルな文脈に位置づけて，その意味を理解することから始める。

　「3・11」に前後して，世界各国で社会運動が世論の注目を集めた。二つの例を挙げてみよう。一つ目，アメリカの「**オキュパイ運動**」である。2011年9月17日，ニューヨークのウォール街近くのズコッティパークで占拠行動が始まった。この行動では，

> **オキュパイ運動**　アメリカのニューヨーク市にあるウォール街の占拠運動。リーマンショック後の不況の中，政府が金融機関を救済する方針を打ち出したことに対する抗議から始まる。特に国内の富裕層と貧困層との間の経済的な不平等に焦点があてられ，同様の抗議行動は，全米各地，さらには世界各国にまで広がっていった。

---

1) 本章は，2014年7月に執筆された。「3・11」後の社会運動に関しては，香港のオキュパイ・セントラル，日本の安保法制反対運動など，多くの人びとが参加し，メディアでも大きく取り上げられた運動が出てきている。また，福島原発告訴団についても，その後，2015年1月に東京地検が被告を不起訴処分にした後，同年7月には再度検察審査会が強制起訴を決定するなどの動きがあった。

ヒマワリ学生運動 台湾における学生を中心とした立法院の占拠運動。占拠者は，台湾と中国との間のサービス貿易の自由化協定を問題にした。「ヒマワリ」という名前は，学生たちが立法院を占拠した時，支持者がひまわりを院内に送ったことに由来している。

アメリカ全体のわずか1％の人びとが富を独占し，99％の多数者の暮らしを脅かしていると主張し，国内の貧困と格差の問題に光をあてようとしている。この運動の中心になっているのは，大学を借金して出たものの，それに見合う給料や就職先がみつからず，自分と家族の面倒をどうやって見ればよいのか不安に苛まれている人びとである（Blumenkranz et al., 2011：13-14）。「1％」の富裕層の象徴がウォール街であり，それゆえにオキュパイ運動の参加者はその近くを占拠した。

ニューヨークを始めとする各地の選挙運動の声を集めた『私たちは，"99%"だ』を見ると，オキュパイ運動の底流には，直接民主主義の思想が流れていることがわかる。参加者によれば，公式の政治制度内の代表民主主義が機能していないがゆえに，人びとは，自分たちが政治に実現してほしい要求が何で，誰にそれを実現してほしいのかを表明できずにいる。ここには，既存の政治のあり方に対する不信感が表れており，政治エリートに期待できないからこそ，彼らは自分たちの広場，公園，学校，職場，近隣地域に集まりを設け，自ら決定することをめざしている。

もう一つの事例は，台湾の「ヒマワリ学生運動」である。2014年3月18日に約300人の学生が立法院になだれ込み，議場を占拠した。彼らは，中台サービス貿易協定に反対の意志を示すため，4月10日までの24日間，占拠を続けた。運動の主役は，20代から30代，財政や福祉制度の崩壊に直面する「崩世代」であり，若者たちの経済的な苦境が，運動の背景の一つである。しかしこの協定では，中国側が台湾よりも多くの業種を開放する点で，台湾に有利といわれているので，経済的な理由だけが運動の動員を促したというのは，説得力に欠ける。抗議を呼びこんだのは，馬英九総統が協定の調印を急ぎ，議会審議を打ち切ったことにある。協定に関わる情報開示が十分にされておらず，若い世代も自分たちの意見が政治の中に反映されていないという思いをもっていて，それが彼らを行動に駆り立てた（本田, 2014：241-43）。

Chapter 04　脱原発，社会運動，リスク社会

●「民主主義の赤字」と社会運動

　アメリカと台湾の二つの運動は，民主主義をめぐる争いという点で共通している。選挙による代表の選出という民主主義の形がうまく機能していない。制度的に民主主義体制を採用している国では，投票率や国民の政府に対する信頼が低下している。ピッパ・ノリスによれば，それは選挙に政治的な有効感覚をもてず，民主主義が足りていないという不満をもつ人びとが増えていることに起因している（Norris, 2011）。「民主主義の赤字（democratic deficit）」の状況下で，人びとの間には倦怠，失望，幻滅がまん延し，選挙による代表の選出よりも深い民主主義を求める声が高まっている。オキュパイ運動も，ヒマワリ学生運動も，こうした人びとの願いの政治的な表現であるといえるだろう。

　ここで，社会運動について簡単に定義しておこう。社会運動は，まず，個人ではなく，団結した複数の人びとによって行なわれる（集合的行為）。次に，社会運動は，ただ単に人びとが集まって一緒に行動しているだけでなく，何らかの資源の獲得をめざしている。ここでいう資源とは，お金の配分のように数字で明示できるものから，尊厳のような目に見えにくいものまで，広範なものを含んでいる。最後に，社会運動は，社会の中で流通している支配的な世界観に挑戦する。それは，自らの立場から正しいと考える物の見方を提示することで，支配的な見方と争う。社会運動は，どのような社会のあり方が望ましいのかを，つねに問うているのである（安藤, 2010：225）。

　社会運動の異議申し立て行為が表現しているのは，人びとが日常的に抱えている言語化される以前の違和感である。これは，いまだ理性的な言葉を与えられていないものの，身体にまとわりついて離れない感覚である。最も重要な社会運動の役割とは，公式の制度からはこぼれおちてしまう声，さらにはいまだ声にもなっていない違和感を拾い上げて，それを公共空間に提示することにある（安藤, 2010：226-227）。現在，グローバルに広がっている社会運動は，議会や官僚制のような政治制度には反映されない問題に光をあて，より深い民主主義を求める人びとの願いを形にしているといえよう。

4-2 脱原発：ライフスタイルと政治

> **ニューレフト運動**　新左翼運動とも呼ばれる。1950年代後半以降，欧米や日本などの工業社会に出現。共産主義運動や社会主義運動を由来としながら，左翼政党や労働組合の官僚主義を批判し，分裂して生まれた。1960年代後半には，街頭やキャンパスで幅広い支持者を集め，ベトナム反戦運動，公民権運動，学生運動の波をつくり出した。

●ニューレフト運動と脱原発運動

　次に，「3・11」後の日本の社会運動に話を移そう。日本の都市部では，脱原発を求める行動が注目された。脱原発運動には，それまで中心的な役割を果たしていた，**ニューレフト運動**のスタイルとは異なる特色を見て取れる。日本のニューレフト運動は，1960年代後半に形成されたベトナム反戦，学生，青年労働者グループのネットワークを指す。その影響は1960–70年代にとどまるものではなく，それ以降の社会運動と市民社会の組織と言説に大きな影響を与えた（安藤, 2013）。

　ニューレフト運動の出現は，日本だけで起きたことではなかった。アメリカの事例を研究したスティーブンズは，「反規律政治」，すなわち，序列，計画，リーダーシップ，官僚組織の拒否という点に運動の特徴を見た（Stephens, 1998）。日本，北米，西欧などの工業社会では，1960年代までに工業化による富の蓄積により，貧困や飢餓の問題から解放されるミドルクラスが急増する。その一方で，学歴競争が激化し，会社勤めが一般化し，人びとのライフコースが型にはまったものになっていく。この「規律化（disciplinization）」とよばれる現象が進む中で（Wagner, 1994），ニューレフト運動は，「規律化」への抵抗を表現した。

　「反規律政治」の運動は工業国で同時的に生じたが，その現れ方には各国で重大な違いがあった。たとえばアメリカでは，運動の解放的な性格が濃厚であった。1968年11月5日，シカゴでの民主党大統領候補指名党大会で，イッピー（青年国際党）のメンバーが「ミスター・ピガサス」と名づけたブタを大統領候補にした。この事例に示されるように，アメリカのニューレフト運動は，ユーモアや笑いといった快楽的な性格を強く含んでいる。これに対して，三里塚闘争の研究者であるデヴィッド・アプターは，日本のニューレフトには「とてつもない真摯さ」の文化が存在する一方，アメリカの同種の運動にはあるはずのドラッグ使用や音楽といった快楽的な要素がみられないと指摘する（Apter, 1984：89）。ニューレフト文化は，1970年代以降，日本の市民社会の性格に影響

を及ぼした。

　しかし 2000 年代になると，日本でも，快楽や解放に力点を置いた社会運動が
ニューレフト文化に代わって登場してきた。この運動が出現したことの背景に
は，ミドルクラスの解体がある。急増する非正規労働者は，雇用契約が不安定
であり，賃金や社会保障も不十分なため，将来の生活を見通すのが難しい。正
規労働者も厳しい経済競争の中，多くが長時間労働をやむなくされている。国
内の貧困問題が深刻化する中で，日本の社会運動の中では，自らの苦しみから
の解放に焦点をあてる文化が広がりつつある。この運動文化の中で重視されて
いるのは，自分たちの活動を「楽しむ」ことであり，こうした考え方を象徴す
るのが，「サウンド・デモ」である。これは DJ が音楽を流し，参加者は路上で
踊るようにデモをするものであり，イラク反戦運動以降に定着した。ニューレ
フトの生真面目なスタイルでは久しく味わえなかった路上での解放感を参加者
に提供することで，サウンド・デモに象徴されるような運動スタイルは，若い
世代を中心に支持を広げてきた。

◉社会運動とライフスタイル

　東京で社会運動の解放的な性格を取り戻す動きの結節点の一つになっている
のは，高円寺の北中通商店街を中心に活動する「素人の乱」である。素人の乱
はユニークな路上の行動で知られるが，高円寺のコミュニティに根ざした活動
を展開している点に特徴がある。自ら経営しているリサイクルショップ，カフ
ェ，古着店などを中心に人びとが集まり，お金をかけずに楽しむライフスタイ
ルを創出している（毛利, 2009）。

　ここに見て取れるように，路上での創造的な行動がライフスタイルの変革と
結びつくようになっている。ZINE『未知の駅』は，「3・11」後のライフスタ
イルを変える運動の展開の一例である。ボランティアでつくられているこのミ
ニコミは，衣食住を中心に生活に身近なことをテーマとして扱っている。脱原
発を主たるテーマにしたものではないが，「3・11」後に発刊されたこともあっ
て，原発に依存しない暮らしの模索が隠れた主題になっている。2013 年に刊行
された 4 号は，食べ物についての特集であり，そのまえがきには編集長が食べ
物をテーマに選んだ理由を語っている。彼によれば，自分の生活は「実はよく

わからないドコカのダレカ」に支えられていて，自分で自分の生活をつくり出せるだけの自律した力を持ち合わせていない。本当は何気なく消費しているモノやサービスには，「作り手のストーリー」が隠されているにもかかわらず，そこに関わる「血の通った一人の人間」の存在を見せないようにブラックボックス化されてしまっている（編集長さぶ，2013：5）。こうした都市型ライフスタイルのあり方が顕著に表れるのが，食べ物である。生活の中で普段は意識していない部分にまで意識をめぐらせ，その公正さを問うという態度には，ニューレフト的な倫理性に共通するものを見て取れる。しかし『未知の駅』の編集長によるライフスタイルの問い直しは，「誰かの犠牲」の上に成り立つ都市型ライフスタイルに「警鐘を鳴ら」すためではない。むしろ，自分たちが「もっとおいしく，きもちよく生きるための暮らしの可能性」を模索するためである（編集長さぶ，2013：7）。こうした態度には，ニューレフト文化から自由な世代の社会運動に対する独特のセンスを見て取れる。

　ライフスタイルを変える社会運動について論じる際には，ニューレフト文化のもう一つの遺産にも言及しなくてはならない。それは，ライフスタイルの変革をより広く共有する政治的な枠組みの不在である。1970年代，ニューレフト運動が政治を変える展望を失う中で，「反規律政治」は政治変革と切り離されてしまった（安藤，2013）。ライフスタイルを変革していくうえで，なぜ政治（政策，法律，制度）の問題を無視することができないのだろうか。それは，政治がライフスタイルの枠組みを決定するだけの大きな影響力を有しているからである。原発の場合，私たちが日々支払っている電気代の一部が原発の推進のために使われてきた。それを定めているのが，「電源三法」という国で制定された法律である。原子力産業に資金が流れる枠組みが政治的に構築されてしまっているがゆえに，人びとは知らないうちに原発の存在を前提にしたライフスタイルを送ることになった。この点を考えれば，ライフスタイルと政治の変革とを切り離すことはできない。両者をどうつなぐかは，ポスト「3・11」の運動の課題であるといえよう。

4-3 コミュニティ：自治と熟議

●「ローカルで行こう」

「3・11」後の社会運動は，ストリートだけではなく，コミュニティにおいても広がっている。それは，原発事故後，自治的な地域社会をつくることの必要性が強調されてきたからである。原発被災地である双葉町の事例をみてみよう。この町は，1960年，原子力発電所を誘致して，その用地に選ばれた。1967年，1号機が着工し，1979年までに全6基で営業運転を開始すると，町には発電所や関連企業の固定資産税，法人税が流れ込み，国の電源交付金も注ぎ込まれ，一気に税収が増えた。豊かになった双葉町は，道路，総合運動場，介護施設，下水道の建設を進めた。しかし固定資産税は，徐々に減少し，電源立地促進対策交付金も，1987年度に終了した。1990年度，世の中がバブル景気に沸く中，双葉町は赤字自治体に転落した（葉上，2011：187-88）。結局実現はしなかったが，双葉町は，第7,8原発施設の建設を要請し，さらなる電源交付金を獲得して財政を立て直そうとしていた（葉上，2011：188）。高度経済成長期以降，農業や地方工業が不振に陥る中，中央政府や大企業に身を委ねて振興をはかろうとしたのは，双葉町だけではない。双葉町の不幸な選択は，各地のコミュニティにとって無関係ですませられる問題ではないだろう。

大都市に顔を向けるこれまでのやり方を反省し，新たにコミュニティの自治をつくり出すというのは，「3・11」以前から問われている課題であり，しかも日本だけのものでもない。シューマン『ローカルで行こう』という研究によれば，アメリカでも，地方自治体がコミュニティに忠誠心をもたない企業を誘致した結果，地域の仕事の質を悪化させ，固有の文化を破壊され，自己決定の力を失ったという報告が出ている（Shuman, 2000：7）。

「3・11」後，「ローカルで行こう」という考え方は，近代日本の発展のあり方を見直すことと関係しながら，より広く，より深く浸透しているように思われる。とりわけ地震，津波，原発事故の被害を受けた東北地方で，この動きが顕著である。だが，自律した地域社会づくりの動きを促したのが原発事故ならば，その障害になっているのも原発事故である。食べ物の放射能汚染がコミュニティの再構築の妨げになっているのだ。

> **熟議民主主義** 「熟議」という政治的コミュニ
> ケーションを基盤にした民主主義。熟議では，
> 人びとが他者の異なる意見に耳を傾け，必要
> に応じて自分の意見を修正しながら，合意を
> 形成する。投票を通しての民主主義の機能不
> 全が叫ばれる中，選挙とは異なる集合的な意
> 思決定を促す手法として注目されている。

●放射能汚染と熟議

　原発事故から数年を経過した現在でも，放射能に汚染された地域，とくに福島の農家は，消費者から農作物を避けられるという現実に直面している。農業は大都市以外の地域では主力となる産業であるが，その農業に先の見通しが立たない。生産者はこれまでにない余分な手間をかけて測定しているが，消費者は健康への害を恐れて地元産を敬遠し，遠く離れた場所で生産された食品を選ぶ。農業者と消費者との間の溝は深い。これが「分断」とよばれている事態である。

　2001年9月11日のアメリカ同時多発テロ事件以降の国際情勢を踏まえながら，ジョン・ドライゼクは，「分断された世界」について論じている（Dryzek, 2006）。ドライゼクにとっての分断は，イスラム世界と西洋世界との間のそれであるが，彼の議論は，放射能汚染をめぐる分断を考えるうえでも参考になる。「分断された世界」の和解に関して，ドライゼクが提案するのは，民主主義，それも，市民による**「熟議」を伴う民主主義**である。熟議とは，お互いの考えや価値観を交換し合う，政治的なコミュニケーションである。そこには，議論したり，パフォーマンスをしたり，歌ったり，冗談を言ったりといった多様な形式が含まれる（Dryzek, 2000：1-2）。熟議は，自分の選択（「選好」という）への反省を促す点で普通の話し合いとは違う（田村, 2009）。すなわち，他者の意見や世界観を知り，それを判断材料に加えることで，以前ならば考えもしなかった選択に至ったり，そこまでいかなくても，自分の選択の根拠に変化が生じたりする（Dryzek, 2000：1）。

　「分断された世界」の和解に熟議が必要なのは，放射能の性質のためでもある。ウルリッヒ・ベックは，チェルノブイリ原発事故後に書かれた本の中で，放射能汚染を現代社会の「リスク」の一つであると見ている。自分がどれだけのリスクにさらされているのかを判断するには，科学的知識が必要である。なぜならリスクは，人間の知覚能力を超えているので，見たり嗅いだりしても，その存在を判別できないからである。しかし，何ベクレルといった科学的数値は，それが危険なのか，安全なのかを教えてはくれない。これがベックのリスクについての議論である（ベック, 1998）。放射能汚染の危険と安全の境界を明確に

Chapter 04 脱原発，社会運動，リスク社会

定めることができないならば，私たちはどうすればよいのか。科学的な知識を踏まえながら，人びとが共に決定していくよりほかはない。それをつくり出すための手段が熟議である。

◉測ることを通しての民主主義

「熟議民主主義」を通して困難な現状を打開しようという動きは，放射能汚染に悩まされるコミュニティから出てきている。東京都心に近い千葉県柏市では，その立地を生かした近郊農業地帯であったが，原発事故後，首都圏の汚染のホットスポットであることが明らかになった。そこで「風評被害」に悩まされる地元の農業者，消費者，飲食店，流通業者らが集まり，「安全・安心の柏産柏消」円卓会議を組織した。円卓会議に関わる人びとは，農場とそこでできた農作物の汚染を測定し，情報公開している（五十嵐, 2012：203）。ここで焦点になっているのは，「測ること」である。汚染された土，空気，農作物，人間の身体など，測定はさまざまな対象に及んでいる。外からやってきた放射能汚染という現実に直面し，自分の環境を正確に把握し，それをもとに選択をする。ここには民主主義の要素を見て取れる。測るという営みを民主主義とよぶのは，そこに自治への意志があるからである。

円卓会議の話し合いでは，恐らく普段はあまり席を共にすることのない生産者と消費者が同じ場所に集い，お互いの気持ちを言い合い，聞き合う。それは答えを導き出すものではない。農家の話を聞いた後でも，農作物を食べるかどうかの判断は，各自に任されている。それでも，それは熟議の場である。自分の「選好」がすぐに変わらなかったとしても，異なる声を聞くことで，自分の選択に対する理由に厚みが増すからである。

放射能汚染は見えないし，匂いもない。だからこそ放射能汚染は人びとの間に不安をかき立てるし，不安は分断をつくり出す。その裂け目を埋め合わせながら，どう連帯をつくり出していくというのが，「3・11」後のコミュニティを舞台にした社会運動が直面している課題である。

4-4　福島：歴史的責任に支えられた民主主義

◉「復興」と民主主義

　ここまで，「3・11」後の社会運動を検討してきた。ストリートとコミュニティの事例から，自らのことを自ら決定する，すなわち，自治の願いが人びとの間に高まっているといえよう。最後に，民主主義＝自治をキーワードにして，現在の福島の状況を考えてみよう。アイリス・ヤングは，民主主義が構成員の平等を理念に掲げているが，実際には，基本的人権，参加の機会，議論で使われる用語をめぐる排除の経験を伴ってきたという。これに対して社会運動では，抑圧され排除されている人びとが政治体の完全で等しい市民として包摂されることを求めてきた（Young, 2000：6）。こうした点を考えると，「3・11」後の社会運動と民主主義を議論するうえで，福島がいかに包摂されるのかという議題は，無視できない焦点の一つである。

　最近の福島で，「もっと民主主義を」という人びとの願いを隅に追いやっているのは，「復興」の大合唱である。2014年6月17日，2020年東京五輪・パラリンピック大会組織委員会の森喜朗会長は，福島県の佐藤雄平知事と会談し，大会の開催を通じた復興の推進を確認する文書に署名した。現在は原発事故の対応作業の拠点になっているJヴィレッジ（楢葉町，広野町）の営業を2019年4月までに再開させ，各国代表チームの事前合宿の誘致をする予定である[2]。福島の「復興」は，東京オリンピックという国家的大事業と結びつき，強力に推進されている。こうして，放射能汚染による健康被害に対する不安の声は，「復興」という大きな声にかき消されてしまう。

　それが明確に現れたのは，『美味しんぼ』事件であろう。雑誌『ビッグコミックスピリッツ』掲載の『美味しんぼ』では，2014年4月28日発売号で主人公が福島を訪問した後に原因不明の鼻血を出し，5月12日発売号では専門家による「福島に住んではいけない」という発言の描写が掲載された。これらの描写が県民の心情を傷つけるとして，福島県や県財界が発行元の小学館に抗議し，さらに，安倍晋三内閣の菅義偉官房長官や石原伸晃環境相を始めとする政治家

---

2)『読売新聞』福島版，2014年6月18日，31面。

たちがこぞって県の批判に乗っかった。彼らは，科学的な根拠がない中で放射能の危険さをことさらに強調するのは，福島県民の心情に対する配慮が欠けていると訴えた。

　国策として推進されてきた原子力発電所の事故による被ばくを最も受け，暮らしを大きく揺さぶられているのは福島の人びとである。彼らの苦しみにどう応答するのかという問いに対して，『美味しんぼ』で福島を取り上げていることは，作者なりの応答の仕方であると考えられる。書き方に慎重さが足りなかったことは否めないが，当該号以前の福島に関わる作品を読めば，作者が現地を自ら取材してそれを読者に伝えようという意図があったことは明らかである。福島の苦しみに応答しようとする人びとが逆に福島の「復興」を妨げる存在として位置づけられてしまうところに，「3・11」後の社会運動の困難を見て取れる。

●福島に対する責任の論じ方

　福島の苦しみへの応答という問題を考えるうえで，テッサ・モーリス＝スズキが1990年代後半の「**歴史認識論争**」の中で論じた歴史的責任の分類を参考にしてみよう。この論争はアジア太平洋戦争の責任をどう引き受けるべきかをめぐって展開され，モーリス＝スズキは，加藤典洋の『敗戦後論』批判をする中で，歴史的責任を三つの次元に区分した。第一に，「歴史的責任の政治経済論」である。それは，「継続中の，実体のはっきりしている過去の出来事に起因する被害への賠償」を意味する。第二に，「歴史的責任の認識論」である。「現在を生きる私たちが，過去の何を学び何を知るべきか，何を記憶し続ける責任を有」するかということに関わる。最後に，「歴史的責任の心理論」である。ここでは，過去の出来事が「被害者の心のみならず，加害者の心をも蝕む，継続する心的外傷」が問題の中心になる（モーリス＝スズキ，2002：92）。

　この枠組みを原発事故後の福島に対する責任をめぐる議論にあてはめると，『美味しんぼ』事件の中で，政治家たちが問題にしたのは，もっぱら三つ目の心理的な側面である。一見，福島の住民に対する思いやりがみられるようだけれども，彼らを現在の状況に追い

> **歴史認識論争**　アジア・太平洋戦争における日本の戦争責任，さらには日本の敗戦後の責任の取り方をめぐる論争。1990年代後半から2000年代初め，過去の植民地支配を肯定的に捉えるマンガが売れたり，首相が靖国神社に参拝したりする中でなされた。加藤典洋や高橋哲哉などの知識人が，過去の歴史の見方や戦争の責任の引き受け方を論じた。

込んだ過去の出来事を忘却する形で事が進んでいく。

　福島への思いやりの言説は，政治経済論的な責任を回避する形で展開される。アジア太平洋戦争がそうであったように，福島原発事故も，経済基盤や財産が破壊され，自身や家族の肉体が損壊される人びとを生み出した。しかし，賠償の当事者である「原子力ムラ」，すなわち，東電幹部，原子力行政の推進者，それを支えた政治家たちは，津波，すなわち，天災こそが原発事故の主因であるとして，責任の所在をあいまいにし，被害者を置き去りにしている。政治経済的な責任を問題にする見通しがつかない状況の中で，被害者は責任について語ることをあきらめ，当事者たちは逃げ切ろうとしている。

　結局，原発事故の後始末の責任は，個人に課せられる。放射能汚染への対応も，個人の問題にされていく。政治家は，せいぜい癒しの言葉をかけてくれるだけである。ニコラス・ローズは，現在の統治のあり方を考察し，そこで道徳的な個人が求められていると主張し，この個人が自己責任の意識を内面化している点を強調している（Rose, 1999：176）。このように，原発事故の政治経済論的な責任が回避される結果として，責任の個人化が起きている。

　以上の議論を考慮すれば，「福島原発告訴団」の訴訟は，福島に対する責任に関する議論の欠落を問うているといえる。福島県の住民や避難者で組織された告訴団は，勝俣恒久元会長を始めとする6名の東電幹部を告訴し，2014年7月31日，東京第5検察審査会が勝俣元会長，武藤栄元副社長，武黒一郎元副社長の3名を起訴相当にあたるという判断を示した。東電幹部だけでなく，原発を推進してきた政治家や官僚などの政治エリートたちの責任を問うことが次なる課題であるとしても，告訴団の訴訟は，不問にされつつある政治経済論的な責任の所在に光をあてるという意義を有している。

●記憶，社会運動，民主主義

　政治経済論的な責任を論じるうえでの前提となるのが，二つ目の認識論的な責任である。「3・11」後の人びとの苦しみは，福島県民に限定されるものではない。しかしひとまず福島原発告訴団『福島原発事故から3年　被害者証言集』をもとに，福島県内の声に耳を傾けてみよう。郡山市の農民は，有機栽培で米と野菜をつくってきた。普通の農家は，秋に水をひいてしまうのに対して，彼

の田んぼでは，冬に水を張るのが特徴である。田んぼにハクチョウがとまるようになり，春から夏にかけてはメダカやカエルで溢れる。イトミミズのような微生物の糞，メダカの死がい，野鳥の糞は自然の肥料になり，カエルやクモが害虫を食べてくれ，田んぼの周囲を囲む山脈からは，肥沃な冷水が流れ込んでくる。彼も，かつては農薬を使っていたが，10数年前から農薬を使うのを辞め，たゆまぬ努力でコメ作りを行ってきた。しかし放射能汚染で売り上げが半分以下になり，放射能測定しても農産物が売れない。仲間と首都圏に販売に出かけたが，消費者がカートに農産物を入れた後，「福島」と聞いてまた戻すのに心を傷つけられた（福島原発告訴団，2014：26-27）。

　中通りの鏡石町の女性は，原発事故後，中学3年の娘の顔中に見たこともない湿疹が出たのに驚かされた。放射能の被害が心配だからと，学校と教育委員会に地元産の給食をやめてと依頼するも，聞いてもらえなかった。15年間かけて軌道に乗せてきた美容室を閉め，家族で北海道に移住した。しかし自主避難のため東電からの補償は出ない。世帯の収入は減少し，息子は専門学校を中途退学。福島に残る友人や両親との間には，放射能をめぐる考えの違いから溝ができてしまう（福島原発告訴団，2014：52-53）。

　『被害者証言集』には，他にもさまざまな苦しみの声が載せられている。これらすべての苦しみは，原発事故がなければ起こらなかったものである。こうした苦しみの声は，「復興」の大合唱の中で隅に追いやられている。ヤングが指摘したように，民主主義という理念は，異なる考えや価値に対して開かれたものだが，それを実質的にするように求めてきたのが，社会運動である。歴史的責任に基づく民主主義を実現するために，社会運動はいかなる役割を果たしていくのだろうか。それは，「3・11」後の日本の未来を考えるうえで，鍵となる問題であるといえよう。

チェックポイント

- ☐ 社会運動とは何か。民主主義を実現するうえでいかなる役割を果たすのか。
- ☐ 「3・11」後の日本の社会運動とニューレフト運動との共通点と相違点を述べなさい。
- ☐ 放射能汚染のようなリスクの影響を考えるうえで，熟議が有効なのはなぜか。

ディスカッションテーマ

①社会運動のグループを一つ取り上げ，その活動，意義，直面している問題について話し合ってみよう。
②テッサ・モーリス＝スズキの歴史的責任に関する議論を踏まえながら，原発事故に関して何が語られていて，何が語られていないのかを話し合ってみよう。

レポート課題集

①日本の政治では「民主主義の赤字」がどう現れているのか，社会運動はそれをいかに問題にしているのかを，具体的な争点を一つ取り上げて論じなさい。
②現代日本におけるライフスタイルを変える社会運動の事例を一つ取り上げなさい。その際にはニューレフトから現在までの社会運動の変遷を踏まえながら，その事例を歴史的に位置づけなさい。

関連文献リスト

安藤丈将（2013）．ニューレフト運動と市民社会―「六〇年代」の思想のゆくえ　世界思想社
ベック，U.／東　廉・伊藤美登里［訳］（1998）．危険社会―新しい近代への道　法政大学出版局
モーリス＝スズキ，T.（2002）．批判的想像力のために―グローバル化時代の日本　平凡社

【参考・引用文献】

安藤丈将（2010）．社会運動は公共性を開く　齋藤純一［編］公共性の政治理論　ナカニシヤ出版　pp.223-241.

安藤丈将（2013）．ニューレフト運動と市民社会―「六〇年代」の思想のゆくえ　世界思想社

五十嵐泰正・「安全・安心の柏産柏消」円卓会議（2012）．みんなで決めた「安心」のかたち―ポスト3・11の「地産地消」をさがした柏の一年　亜紀書房

さぶ［編集］（2013）．はじめに―暮らしの輪郭を描こう　未知の駅, 4, 4-7.

田村哲樹（2008）．熟議の理由―民主主義の政治理論　勁草書房

葉上太郎（2011）．原発頼みは一炊の夢か―福島県双葉町が陥った財政難　世界, 812, 185-193.

福島原発告訴団（2014）．福島原発事故から3年―被害者証言集　福島原発告訴団

ベック，U.／東　廉・伊藤美登里［訳］（1998）．危険社会―新しい近代への道　法政大学出版局（Beck, U. (1986). *Risikogesellschaft auf dem Weg in eine andere Moderne*. Frankfurt am Main: Suhrkamp.）

本田善彦（2014）．台湾「ヒマワリ学生運動」の残照―社会を占拠する閉塞感のなかで　世界, 857, 238-245.

毛利嘉孝（2009）．ストリートの思想―転換期としての1990年代　日本放送出版協会

モーリス＝スズキ，T.（2002）．批判的想像力のために―グローバル化時代の日本　平凡社

Apter, D. (1984). A 60s Movement in the 80s, in Sohnya Sayres (ed.), *The 60s without Apology*. Minneapolis: University of Minnesota Press, pp.70-90.

Blumenkranz, C., Gessen, K., Greif, M., Leonard, S., Resnick, S., Saval, N., Schmitt, E., & Taylor,

A. (eds.) (2011). *Occupy!: Scenes from occupied America*. London: Verso Books. (『オキュパイ！ガゼット』編集部［編］／肥田美佐子［訳］(2012). 私たちは"99%"だ―ドキュメント ウォール街を占拠せよ　岩波書店)

Dryzek, J. S. (2000). *Deliberative democracy and beyond: Liberals, critics, contestations*. Oxford: Oxford University Press.

Dryzek, J. S. (2006). *Deliberative global politics: Discourse and democracy in a divided world*. Cambridge: Polity.

Norris, P. (2011). *Democratic deficit: Critical citizens revisited*. Cambridge: Cambridge University Press.

Rose, N. (1999). *Powers of freedom: Reframing political thought*. New York: Cambridge University Press.

Shuman, M. H. (1998). *Going local: Creating self-reliant communities in a global age*. New York: Routledge.

Stephens, J. (1998). *Anti-disciplinary protest: Sixties radicalism and postmodernism*. Cambridge University Press.

Wagner, P. (1994). *A sociology of modernity: Liberty and discipline*. London: Routledge.

Young, I. M. (1999). *Inclusion and democracy*. Oxford: Oxford University Press.

コラム②

旅する選曲：DJ，文化，Fu（n）kushima ────────

　出会いは 2012 年の春，実家がある福島県福島市だった。映画上映／トークイベント「Image.Fukushima」に参加していたぼくは，そのアフターパーティーを取り仕切ることになり，福島市在住の DJ に出演を依頼した。レコード店「Little Bird」のオーナーでもある DJ MARCY さんと，福島市で 10 年以上続くレア・グルーヴ（60 年〜 70 年代のマイナーなレコードを探し出しプレイする運動）イベント「FEEL」を主催する DJ SEEYA さんだ。

　二人のプロフィール，写真をもとにフライヤーを作った。会場となるブルース・バー「なまず亭」のマスターに教えてもらった場所を中心にそれを配る。クラバーや DJ に届くような場所，クラブ，アパレルショップ，カフェバー，カレー屋まで。これまで帰省していたときには行ったことがなかった店の数々。

　当然「Little Bird」にも置いてもらう。そこには比較的手に入りやすいものから，聞いたこともないレアなジャズ，ソウル，ファンク，アフロ，ラテンなどのレコードが並んでいた。何回か通ううちに，そのセレクションを求めて県外から来る DJ を見かけることがあった。比較的近い仙台の DJ，わざわざ渋谷から来た有名 DJ。

　この準備段階で，DJ たちを中心とした県内外の緊密なネットワークを知ることになった。それを追うことは高校時代や原発事故後のイメージで固まってしまった「福島」を学び直す旅でもある。学び直すというより鶴見俊輔の「unlearn」の訳，「学びほぐす」に近いだろう。県内外の DJ から福島はこう呼ばれていた。「Fu（n）kushima」，ファンクミュージックと福島を合わせた造語だ。

　パーティは盛況だった。クラブ慣れしてない人たちは談笑し，地元の DJ たちは二人のプレイを間近で観察していた。

　二人の DJ には驚かされた。曲のつなぎはもちろん，その選曲も素晴らしかった。映画関係者に配慮してもらったのか，サウンドトラックを中心に選曲してくれた SEEYA さん。クールなファンクが次々とつながれていく。圧巻だったのは MARCY さんだ。70 年代のソウル，ファンク，どこの国かわからないレアなレコード，そして日本のヒップホップ。ジャンルを超えながらも次にかかる曲に説得力がある。クラブ慣れしていない層も踊りだした。知らない曲に驚き，知っている曲が違う曲のように聞こえる。それはぼくが馴染んだいわゆる「ブラック・ミュージック」でありながら違うものだった。ジャンル，年代，地域，国境を越えて「ブラック・ミュージック」を学びほぐす旅。レコードを扱う DJ たちの選曲に魅せられたぼくは，レコードを買い始め，DJ になった。

　曲と曲をミックスする技術と同じくらい選曲が重要だということ，選曲が音楽

のジャンルも年代も越える「旅」をもたらすものだという認識は，プロ DJ の間でも共有されている。クラブジャズ DJ の第一人者とされる沖野修也は，その著書『DJ 選曲術―何を考えながら DJ は曲を選びそしてつないでいるのか』（リットーミュージック，2005 年）のなかで，つなぎがよくても何か足りないと感じるのは，テーマのある選曲がないからだとし，自身のテーマを「音の時間旅行と世界旅行」だとしている（そうしたテーマがないものは選曲ではなく，「再生機のシャッフル」で充分に足りるとされる）。もちろん，異なる国や時代の音楽をただ並べ，意外性を出すためにただジャンルを越えればいいのではなく，次の曲との関連性を見つけ，全体として「有機的なストーリー」がみえるようにしなければならないと沖野はいう（沖野, 2005）。

　沖野自身のテーマを含めたこうした認識は他の DJ にも浸透している。『GROOVE SUMMER 2012』（リットーミュージック，2012 年）の「選曲の達人」と題する特集では，沖野を含む国内外の DJ のインタビューにおいてそれぞれの選曲論が展開されている。例えば瀧見憲司は，「時間と空間軸を超える」のが「DJ として当たり前の部分」となったこと，「自分の文脈を音楽的な部分で伝わっていく」かどうかが重要だと発言している（GROOVE 編集部, 2012）。

　上野俊哉が『シュチュアシオン―ポップの政治学』（作品社，1996 年）の「旅する音楽」で述べたように，またポール・ギルロイが『ブラック・アトランティック』（月曜社，2006 年）で「変わってゆく同じもの」の「流通と変容」を詳細に論じたように，そもそも音楽は旅をする。各ジャンルはそのままでも，その中身は固定されずに旅をして変化する。ヒップホップはドイツのクラフトワークの影響を受け，ファンクの偉人であるジェイムズ・ブラウンは西アフリカのアフロビートに自らを重ねる。

　しかしながら，DJ の選曲は常に音楽の旅を思い出させる。あり得たかもしれない旅，忘却された微細な音の旅をわたしたちに想像させ，音楽がたどったとされる大きな航路を学びほぐす機会を与えてくれる。自分なりの物語をつむぎ，確かな旅を提供するために今日もレコードを探しにいこう。

Shima（Soul Matters）／島　晃一

【参考・引用文献】

上野俊哉（1996）．シュチュアシオン―ポップの政治学　作品社

沖野修也（2005）．DJ 選曲術―何を考えながら DJ は曲を選びそしてつないでいるのか？　リットーミュージック

ギルロイ, P.／上野俊哉・毛利嘉孝・鈴木慎一郎［訳］（2006）．ブラック・アトランティック―近代性と二重意識　月曜社

GROOVE 編集部（2012）．GROOVE SUMMER 2012（サウンド＆レコーディングマガジン 8 月号増刊　リットーミュージック

Chapter 05

健康，予防医学，身体の管理
新たな健康のパターナリズム

二宮雅也

学びのポイント

- ●「健康」という概念は私たちの日常生活にどのような影響を与えているのか。意識的な健康と無意識的な健康を考えることにより，現代社会と身体との関係性を健康の観点から考える。
- ●日常的なライフスタイルを送るなかで，私たちの健康管理はどのように変容しているのか。特に，健康への自己管理化が進展する今日において，そのメカニズムを考える。
- ●「パターナリズム」とは，本人の意識とは関係のないところで，本人の生活に介入し行動を変容させることであるが，これを健康の観点から分析することにより，新しい形態の健康パターナリズムを考える。

5-1 社会的価値を増す「健康」

わたしたちは自分の身体の管理を一つの課業（タスク）ととらえる。それは日々の配慮や注意を要する仕事である。身体の管理が自分の課業となると，望ましい体型の基準や，それに近づくためにしなければならない活動の基準が社会的に設けられる。そのような基準に従うことができないことは，「恥ずかしい」という思いをもたらし，そのような要求を満たすことができない人々は，日常的に「差別されている」という感情をもつ。(略) ちょっと奇異に聞こえるかもしれないが，私たちの身体は社会的な調整（コンディショニング）の対象である（バウマン & メイ, 2016：214-215）。

コンビニエンスストア大手のローソンは，2013年度から健康診断を受けない社員の賞与を15%減額する制度を導入した。部下が健診を受診しなかった場合には，直属の上司の賞与も10%削減される。さらに，高血圧や肥満度の高い社員には，自社開発のアプリを配布し，健康状態を管理している。この他にも，

減量目標を達成すると休暇がもらえる「社内ダイエットコンテスト」や，運動などの健康教室に参加するとマイレージを加算し，商品と交換できる健康マイレージシステムを導入している企業などもある。

　こうした取り組みを積極的に評価する動きもある。政策金融機関である日本政策投資銀行では，従業員の健康配慮への取り組みに優れた企業を評価・選定し，その評価に応じて融資条件を設定するという「健康経営格付」の専門手法を導入した「DBJ 健康経営格付」融資を世界で初めて実施した。企業が社員の健康づくりに取り組み，その成果が明確な企業ほど金利が優遇されることになる。

　もはや健康づくりに取り組むことは，個人の健康を実現するという意味を超え，個人が所属する企業等の組織へ波及する形で，「**健康経営**」の概念が構築されている。しかし，個人の健康を組織が管理し，その結果に応じて褒美やペナルティが与えられる仕組みは，場合によっては個人にプレッシャーを与え，行き過ぎた健康づくりにつながる可能性もある。2007 年，三重県伊勢市では「七人のメタボ侍―内臓脂肪を斬る！」と題して市幹部らが減量に挑戦する企画が行われていた。その企画に市長らとともに参加していた健康福祉部の男性課長が，運動中に倒れ死亡したのである。死因は虚血性心不全で，ジョギング中だったとみられている。減量に挑んでいた課長は腹囲が 100 センチあったそうである。医療費の総額が 40 億円を突破しようとしている今日，増え続ける医療費に対して，国は「**メタボリックシンドローム**」対策など，さまざまな対策を講じているが，状況は悪化する一方だ。市民目線でこうした健康施策を展開するのは自治体などの職員であるが，伊勢市では偶然にも象徴的な出来事が起こってしまったわけである。

健康経営　健康経営とは，「企業が従業員の健康に配慮することによって，経営面においても大きな成果が期待できる」との基盤に立って，健康管理を経営的視点から考え，戦略的に実践すること[1]。
メタボリックシンドローム　メタボリックシンドローム（内臓脂肪症候群）とは，内臓脂肪型肥満に加えて，高血糖，高血圧，脂質異常のうちいずれか二つ以上をあわせもった状態である。判断基準としては，腹囲（へそ周り）が男性 85cm 以上，女性 90cm 以上で，①中性脂肪 150mg/dL 以上，HDL コレステロール 40mg/dL 未満のいずれかまたは両方，②最高（収縮期）血圧 130mmHg 以上，最低（拡張期）血圧 85mmHg 以上のいずれかまたは両方，③空腹時血糖値 110mg/dL 以上のうち，①～③のなかで二つ以上の項目があてはまるとメタボリックシンドロームと診断される。

　個人が努力する健康づくりとそれを支える健康経営が連動することで，健康への価

---
1) 特定非営利法人健康経営研究会ホームページより〈http://kenkokeiei.jp/whats（2016 年 6 月 30 日確認）〉。

値が生成されてゆく。もちろんその背景には，増え続ける医療費や関連する少子高齢化，低迷する経済を回復させるための医療・健康産業の育成など，現在の日本を取り巻く状況と政策対応がある。さらに，産業による健康ビジネスの台頭は，私たちに健康を消費する新しいライフスタイルを形成させる。このように，現代的健康づくりは流動的に進化しつつある。バウマンが著書『リキッド・ライフ—現代における生の諸相』で指摘しているように，「健康」に対応して「フィットネス」を継続することが，消費社会における消費者の健康づくりなのである。私たちが取り組む健康づくり（たとえば，ジョギングやウォーキング）には，決して終わりがない。なぜなら，「フィットネス」は限界を認めないからである（バウマン，2008：161）。そして，たとえ健康づくりの実践が習慣やルーティーンへと固定化したとしても，その頃には新しい健康づくりや健康不安が広がり，また新しい実践を流動的に試みるのである。

> 主観的に体験され身を持ってやり遂げることであるとすれば，身体がどの程度しっくりすれば本当に満足できるのかは誰にもわからない。というのも，その度合いを測ることのできる「客観的」で，外部から評価でき，他人に伝えうるような基準はない（ありえない）からである（バウマン，2008：162）。

どこまでやれば健康になるのかという基準のない健康づくりを，ひたすら消費しつづける人びと——たとえば，2007年に大流行した「**ビリーズブートキャンプ**」をテレビの前で実践し続けている人は，現在どれだけいるだろうか。

私たちは自分のために健康づくりを実践するのか，社会のために実践するのか，あるいは単なる消費の対象であるのか。本質的な健康の意味を考えることもないまま，意思さえコントロールされているのが，現代の健康づくりの実態なのである。

ビリーズブートキャンプ ビリーズブートキャンプは，短期集中型のトレーニングで，7日間分のトレーニングが収録されたDVDである。株式会社オークローンマーケティングが運営するテレビショッピング（ショップジャパン）で紹介されたことをきっかけに，爆発的なヒットを記録した。これまでの運動指導型のDVDとことなり，本格的な軍事トレーニングとそれを指導する「ビリー隊長」のキャラクターが斬新であることから，さまざまなバラエティー番組でもパロディー化されたこともある。

5-2　新しい健康管理の方法：遺伝子検査のはじまり

> **DeNA（ディー・エヌ・エー）**　株式会社ディー・エヌ・エーは，モバイル向けポータルサイトの企画・運営等を行う企業であり，携帯電話向けのポータルサイト Mobage（モバゲー）を運営している。また，2011 年にはプロ野球横浜ベイスターズの筆頭株主となり，「横浜 DeNA ベイスターズ」が誕生している。2014 年には，子会社である株式会社 DeNA ライフサイエンスが，一般消費者向け遺伝子検査サービス「MYCODE（マイコード）」を開始した。

日常的な光景として，電車の中などでスマートフォンを片手にゲームをしている人を多くみかける。なかでも，ガンホー・オンライン・エンターテイメントが提供する「パズドラ」は，2013 年流行語大賞にノミネートされたほどの勢いである。こうした流行は，**DeNA**（ディー・エヌ・エー）社が 2006 年に「モバゲータウン」として主に携帯電話などのモバイル端末を対象としたサービスを開始したことにはじまる。その後，スマートフォンでの利用を対象としたソーシャル・ネットワーキング・サービス（SNS）の一つとして，ゲーム・コミュニティ・小説・有名人のブログ・占い・イラスト投稿などがコンテンツとして提供されるようになり，スマホ文化として現代社会に定着した。

　この DeNA が，子会社を通じて新しいサービスの提供をはじめた。それは，MYCODE（マイコード）と呼ばれる遺伝子解析サービスである。通販サイトで取り寄せた検査キットに自分の唾液を入れ送付すると，約 2 週間でインターネット上において「○○さんの遺伝子型における疾患発症リスク一覧」として結果を確認することができる。肺がん，胃がんなど複数のがんや，糖尿病，高血圧など最大 150 の病気における発症リスクと，血圧，肌質，髪質，肥満の指標（BMI）など，最大 130 の体質項目について調べることができる。インターネットショッピングサイトの Amazon で遺伝子検査キットを検索すると，マイコードも含めすでに複数の会社が提供する検査キットが販売されている。

　遺伝子検査はアメリカではすでにサービスが開始されている。女優のアンジェリーナ・ジョリーが遺伝子検査により，乳がんのリスクが 87% もあることが発覚し，健康な乳房の切除手術を受けたことは有名である。

　私たちは，健康管理ツールとして遺伝子検査サービスを利用しているが，映画『ガタカ』（1997 年）は，遺伝子に翻弄される近未来を彷彿させる内容である。映画に描かれている未来は，遺伝子レベルにおける「適正者」と「不適正者」が

Chapter 05　健康，予防医学，身体の管理　79

生きる世界である。生まれた赤ちゃんは，すぐに寿命・将来かかる病気について まで遺伝子分析により解析される。そこで，遺伝子が不適合とされるものは，一流企業等に就職することもできない。遺伝子の優劣が生活の差を形成するわけだ。この映画では，主人公の「劣勢遺伝子」をもつヴィンセントの不適正者と判定された者の苦労と，彼自身の夢である宇宙飛行士を目指すために，闇ルートから「適正者」としての偽のアイデンティティを購入し，本来の自分とは違った髪と瞳の色をもちながらもそれを巧妙にごまかし生きる姿が描かれている。同様の「遺伝子検査」は，今日私たちが身近に受けることのできるサービスの一つとなり，私たち自身でその実施を選択することができようになった。ただ，この映画と大きく異なるのは，あくまでも個人的なレベルにおける将来的な健康不安がその検査動機となっているということである。近未来では，それが集合的な「ビッグデータ」となり応用されることや，映画のように，ある特殊分野において優秀な遺伝子をもつ人が採用される時代が来るのかもしれない。

　日本においても参入が相次いでいるこうした新しい検査法は，私たちの生活をどのように変化させる可能性があるのだろうか。まず，検査結果において遺伝子が特定できても，絶対的な予防法や治療法はなく，いつ発症するのかもわからない。そのことは，不安ばかりを煽ることになり，場合によっては，メンタルへの悪影響も予想される。その他にも，遺伝による要因が明らかになることにより，自分も含め血縁関係全体の不安を煽ることになる。場合によっては，その原因探しを行うことによって，人間関係そのものを悪化させる可能性もある。さらに，こうしたことが一般化すれば，将来的には人が自らの遺伝子特性のゆえに差別や不利益を受ける危険性も増大するかもしれない。医療ライターが書いたブログのタイトルである「私は85歳までは生きないらしい―遺伝子検査，受けてみました」は，実にセンセーショナルである[2]。

> **新型出生前診断（NIPT）**　新型出生前診断（NIPT）とは，体から採取した血液で胎児の染色体異常を調べる検査で，母体血中の胎児由来遺伝子のうち 13 番，18 番，21 番染色体の濃度を分析することで，「13 トリソミー」「18 トリソミー」「21 トリソミー」（ダウン症候群）の可能性を出産前に発見することができる。従来の，羊水検査や絨毛検査は，穿刺針で母体を傷付けて流産のリスクを高めてしまう問題があった。それに対し，新しい方法では，採血のみであるため，母体への負担を大幅に軽減するとともに，従来の採血検査より診断精度も飛躍的に高まっている。

2）日　経 Gooday〈http://gooday.nikkei.co.jp/atcl/report/14/091100028/100900002/?ST=medical（2016 年 8 月 30 日確認）〉。

こうしたことは,「新型出生前診断 (NIPT)」とも関係性が大きい。出生前診断とは,胎児の異常の有無の判定を目的として,妊娠中に実施する検査のことである。粥川は,英語圏のメディアによって先天障害児を出産する可能性自体が「リスク」として記述されることを指摘し,出生前診断について次のように述べている。

> リスクが害悪そのものではなくその可能性を意味するのだとしたら,ここではダウン症の子どもが生まれる可能性(確率)がリスク,すなわち害悪の可能性だとみなされている。ここでいう害悪とは,誰にとっての害悪であろうか? ダウン症には致命的な先天障害がともなうこともあるため,ダウン症児本人にとっての害悪であると考えることは可能である。しかし,ここではおそらく,親,もしくは社会全体にとっての害悪という含意もあるように思われる。出生前診断はその可能性,そのリスクを最小化し,コントロール(管理)するための手段ということになる(粥川, 2012 : 103)。

こうした社会が当たり前になるということは,仮にダウン症で生まれてきた赤ちゃんは,後に社会のなかでどのような視線を受けながら生きることになるのであろうか。ライアンは著書『監視社会』のなかで,遺伝子検査を通じた身体監視について,「同じ遺伝子検査が,たとえば,病状が悪化する前に治療を受けられるようにするというように,個人に利益をもたらす手段ともなりうるし,昇進や地位保全の道を閉ざす等,個人を差別する手段ともなりうる」と述べている(ライアン, 2002 : 137)。このように社会的な価値観を生成する可能性のある遺伝子検査は,個人の健康への追求と同時に,そのリテラシー(情報を読み取り判断する力)の教育が急がれなければならない。

5-3 リキッド・ライフと健康の自己責任化

> 「リキッド・モダン」社会とは,そこに生きる人びとの行為が,一定の習慣やルーティンへと〔あたかも液体が固体へと〕凝固するより先に,その行為の条件の方が変わってしまうような社会のことである(バウマン, 2008 : 7)。

バウマンによれば,リキッド(液状)な社会とは,個々人が自由に動き回る

Chapter 05　健康，予防医学，身体の管理

液体のような社会であり，つまり「今」の状態が今後も続くわけではなく，つねに「その場しのぎ的」に今を生きる（しかない）社会とされている。先に示した，遺伝子検査により病気の可能性を探ったり，出生前診断で出産判断したりすることは，以前には一般的なことではなかった。まさに私たちは，その習慣が固定化する前に，次の行為へと移らなければならない社会を生きている。積極的に予測はしたくないが，企業などの採用において，現在の健康診断の一部に遺伝子検査が追加されることは，そう遠くない未来なのかもしれない。

　このように健康を自己管理するツールが流動的に多様化するなか，私たちはそれを自己選択して，健康管理をすることがますます求められる。学校や職場，あるいは自治体が実施する年に一度の健康診断に加え，自身で「人間ドック」等の検査を取り入れる人もいる。さらに，血液検査キットや先の遺伝子検査キット等を購入し健康管理を行う人もいる。もちろん，もっと手軽な体重計や体脂肪計，歩数計などさまざまなアイテムもある。スマホのアプリにも健康管理アプリが充実しているし，ウェアラブル端末も増えている。私たちはこうしたさまざまな健康管理ツールを選択して，健康を自己管理することがルーティンとなりつつある。

　藤村は著書『〈生〉の社会学』のなかで，健康に関する数値的な情報により，私たちが客体化され（〈生〉が情報化され），その自己責任化が進行することについて，「可能な限り早期に問題の発生を予測し，問題の兆候からその顕在化の前に適切な処理を取り，健康や寿命を維持することが期待される。それに遅れることは，治療主義的配慮を怠った自己責任となる」とし「〈生〉情報化は自己管理の徹底化を進めていく」と危惧している（藤村，2008：301）。まさに〈生〉の情報化は，遺伝子検査や出生前診断という具体的な選択化とともに，現代社会のなかで台頭しつつある。

　しかし，積極的な自己管理には課題も指摘されている。社会のなかには，高齢化や障害の進行により，自己管理をすることが困難な人たちが増加しつつある。あるいは，自己判断する内容が高度過ぎて，一般的には判断することが難しい場合もある。また，そうした決定を専門家ではなく一般の人が行うということは，当事者中心の意思決定という積極的側面と同時に，最終的な結果への責任を果たし得ない専門家の責任範囲の縮小という消極的側面を併せもつこと

になる（藤村, 2013：31）。特に，出生前診断の難しさは，だれが生きるべき命とそうでない命を判断するのかということである。自己選択 – 責任という構図や，そもそもの「健康」への価値観など，さまざまな意味が重層的に絡み合うことで，こうした問題は非常に複雑になっている。

　新しい健康管理技術の導入は，私たちの健康への自己選択・自己管理という側面を積極的に推し進める一方で，それが固定化する前に，私たちはますますそのリテラシーを高める必要性がある。そして，その判断や結論が，「その場しのぎ的」な判断や結論にならないよう，その意味を慎重に考える必要性がある。一度結論を出したもののなかには，二度と戻らないものもあるのだから。

5-4　リバタリアン・パターナリズムと健康

　こうした「選択」については，別な角度からの検討も必要である。それは，無意識的な選択についてである。選択は，本人の選択能力や享受能力が大きく関係するが，私たちの生活場面では本人が気づかない（無意識的）に選択させられている場合も多い。たとえば，スーパーやコンビニで「季節限定」「売れてます」と書かれていると，消費者の選択を自然と誘導することが可能である。「限定5食」と書いてあれば急いで注文しなければならないという気持ちが誘発され，さらに行列があれば思わず並んでしまう人も多いだろう。こうした行動を誘導する示唆を，**行動経済学**では「ナッジ（nudge）」という。「ナッジ」とは，直訳すると「ヒジで軽く突く」という意味であるが，行動経済学では科学的分析に基づいて，正しい選択をさせる戦略としている。よって，「ナッジ」は，何らかの選択において，個々の選択の自由は尊重するが，規制者が弱い形で関与しながら社会を良い方向に導こうとする示唆である。

　セイラーとサンスティーンの『実践行動経済学—健康，富，幸福への聡明な選択』では，これを「リバタリアン・パターナリズム」という概念から説明している。ちなみに日本語では「緩やかな介入主義」と訳される場合もある。

> **行動経済学**　行動経済学とは，人間がどのような環境において，選択・行動し，その結果どうなるかを究明することを目的とした実践的な経済学である。

　例えば，横断歩道の信号機についている，残量タイマー（図5-1）。このタイマーがあるおかげで，あとどれくらいで信号が変わるのかがわかる。これにより，イライラす

Chapter 05　健康，予防医学，身体の管理

る人や，無理やり横断歩道を渡る人を軽減させることができる。あるいは，青信号から赤信号に変わるときに信号が点滅する。これにより，人は小走りで急ぐようになる。ちょっとした介入により，さまざまな成果を導くことができるのである。コンビニや居酒屋のトイレに貼ってある「い

図 5-1　信号機の残量タイマー

つもキレイに使って頂き有難うございます」というコメントも，トイレをきれいに使用するように導いている。

> リバタリアン・パターナリズムは相対的に弱く，ソフトで，押しつけ的ではない形のパターナリズムである。選択の自由が妨げられているわけでも，選択肢が制限されているわけでも，選択が大きな負担になるわけでもない（セイラー & サンスティーン，2009：17）。

私たちの健康を取り巻く環境をみても，ソフトで，押しつけ的ではない形のパターナリズムが溢れているのではないだろうか。都心では，かなりの割合で駅前に民間のスポーツクラブが存在し，その駅を利用する人が日常的に健康づくりに取り組める環境が整備されている。最近のコンビニのドリンクコーナーには，脂肪燃焼系のドリンクが充実している。誰でもさまざまな健康関連商品・サービスを選択しやすい環境が無意識的に整備されているのである。

> 果物を目の高さに置くことはナッジであり，ジャンクフードを禁止することはナッジではない（セイラー & サンスティーン，2009：18）。

つまり，私たちが潜在的に「健康でなければならない」と意識していることは，健康産業を支える根本的な要因であり，それが消費として具体的な行動へと現

れる時には，ナッジされた環境に強い影響を受けているのである。しかし，明らかに健康に悪い方向にナッジされる場合もある。街中でよくみかけるラーメン店の行列などは，その行列＝おいしいという指標になり，新たな行列参加者をつくってしまう。ラーメンが糖質や脂質の割合が高く，明らかに不健康だとわかっていても，われわれはナッジされた方を選ぶのである。その一方で，少しでも健康でありたいという願望が，健康産業を支えているわけである。これは，ラーメン屋に並び食した後，コンビニで脂肪燃焼や脂肪分解系のお茶を購入するスタイルに見事に現れている。

　　健康は今日では生き残るための生物学的な意味での至上命令である以上に，地位向上のための社会的至上命令となっているのであって，基本的価値というよりは見せびらかしなのである（ボードリヤール, 1979：204）。

　　消費市場は，消費者が抱く不安によって拡大する。市場自体がその不安を駆り立て，全力を挙げて強調しているのである（バウマン, 2008：159）。

　ボードリヤールやバウマンが指摘しているように，消費社会のなかで健康は本来の意味からかけ離れ，消費者が抱く健康不安とその美的価値によって支配されている。例えば，「結果にコミットする」のフレーズでおなじみのライザップは，入会金5万円，ボディメイクスタンダードコース（1回50分×16回／2ヶ月）298,000円と高額ながら会員数を着実に伸ばしている。ライザップのCMには，有名芸能人が数多く出演し，15秒のCMでどれぐらいボディチェンジしたかが披露される。このCMが繰り返し流されることにより，私たちが認知できるサービスの一つとなった。いままさに，見せ物としての身体加工に消費が反応している。また，本格的なサービスがはじまった遺伝子検査にも，肌質や髪質を調べるサービスも含まれているものもある。遺伝子検査では，疾病の確率を予測することが一番の目的ではあるが，体質改善をキーワードに新たな健康価値を創造している。

　セイラーとサンスティーンが述べる，リバタリアン・パターナリズムとは，人びとの選択の自由を尊重しつつも，人びとを厚生改善の方向へと誘導（ナッ

Chapter 05 健康，予防医学，身体の管理

ジ）する政策構築の重要性を指摘しているのが特徴である。しかし，私たちの日常生活においては，政策よりも健康ビジネスに健康を牽引されている状況が強い。健康を消費することがますます一般化するなかで，どのように政策が誘導（ナッジ）し，望ましい社会を構築することができるのだろうか。誘導（ナッジ）する政策構築の重要性が，健康分野ではどのように応用可能なのか。

2016年から電力の完全自由化が開始された。ライフスタイルや価値観に合わせ，電力の売り手やサービスを自由に選べるようになったこのサービスは，価格競争による電気料金引き下げ等を狙った政策的コントロールである。こうした制作転換が健康づくりにも波及している。サービス提供会社の一つである「イーレックス株式会社」は，「歩けば歩くほど電気代が安くなるサービス」を始めた。契約者に配られる専用の活動量計をつけてウォーキングするだけで，電気代が安くなるという。このサービスは，健康機器メーカーのタニタとのコラボレーションで開始された。タニタ製の活動量計を使い，そのデータをインターネット経由で送信することにより，歩数が把握される。一日8000歩で年間一万円程度安くなるという。

こうした事例は，政策転換がもたらした偶然の結果ともいえるだろう。健康への意識や価値の高まりによって，これからもさまざまな誘導装置が構築されるに違いない。特に，今回の事例のように金銭的なインセンティブを用いるやり方は，さまざまな分野で加速するであろう。

5-5　カルチュラル・スタディーズと健康

本書のメインテーマであるカルチュラル・スタディーズとは，私たちの日常生活のなかから，歴史的に構築された知や教養をテーマとして，文化や権力の作り手と受け手という関係性を明らかにする試みである。しかし，それはどちらかの立場を固定的に捉えるのではなく，流動的に捉え，その実践に着目することが必要である。本章では，テーマを「健康」に設定し，「健康スタディーズ」の一部を試みた。

健康スタディーズの目的は，とりわけ現代社会において，人びとが健康という価値から正常／異常のグループにカテゴリー化され，どのように境界線が引かれ，現代の統治の支配体制が形成されるのかを検討することである。特に，

バイオテクノロジーの発達が著しい今日，人びとがそれをどのように消費しているのかに着目することは，最も重要な側面であると捉えている。バイオテクノロジーの発展には，国家が政策的にも大きく関与していることはいうまでもない。バイオテクノロジーの発達が，今後どのような社会を形成する可能性があるのか。バイオテクノロジーの競争はいままさにグローバルに展開しており，そのスピードが競われているからだ。

　残念ながらこうしたテクノロジーの発達と私たちの身体感覚は必ずしも連動しているものではない。痛みや倦怠感などから体調不良を捉えることは容易であるかもしれないが，遺伝子検査の結果からそれを身体的に認識することは非常に難しい。そういう意味では，現代の健康管理は著しく高度化した一方で，身体感覚的には，ますます無感覚になっているといえよう。そして，その無感覚なレベルにおいて，たとえば出生前診断は，命の選択を行わなければならない。身体感覚のないものを自己決定するということは，専門家以外に感じることのできないリアリティに，ある種支配されつつあるのかもしれない。

　1998年にヒトのES細胞が樹立され，2007年には京都大学の山中伸弥氏によりヒトのiPS細胞が樹立された。このように「万能細胞」をめぐる競争が激化するなかで，2014年，科学界に衝撃を与える出来事が起こった。理化学研究所の小保方晴子氏をリーダーとする研究チームが，「STAP細胞」と呼ばれる，あらゆる種類の細胞に育つ能力をもつ新しい万能細胞の開発に成功したとされ，英科学誌ネイチャーに論文として掲載された。しかしこの「発見」は捏造と改ざんの不正が行われたのではないかとの疑惑が起こり，それを検証によって払拭できないまま共同研究者の1人である笹井芳樹氏が自殺した。残念ながら，私たちはこうした事実をメディアが伝える「捏造」や「自殺」というキーワードからしか捉えることしかできず，万能細胞の開発という観点においてまったくリアリティをもつことができないわけである。こうした構図は，東日本大震災直後の原発問題について，メディアが伝える「シーベルト」や「ベクレル」といった単位を，身体的リアリティにおいて捉えることのできなかった姿に重なる。遺伝子検査や出生前診断という健康をめぐる新しいテクノロジーは，いままさに，その市民理解と啓蒙の段階に入りつつある。しかし，それを身体的に自覚できるレベルには至っていない。こうしたなかで，進展する健康をめ

Chapter 05　健康，予防医学，身体の管理　87

ぐる科学技術によってどのように統治されるのだろうか。あるいは，どうすれば理解することが可能なのか。

　最近では，「覚せい剤」「脱法ハーブ」等の薬物使用に関するニュースが後をたたない。その影響で暴走した車にひかれるなどして命が失われている。また，原発事故以後の「健康観」やそれに伴う健康問題は，これからの命に大きく関わる問題である。こうした意味も含め，「健康」はこれからも多様な観点から考察されなければならないのである。かつてアドルノとホルクハイマーは，西洋的理性の限界を指摘し，西洋的理性への「啓蒙」が，ナチスによって引き起こされたホロコーストの悲劇に至るような，さまざまな避けるべき事態を引き起こしていることを「啓蒙」の暴力性として指摘した[3]。こうした視座に立つならば，命という観点から，現代社会における「健康」に翻弄される私たちの生活について，再考しなければならない時期にきているのではないだろうか。

5-6　おわりに：健康を考える視点

　フーコーは著書『性の歴史Ⅰ』において，「〈生〉の政治学（life politics）」を「繁殖や誕生，死亡率，健康の水準，寿命，長寿，そしてそれらを変化させるすべての条件」について介入し，管理調整する権力（生‐権力）として捉えている。現代社会においては，私たちの健康を国家が管理することで，医療費を含む社会保障費の調整管理が行われている。ただこの権力の直接的な担い手は国家とは限らない。新自由主義的な思想にもとづき，従来国家が担っていた機能を市場に任せることが行われている[4]。これにより，現代社会の生‐権力は，国家の管理（政治）と企業の健康ビジネス（経済）という側面から，私たちの日常へと介入してくることになった。さらに各企業は健康の価値を生成しながら健康を産業化し，私たちに健康を「消費」させようとする。たとえば，現在の健康政策に取り入れられている「メタボリックシンドローム」予防の取り組み

3）アドルノとホルクハイマーによる『啓蒙の弁証法─哲学的断想』は，ドイツにおけるナチス独裁，さらに，ユダヤ人大虐殺がされた経験，あるいはアメリカでの消費社会について批判的に検討されたものである。特に，大衆が消費の自由を与えられることにより，見せかけの多様性や価値に翻弄され，均質化し，制度の奴隷と化していくさまが鋭く描かれている。

4）たとえば，2000年にスタートした介護保険サービスは，民間営利企業を社会福祉分野に参入させ，企業サービスを主体とした福祉サービスが開始され，福祉の市場化が具体化された。

は，国家と企業がタッグを組みながら進められているが，それに便乗しながら健康ビジネスはさらに商品やサービスを消費させているのである。

またこうした健康政策そのものの進められ方にも特徴がある。それは，個人の身体を健康に向かわせるような規律訓練から，国民全体に働きかけ，健康を管理するやり方へと変化したことである。「メタボリックシンドローム」政策は，まさに該当する人／しない人を分別（カテゴリー化）しながら推進され，該当する人（不健康と判断された人）のみが政策対象となる。

　　生–権力は，生きるべき者と死ぬべき者との間に切れ目を入れ，生–政治的な境界に沿って作動している（粥川, 2012：107）。

今日では，この分別レベルが遺伝子レベルにまで到達し，さまざまな判定が行われるような時代に到達した。私たちが健康的なるものとそうでないもの（正常と異常）をすぐに分別しようとするハビトゥスにこそ，生–権力が最も機能するステージが形成されている。

WHO の定義では，「健康とは，病気でないとか，弱っていないということではなく，肉体的にも，精神的にも，そして社会的にも，すべてが満たされた状態にあることをいう（Health is a state of complete physical, mental and social well-being and not merely the absence of disease or infirmity.）」とされている[5]。単に病気や虚弱な状態ではないことを意味するのではなく，身体，精神，社会関係が良好な状態であるということである。私自身もそうであるが，誰でも一時的に不健康な状態に陥ることがある。あるいは，軽度（腰・肩・膝痛等）から重度（介護を必要とするような障害）に関わらず何らかの障害を有しながら生活を送る人も多数いる。状況に関わらず，精神的に気分が乗らないこともある。

カンギレムは健康を次のような観点から捉えている。

　　健康な人間は誰も病気にはならない。というのは，彼の健康が彼を見捨てる限りでのみ，病気だからである。そしてそうなれば彼は健康ではない。

5）公益社団法人日本 WHO 協会の訳による。

Chapter 05　健康，予防医学，身体の管理

だから，健康だといわれる人は，健康では「ない」。彼の健康は，始まっ
ている破壊の上で彼がとりもどしている均衡である。病気の脅威は，健康
の構成要素の一つである（カンギレム，1987：272）。

　病気にかかるということ＝不健康（健康でない）という構図は，現代社会にお
いて，ますます強固になりつつある。なぜなら不健康であることは直接社会保
障費の増加の要因とされるからである。こうした社会的構図は，別々の方向へ
人びとを分断する。一つは，不健康にならないように努力するアクティブな行
為主体（日常的な生活習慣の改善者）とそうでない者（生活習慣の改善ができない
人）である。あるいは，不健康状態に陥った人で，それが慢性的，長期的にな
った場合でも，積極的に改善へと向かおうと努力をする人と，精神的負担を増
加させ，絶望的感覚とともに自死する人である。現に，警察庁の「自殺統計」
では，自殺の原因・動機において「健康問題」が最も多く，その内容としては
「病気の悩み・影響（うつ病）」とされている[6]。
　健康に対する価値が，一義的になればなるほど，それに適合しない人間は感
覚的にも苦しい生活を迫られることになる。なぜなら，それは「健康」な人間
しか社会に受け入れられない，どんなズレにも耐えることのできない社会だか
らである。このように，私たちが生きる糧であるはずの「健康」が，反対に私
たちを苦しめる価値となる場合もあるのである。さらに，近年のナノテクノロ
ジーの発達は，この健康判断のレベルを，遺伝子レベルにまで押し上げている
可能性があるのである。

完全な健康が存在しないということは，単に，健康の概念が存在概念では
なくて，規範概念だということだ。規範の役割と価値は，存在するものに
かかわり合って，これを変更させることにある（カンギレム，1987：55）。

　このような時代だからこそ，身体感覚のない健康情報ばかりに左右される
ことなく，自分自身の身体感覚にとって心地よく過ごすことも必要ではないか。

6）「平成 25 年中における自殺の状況」（内閣府自殺対策推進室・警視庁生活安全局生活安全企画課）
　　による。

その延長線上に，私たちの健康リアリティは生まれるはずである。いまこそ，私たちは本来の健康「規範」だけではなく，その「存在」も取り戻さなければならないはずだ。それが，健康を入り口とした，命の区別や差別への警鐘となるはずだからである。

　一時的な流行かもしれないが，2016年7月22日に配信が開始されたスマートフォンアプリである『Pokémon GO』の信者たちが街を歩き，公園に集いゲームを楽しむようになった。『Pokémon GO』は，多くの人をひきつけ，屋外に連れ出し，街中を歩かせ，ゲームをきっかけにコミュニケーションを育む可能性をもったゲームである。このゲームの開発者の思いまでは汲むことができないが，偶然であれ，必然であれ，さまざまな問題も指摘されているが，まさに健康を増進させるナッジの一つとなっている。

　その一方で，ライザップを中心に流行をみせる糖質を制限するダイエット方法もブームとなっている。この方法により主食の糖質（炭水化物）を避け，たんぱく質中心の食事を選択する人が増えている。2016年7月20日に放送されたNHKの「クローズアップ現代＋」では，「糖質制限ブーム―あなたの"自己流"が危険を招く」というテーマで，糖質制限メニューを増やしている外食産業の様子や，自己流の糖質制限がもたらす健康への悪影響について特集された。

　健康リアリティの追求は困難を極めるばかりである……。

Chapter 05 健康，予防医学，身体の管理

チェックポイント

☐ 健康の社会的価値について，それを向上させている要因を整理しなさい。
☐ 健康管理技術の発達は，どのような課題を含んでいますか。

ディスカッションテーマ

①病気になる確率が数値化されることの是非について話し合ってみよう。
②新型出生前診断と選択される「命」の差別化について話し合ってみよう。
③健康管理の方法と自己責任化の関連性について話し合ってみよう。

レポート課題集

①現代社会のなかで消費されている「健康」とはどのようなものか，具体的な事例を示しながら論じなさい。
②「万能細胞」の開発に代表される，バイオテクノロジー発達と私たちの生活との関係性について論じなさい。

関連文献リスト

近藤克則（2010）．「健康格差社会」を生き抜く　朝日新聞出版
二宮雅也（2014）．「健康幻想と身体意識」鈴木　守［編］「知としての身体」を考える―上智式 教育イノベーション・モデル　学研出版
美馬達哉（2012）．リスク化される身体―現代医学と統治のテクノロジー　青土社

【参考・引用文献】

粥川準二（2012）．バイオ化する社会―「核時代」の生命と身体　青土社
カンギレム，G／滝沢武久［訳］（1987）．正常と病理　法政大学出版局（Canguilhem, G.（1966）. *Le normal et le pathologique*. Paris: Presses univ ersitaires de France.）
セイラー，R. H. & サンスティーン，C. R.／遠藤真美［訳］（2009）．実践行動経済学―健康，富，幸福への聡明な選択　日経 BP 社（Thaler, R. H., & Sunstein, C. R.（2008）. *Nudge: Improving decisions about health, wealth, and happiness*. New Haven, CT: Yale University Press）
バウマン，Z.／長谷川啓介［訳］（2008）．リキッド・ライフ―現代における生の諸相　大月書店（Bauman, Z.（2005）. *Liquid life*. Polity Press.）
バウマン，Z. & メイ，T.／奥井智之［訳］（2016）．社会学の考え方　筑摩書房（Bauman, Z., & May, T.（2001）. *Thinking sociologically*. Oxford: Willy-Blackwell.）
フーコー，M.／渡辺守章［訳］（1986）．性の歴史Ⅰ 知への意志　新潮社（Foucault, M.（1976）. *Histoire de la sexualité, vol.1: La volonté de savoir*. Paris: Gallimard.）
福祉社会学会［編］（2013）．福祉社会学ハンドブック―現代を読み解く 98 の論点　中央法規出版
藤村正之（2008）．〈生〉の社会学　東京大学出版会
ボードリヤール，J.／今村仁司・塚原　史［訳］（1995）．消費社会の神話と構造　紀伊國屋書店（Baudrillard, J.（1970）. *La société de consommation: Ses mythes. ses structures*. Paris: Denoël.）
ホルクハイマー，M. & アドルノ，T. W.／徳永　恂［訳］（1990）．啓蒙の弁証法―哲学的断想　岩波書店（Horkheimer, M., & Adorno, T. W.（1947）. *Dialektik der Aufklärung: Philosophische Fragmente*. Frankfurt am Main: Suhrkamp.）
ライアン，D.／河村一郎［訳］（2002）．監視社会　青土社（Lyon, D.（2001）. *Surveillance society: Monitoring everyday life*. Buckingham, UK: Open University Press.）

ライアン, D. ／田島泰彦・小笠原みどり［訳］(2011). 監視スタディーズ─「見ること」「見られること」の社会理論　岩波書店 (Lyon, D. (2007). *Surveillance studies: An overview*. Cambridge, UK: Polity.)

Chapter 06
キャラクター商品,消費型文化,参加型権力

田中東子

> 学びのポイント
> ● キャラクター商品などの「ポップカルチャー」について学問的に捉え,現代メディアの消費形態について考察してみる。
> ● 文化産業やメディアのコンテンツを消費することが,新しい文化の生産につながる点を確認する。
> ● キャラクター商品やファン活動とそれをとりまくマーケットや資本の関係は複雑であり,批判的な視点に基づいて考える大切さを学ぶ。

6-1 キャラクターをめぐる現象

◉キャラクターが架橋するグローバルなつながり

まず,下に掲載した2枚の写真を見てほしい。一枚目(図6-1)は,中国の沿海都市,烟台で撮影されたもの。二枚目(図6-2)は,タイの首都,バンコクで撮影されたものである。

二枚の写真に写っているのは,それぞれの町にあるキャラクター商品を扱うショップだ。店内を埋めつくしているのは,フィギュア,プラモデル,ぬいぐ

図6-1 烟台の動漫ショップ

図6-2 バンコク市のデパート内店舗

> **キャラクター商品**　マンガやアニメやゲーム
> の登場人物＝キャラクターのイラストを印刷
> した文房具や雑貨などの商品のこと。ノート♪
> や下敷きなどからタオルやマグカップ，缶バ
> ッジやキーホルダーなど，さまざまな商品が
> 開発されている。かつて，キャラクターの付
> いた商品は小学校入学前の幼児向けに開発さ
> れていたが，現在では大人たちも購入し，コレ
> クションしていることがある。

るみ，文房具やキーホルダーなど，「**キャラ
クター商品**」とよばれる日本で生まれたキ
ャラクターのアイテム。数えきれないほど
多くの商品が並んでいる。おそらく世界中
のあらゆる都市の片隅に，このようなショ
ップが，アンダーグラウンドな店舗として
ひっそりと，もしくはデパート内の店舗の
一つとしてきらびやかに経営されているのだろう。このようなショップのない
小さな町に住んでいても，最近では，インターネット上のオンラインショップ
で，通販を利用してキャラクター商品を購入できるかもしれない。

　こうしたショップには，同じ作品やキャラクターを愛好する仲間と出会い，
交流することを目的として，それぞれの土地で暮らす少年少女たちが通い詰め
ている。彼ら彼女たちの話題の中心は，テレビ放送やオンライン上の動画サイ
トで見た最新アニメや，キャラクターをとりまく世界観や，新しいグッズの情
報などである。同じキャラクターを好きな仲間たちと自身の愛着について熱く
語りあうのだ。現在では，たった数日前に日本のテレビで放映されていた番組
を，日本以外でもすぐ動画投稿サイトなどで見ることが可能であるし，彼ら彼
女らは，正規ルート以外の流通網で配信された作品を視聴していることも多い。

　オンライン通信のおかげで情報の拡散速度に地域間格差が少なくなってきた
現在では，キャラクターの話をプラットホームとして，このように，日本とそ
れ以外の場所でゆるやかに，そして，ひそやかに**ファン共同体**が作り出されて
いる。しかし，日本社会で暮らしている私たちのほとんどは，こうした共同体
の存在を知らないし，たとえ知っていたとしてもあまり関心をもっていない。

　似たようなプラットホームの例として，ディズニーのキャラクターについて
考えてみることもできるだろう。アメリカで生まれたネズミやクマのキャラク

> **ファン共同体**　ファンによって形成されるさ
> まざまなコミュニティを指す。ファンクラブ
> の会員や自主応援組織など現実世界で交流す
> るコミュニティから，オンライン上で形成さ
> れるゆるやかでグローバルなネットワークま
> で，その形態はさまざまである。

ターが，今日では日本をはじめとして世界
中の子どもたちに愛されている。ディズニ
ーのキャラクターをプラットホームとして，
少年少女たちはコミュニケーションを行い，
仲間と交流し，コミュニティを作っている。

Chapter 06　キャラクター商品，消費型文化，参加型権力

少し，イメージがつかめただろうか？

　ようするに，現代社会において，「キャラクター」と「キャラクター商品」は，私たちの生活においてきわめて日常的な存在であり，コミュニケーションを媒介する大切なアイテムになっている。そこで本章では，私たちの多くがどのようにキャラクターを愛でているのか，また，キャラクターを愛でるという行為はどのような活動に展開していくのか，さらには，キャラクターを愛でるという行為が生み出しつつある可能性とその問題点について考えていく。

6-2　キャラクターを愛するというのはどのような行為なのか

◉キャラクターへの群がり

　ここ数年，ある少年漫画のキャラクターの誕生日に，オンライン上で大きなムーブメントが起きている。そのキャラクターとは，1999 年から 2008 年まで『週刊少年ジャンプ』で連載された『テニスの王子様』の**跡部景吾**（慣習に基づき，以下「跡部様」とよぶ）という主人公のライバルだ。現実には存在していない架空のキャラクターであるにもかかわらず，誕生日の日付が変わる瞬間，Twitter のタイムラインは跡部様の誕生日を祝う数十万件の投稿で埋められ（図 6-3），個人だけでなく，法人企業からも祝いの言葉などが寄せられる（図 6-4）。

　その人気ぶりから，跡部様は何度か NHK の報道番組で取り上げられたことがある。彼の誕生日になると特注ケーキやバラの花の売り上げが飛躍的に伸びると噂され，2014 年のバレンタインデーには，作者のもとに日本全国，そして海外から，6 万個を超えるチョコレートが跡部様宛に届けられた（許斐，2014）。

　架空のキャラクターの誕生日を祝い，バレンタインにチョコレートを届けるにとどまらず，最近では，マンガやアニメ作品のキャラクター関連商品を購入するのがファンたちの間でブームになっている。上述した『テニスの王子様』以外にも，数多くの人気作品のキャラクターのグッズが商品化され，専門の店舗やオンラインショップで販売されている。時には，どのキャラ

> **跡部景吾**　『週刊少年ジャンプ』（集英社）で連載されていた『テニスの王子様』（1999–2008年）および『ジャンプスクエア』（集英社）で連載されている『新テニスの王子様』（2009 年 –）に登場するキャラクター。主人公のライバル中学である氷帝学園テニス部の部長にして財閥の御曹司という設定で，対戦相手の弱点を見抜く眼力とたゆまぬ努力に定評がある。数多くの人気キャラクターを排出した『テニスの王子様』の中でも抜群の人気を誇っている。

図6-3 跡部様誕生日を祝うツイート例

図6-4 1万件以上リツイートされた跡部様誕生日の企業イベントツイート
(https://twitter.com/morinagachoco/status/518201678177132546)

クターのグッズが中に入っているかわからない，トレーディングと呼ばれるくじびきやギャンブル要素を含んだ商品も出回っていて，「好きなキャラクターのグッズを手に入れるまで，70個も購入した」などの発言を耳にすることもある。このようにコレクションやトレーディング（交換）を目的とするグッズの起源は，1980年代に男児用商品として流行した「ビックリマンチョコ」のおまけシールによる商業戦略にあるという（大塚, 2012：62）。ビックリマンチョコというのは，1977年からロッテが販売している廉価のチョコレート菓子である。おまけとして封入されているシールを集めることが一大ブームとなり，1980年代から90年代初頭にかけて，特に少年たちがこのチョコレートを買いあさり，グッズをコレクションする習慣を子どもたちのあいだに広めたと考えられている。また，キャラクターの絵や柄を入れた缶バッジや「ラバスト」とよばれるキーホルダーなどのグッズ購入ブームの先駆けとなったのは，乙女ゲームなどのゲームジャンルにおけるグッズ商法である。今日では，尋常ならざる種類のキャラクター商品が，マンガやアニメやゲームの産業で生産され，それらを入手するためにファンたちはしのぎを削っている。

　これらキャラクターの人気を受けて，キャラクターが活躍する作中世界のモデルとなった町や場所を旅行する人びとも現れた。作中に登場する町や場所のモデルになった風景を実際に見に行くというこうした行為は，「**聖地巡礼**」とよばれる。作中に登場するモデルとなった場所を訪問し，作中のキャラクターと同じポーズで写真を撮ったり，作品に登場する場面と同じ構図の写真を撮っ

Chapter 06　キャラクター商品，消費型文化，参加型権力

たりして，それをブログやSNSにアップし，他のファンとの交流を図ったりするのだ。

　これらはすべて，虚構世界につながる「手がかり」をリアルな世界に追い求めたい，そして逆に仮想世界を現実世界に具現化させたいという二重の欲望に基づく行動である。このような現象について大塚英志は，虚実の越境性こそが人びとを物語のなかにひきこみ，その世界観を見出していくのだと説明している（大塚，2012：40）。大塚によると，ファンたちによるフィクション世界への本気ともつかない介入の起源は，大正期のマンガ『正チャンの冒険』のエピソードにまでさかのぼれるという（大塚，2012：37-8）。大塚は，大正期の新聞連載マンガ『正チャンの冒険』に送られてきた投書を紹介している。読者たちは作者の絵柄の変化を，キャラクターに何か体調や心的変化が起きているのではないかと心配したり，夏になれば冬の衣装では暑いだろうから着替えた方がいいのではないかと勧めたりしている。こうした出来事から，「読者は「正チャン」が実在すると信じていたわけではない。しかし，作中の「現実」が自分たちの「現実」と同様の原則に支えられているはずであるという約束事を作者たちの意図とは別に投書欄を通じて読者たちは共有していったのである。この時，読者たちが作中に見出したリアリティは今でいう「世界観」であり，同時に「仮想現実」と呼んで差し支えない質のものだ」（大塚，2012：40）と大塚は論じる。

　また，『あしたのジョー』というボクシングのマンガでは，主人公のライバルの**力石徹**というキャラクターが作中で死亡したエピソードを受け，劇作家の寺山修司や東由多加らがファンを集め，作品の版元である講談社の講堂で盛大な葬儀を行った。これらの出来事はみな，架空のキャラクターを

> **聖地巡礼**　もともとは重要な意味をもつ土地である聖地を巡る宗教的活動を指す言葉であるが，アニメやマンガなどのファンが作品にゆかりがあり作中で舞台となっているような土地を「聖地」とよび，それらの場所を実際に訪れる行為を示す。現在では，町おこしの一環として，自治体などが積極的にアニメやマンガの舞台として使われるよう誘致するようなことも起きている。
>
> **『正チャンの冒険』**　織田小星（織田信恒）作，東風人（樺島勝一）画による大正期の4コマ漫画。主人公の少年正チャンが相棒のリスと一緒に冒険する。1923年から1926年まで『アサヒグラフ』と『朝日新聞』朝刊など媒体を変えつつ連載された。

> **『あしたのジョー』**　『週刊少年マガジン』（講談社）に，1968年から1973年にかけて連載された高森朝雄（梶原一騎）原作，ちばてつや画によるボクシング漫画。東京山谷のドヤ街に突如現れた少年ジョーにボクシングの才能があることを見抜いた元ボクサーでアル中の丹下段平が，指導してその才能を伸ばしていく。連載当時から舞台化やアニメ化が行われるなど社会現象にもなった作品である。
>
> **力石徹**　『あしたのジョー』の主人公矢吹ジョーの最大のライバルとして登場する天才プロボクサー。ジョーとは少年院で出会い，出所後は階級の違いを乗り越えジョーと対戦し，激戦の末勝利するものの，最後はリングの上で息を引き取った。

あたかも実在しているかのように扱い，その存在への愛や悲しみといったさまざまな種類の感情を本気で引き出し，差し向けることから生じている。先に挙げた，跡部様の事例とともに，力石の葬儀のエピソードは虚構の世界の出来事と現実社会の出来事が越境関係にならない限り成り立たないファン行為なのだと考えられる。

●キャラクターの要素とファンフィクション（fun-fiction）

　マンガ評論家の小田切博は，ライトノベルなどのキャラクター小説の祖として，ディケンズやアーサー・C・ドイルのような大衆小説を位置づけ，その上で，キャラクターの構成要素を次の三つに分類している（小田切, 2010：120）。

> 「キャラクター」は絵柄としての外見，物語を通じて形成される性格，象徴としての記号的な意味性の三点のどこを起点に発想し，つくられてもいいし，三要素すべてが揃っていなくてもキャラクターそのものは成立し得る。しかも，名前と構成要素の一部で同一性が担保されていれば拡張や変形がいくらでも可能だという特性を持っている（小田切, 2010：125）。

　では，小田切の三分類を，実際のキャラクターに当てはめてみよう。
　図6-5は，とある有名なキャラクターの造形を図にしてみたものである。小田切がいうように，「三要素すべてが揃っていなくてもキャラクターそのものは成立し得る」ので，この三要素の内の一つを変えてパロディ作品やメディアミックス作品を作り出したとしても，このキャラクターの存在自体が揺らぐことはない。実際，図6-5でとりあげた有名なキャラクター「シャア・アズナブル」は，たとえば現代日本で生活する登場人物としてギャグマンガに登場させられ，パロディ作品が描かれもしている。さらに，このキャラクターを構成しているいくつかの要素を抜き出し，オマージュ的に新たなキャラクターも次々と作り出されている（それに，ここで例に挙げているキャラクターのいくつかの要素，たとえば「仮面の男」という記号性自体が，古典的文学作品からの着想であるかもしれない）。小田切が述べているように，名前と構成要素の一部によって同一性を担保し，拡張や変形を加えつつ，キャラクターというものはいくらでも再

Chapter 06　キャラクター商品，消費型文化，参加型権力

図 6-5　構成要素に基づくキャラクター構築の例

生産されるし，ある要素を基にした新しいキャラクターへの変形はいかようにも可能となる。

　このように，キャラクターの構築プロセスは，おそらくあるていど曖昧で，ゆるやかなものであり，たったひとりの「**作者**」による構築には穴や欠落部分がたくさんある。そして，ひとりの「作者」によって生み出されるオリジナル作品は，それが商業市場に乗せられた作品である場合に，時間面（時間的有限性として一番問題なのは，作者の死である）や金銭面（アニメなどの場合，制作資金が集まらなければ新作は制作されないだろう）などさまざまな制約のもと，発表の量が限定されてしまうこともある。しかし，どのような場合であれ，作品に加えられる生産量の制約をファンの愛情が超えてしまった時に，「**二次創作**」や「**パロディ**」とよばれるファンフィクションをファンたちが独自に生産することがある。

　代表的な例として，「パロディ」作品を数多く生み出している『シャーロック・ホームズ』シリーズについて考えてみよう。この作品の作者であるドイルは，すでに亡くなっている。もし，作者ただひとりしか作

作者　作品や物語を創作した固有の行為主体として，作者は主に文学の領域で特権的な地位を与えられてきた。しかし，20世紀後半の構造主義以降，作者による創造的行為とされてきた実践が，実際にはそれに先行する多様な作品からの着想や引用に基づいているものであるという認識も生まれ，作品において特権的な地位を占めているのはひとりの作者だけでなく，それ以前のさまざまな創作家たちも作品の創作に関与していること，またさまざまに解釈し読みこむ読者たちへと作品は開かれているということが，「**作者の死**」（ロラン・バルト）というキーワードを使っていわれるようになった。

二次創作 商業的に創作されたマンガやアニメ，映画や小説などさまざまな形態の作品やキャラクターを愛好するファンたちが，それらの作品のキャラクターや設定などを借りて創作したマンガや小説作品のこと。原作作品＝一次作品に基づいて描／書かれていることから，日本では「二次創作」とよばれ，英語圏ではファンたちによる創作作品ということで「ファンフィクション」とよばれている。

パロディ ある作品の内容や要素やキャラクターをモチーフにして，風刺や皮肉や批判やオマージュなどの視点を加え，別の新しい作品を生み出す行為や手法，もしくは作品それ自体を示すこともある。盗作や著作権侵害の問題と紙一重の行為であると考える人びともいて，パロディの可能性と範囲については論争が絶えない。

『シャーロック・ホームズ』 シャーロック・ホームズという名の探偵を主人公に，その親友であるジョン・H・ワトソン医師を語り手として，アーサー・コナン・ドイルによって書かれた探偵小説。ホームズとワトソンはロンドンのベーカー街221Bにあるハドスン夫人のアパートで共同生活を送っている。その後のさまざまなバディ系探偵小説の範型となった人気作品で，幾度となく映像化されている。

図6-6 ガイ・リッチー監督(2009)映画『シャーロック・ホームズ』(上)と英国放送協会(BBC)製作『シャーロック』(2010年–)(下)

品を生み出す生成母体になりえないのなら，作者の死と同時に，作品の生産可能性は永遠に閉ざされてしまうことになる。けれども，主人公シャーロックとその相棒であるジョンのバディを愛し熱望するファンは，作者の亡き後も続々と生まれ続けている。作者自身による新作を得ることができず，心が満たされないファンたちは，やがて自分たち自身の手でバディが活躍するパロディ作品を作り始める。その結果，今日でも，商業映画や商業アニメ，果ては同人誌に至るまで，さまざまな「シャーロック・ホームズ」作品が生み出されている（図6-6）。

特に，BBC制作の『シャーロック』は，図6-5で見たキャラクター構成の三大要素のうちのいくつかを抽出し，舞台を現代のロンドンに変換してキャラクターを配置する手法で制作されたパロディ／パスティシュ作品である。それにもかかわらず，BBCが制作したこのテレビドラマは，新たなホームズファンを獲得するに至っている。

『シャーロック・ホームズ』のように，商業市場において新作が次々と創作され続けるコンテンツに限らず，今日では，より非公式に商業作品のキャラクターを取り上げ，独自の作品を作る「創作活動」も盛んに行われている。これらは，キャラクターとその作品世界への愛着やオマージュを表明するものであり，イラストやマンガ，小説やポエム，近年では作品世界を模したコスプレ写

Chapter 06 キャラクター商品，消費型文化，参加型権力 101

真をオンライン上に投稿する，といった方法も用いられている。日本では「二次創作」とよばれ，英語圏では「ファンフィクション」と呼ばれるこれらの創作行為は，専門的に売買が行われる専用のイベントやマーケットが運営されたり，オンライン上の専用サイトに作品が投稿されたりしながら，数多くのファンたちにキャラクターへの愛を示す機会を与えている。ちなみに，イラストや写真の投稿専用 SNS に関しては，日本国内向けのサービスでも 10 カ国以上の地域からの利用者がいるし，英語圏の投稿サイトであればさらに多くの地域のサービス利用者を見つけることができるだろう。

　以上の事例を受けて，次節ではキャラクターに関する二つの重要な局面に注目していきたい。一つ目は，キャラクター商品の「購入」と「消費」に関する問題である。二つ目は，キャラクターへの愛着が過ぎて，ファンたちが独自の物語を紡ぎ始める「生産的」な現象についてである。以下，これら二つの点について考察し，分析するために必要なツールについて説明していく。

6-3　カルチュラル・スタディーズにおけるポピュラー文化研究

●「商品グッズ」の購入は単なる消費行為であるのか

　前節で見てきたようなキャラクターへの愛着と，それに基づく消費行動や創作実践を，私たちはどのように解釈することが可能だろうか。

　そもそも，消費者のために商品を提供している文化産業やメディアは，私たちのものの見方，つまり「イデオロギーを生産し，イメージを強力に構成し，社会を理解するための参照物を描写し，定義し，枠づける」(Storey, 2003：132) 強力な装置であると考えられてきた。このような考え方に基づく場合，文化産業やメディアは，商品やそのブランド性を欲しいと私たちにただひたすら思いこませる強力な洗脳装置であり，私たちを商品に隷属させるものだとされる。そして，「消費」というのは，文化産業やメディアによって欲望を刺激された人びとによる，受動的で従属的な行為である

と否定的に捉えられてしまう。このような受動的で従属的な状態を，少し難しい「**虚偽意識**」という言葉で説明することもできる。実際，あるキャラクターのグッズを引

> **イデオロギー**　ある出来事に対して人びとがもつ認識や想像的な関わりを示す言葉。マルクス主義の中では，社会のなかで支配的な集団や主流となっている認識として提示される観念の体系であるとされ，その支配的な力によって私たちに課された「常識」や「ものの見方」であると考えられている。

虚偽意識 社会のなかで支配的な集団によって示されるイデオロギーに浸り、形成された支配的集団の考え方に合わせて歪められた社会の認識を批判的に示す言葉。たとえば、「男性は会社で働く能力が高く、女性は低い」という考え方をする人がいた場合、その発話者は、「家父長制というイデオロギーを信奉する支配的集団の考え方に歪められた認識で社会を見る虚偽意識の持ち主である」と考えられる。

き当てるために、「70個もの（トレーディングの）商品を購入した」という発言だけを聞けば、ファンというのは商品へのばかげた従属者であると考えてしまうだろう。

　他方、消費という行為には、従属性以上の、より肯定的な意味があるという立場をとる人びともいる。私たちは、販売されている商品を盲目的／従属的に買わされているわけではなく、買うという行為にはそれ以上の価値と意味が生じているという立場である。このような立場を取る人びとは、単なる購入の瞬間を超えたものとして消費を考える。

　そして、購入された商品（グッズ）が使用される方法や文脈、「所有を通じて創発される意味の多様性」（Vickery, 1993：281-2）、さらにはグッズに与えられる新しい文脈や愛着の意味、個人の生活におけるキャラクターへの愛やグッズを購入するという行為の意義、などを真剣に考えてみるべきであると主張する。そのように考えてみるなら、「消費」という行動は、単なる従属的で洗脳的な行為ではなく、むしろ豊かな意味生成の領域となるかもしれない。商品それ自体の「価値」は、その商品を生産するのに要請される必要な労働時間として明らかにされる。そして、それぞれの商品は「使用価値」をもっているが、その大きさは、それ以外の商品との等価性、もしくは「交換」可能性を通じてしか客観的に評価することはできない（King, 1987：150）。しかし、キャラクター商品の価値は、それがショップで販売されている間は、値段という貨幣との交換価値が表示されているので客観的に評価されているが、ひとたび誰かの手に渡った瞬間、そこに所有者の愛着という付加価値が上乗せされることによって、その使用価値と交換価値は極めて主観的に評価されるようになっていく。ある人

痛バッグ アニメやマンガのファンが、特定の（お気に入りの）キャラクターのグッズ（缶バッジやキーホルダーやぬいぐるみなど）をトートバッグのようなバッグにおびただしい数をつけて自作したファンアイテムのこと。痛バッグの「痛」は、アニメやマンガファンたちが自分自身を「痛いヤツである」と自称する言葉に由来している。

にとってあるキャラクターの商品は、それに愛着がある限りは、どれほどの値段をつけても交換不能なほどの高い価値を帯びているし、愛着が薄れた瞬間、それはただ同然のゴミへと変質する。使用価値については、「**痛バッグ**」の事例を挙げることもでき

Chapter 06　キャラクター商品，消費型文化，参加型権力　**103**

るだろう。さらに，消費者は，購入した商品を象徴的な道具としてさまざまなブリコラージュを行う行為者であるとみなされ，新しい節合関係（articulation）（☞ p.233）を生産する創造的な実践者にもなりうるかもしれない。

　このように，「消費」という行為に積極的な意味を見出していく立場を取る人びとは，カルチュラル・スタディーズ（以下，CS）の諸理論を参照しながら，ポピュラー文化の調査や分析を行ってきた。では，CS の調査や研究に基づいて考えると，前節で見てきたファンの行動についてどのようなことがいえるだろうか。

●読みの多様性から創造的生産まで

　消費という行為を出発点として，それが意味や価値を生産しているのかどうかという議論が，CS の中では長いこと続けられてきた。そのきっかけとなったのが，スチュアート・ホールによる「テレビ言説におけるエンコーディング／デコーディング論」（1973）である。

　CS 以前のメディアに関する研究，特にアメリカ型のマスコミュニケーション研究においては，テレビやラジオなどのマスメディアが生産するコンテンツの内容（意味やメッセージなど）を決定するのは，つねに制作者サイド，つまり送り手サイドであると考えられてきた。また，コンテンツ内容の伝達は透明なチャンネル（回路）を通じて運ばれ，制作者サイドの意図する通りに受け手や視聴者に伝えられる。こうした研究において，受け手や視聴者は，制作者サイドの意図通りに操作できる空っぽの行為主体として設定され，送り手である制作者は受け手である視聴者よりも権力をもち，支配的な立場にあると想定されてきた。

　このような研究に異を唱え，メディア・コミュニケーションの別の過程を提示したのが，ホールによる「**エンコーディング／デコーディング**」の理論である。ホールによると，メディア・メッセージは，受け手や視聴者によってある程度解釈され，意味づけされながら理解されている（Hall, 1980）。

> **エンコーディング／デコーディング**　スチュアート・ホールが提唱したメディア文化の生産／消費プロセスのモデル。メディアが提供するメッセージはつねに，ある特定の社会的文脈やイデオロギーのなかで生産され，それを消費する人びともある特定の社会的文脈やイデオロギーのなかでそれらをある程度自由に解釈しつつ消費していくことから，メディアのメッセージの意味を決定するのは生産者である送り手だけでなく，消費者である受け手もまた意味の生産プロセスに関わっているということを示した。

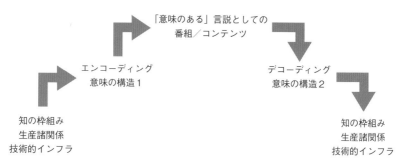

図6-7 エンコーディング／デコーディングモデル

というのも，メディアのコンテンツを受け取る側は，それぞれ個別の社会的文脈に埋めこまれているため，それぞれ個別の教育過程や情報空間での解釈ルールにのっとって，もしくは自らの欲望などによる干渉を受けながら，受け取ったコンテンツの意味やメッセージを解釈すると考えられるからである。

ホールは，「消費は，生産が消費を決定するのとまさに同じように生産を決定する」（Hall, 1994：255）と述べている。つまり，「意味とメッセージは単に〈伝達される〉のではなく，まずは日常の〈生の〉素材からメディア制作者（エンコーダー）によって，次いでその他のさまざまな言説の配置の中に据えられた視聴者（デコーダー）によって，つねに生産される」（Storey, 2003：11）ものである。図6-7で示されたホールの仮説に基づくならば，コンテンツの意味は，送り手がメッセージや表象を生み出す時だけでなく，社会的な場におかれたそれぞれの受け取り手がメッセージや表象を解釈するたびごとに新たに作り出されることになる。つまり，意味はひとつではなく複数存在することになり，受け手や視聴者の数だけ，解釈の余地があることになる。

この仮説は，メディアを視聴した各個人が一斉にその個々ばらばらな解釈・受け止め方・感想などをSNSを通じて噴出させる状況が整った今日においては，適切なものであったとみなすことができるかもしれない。ド・セルトーは，その主著『日常的実践のポイエティーク』において，人びとは書かれたもの＝（教育や文化やマスメディアなどに）押しつけられたテクストによって方向づけられ，それらを刷りこまれるという考え方そのものが，「活力ある生産と受容器としての消費」というイデオロギーであると批判する。そして，ひとたびこうした消

費観を退けてみるなら，消費者たち＝読み手＝受け手たちは提供されたテクストを自分たち固有の軌道で解釈する「テクストの密猟者」であると主張した。

これらの議論は，従来であればただの受容者としかみなされていなかったメディア作品の受け手や，商業的な商品を消費する者たちが行う「メッセージを読み取り」，「商品を使用する」実践の中に，それぞれのオリジナリティや独自性を見つけ出し，その可能性を積極的に称揚していくことを目的としていた。

●オンライン時代の消費と生産

さらに 20 世紀も終わりに近づくと，パーソナルコンピューター（PC）が普及し，格安で性能のよいプリンターやスキャナーが入手可能となった。また，インターネット通信がグローバルに拡張し，スマートフォンなどのモバイル通信機器が容易に手に入るようになるにつれて，ホールが見出した「受容」や「消費」の中に潜む生産の契機というものがよりいっそう具現化しやすくなっている。

その帰結の一つが，前節で事例の一つとしてみた「二次創作」「ファンフィクション」活動の急増である。デジタル化とオンラインネットワークの時代になり，諸個人が生産・流通を行うことが以前に比べてはるかに容易になりつつある。二次創作やファンフィクションのイラストやマンガ，小説などがネットに投稿され，DTM のソフトである初音ミクなどを使って製作された楽曲が YouTube のような動画投稿サイトへ投稿され，さらにはコスプレの写真が掲載され，自主製作の写真集や CD が販売されるようになっている。

こうした新しい状況を指し示す新しい言葉や名称がいくつも生まれている。たとえば，「**参加型への旋回**（participatory turn）」（Burgess, 2006；2007），「メディア・スタディーズ 2.0」（Gauntlette, 2007），「デジタル・リテラシー」（Hartley, 2009），「消費者作成メディア（Consumer Generated Media）」といったキーワードである。これらの言葉はすべて，これまで一般の消費者であると考えられてきた受け手やユーザーたちが，情報を生成，発信，流通，編集できるようになった状況を表している。これらの言葉の発案者たちは，新しいテクノロジーを使った最新の実践を観察し，私たちの自由な創造の圏域が新しいコミュニケーションの回路を開いていき，より自由に表現活動を行う可能性にとりまかれて

参加型への旋回 オンラインメディアが隆盛になるにつれて，メディア文化研究の中で使われるようになりつつあるキーワード。メディアコンテンツやメディア情報を生産する人たちと消費する人たちとが多くの場合切り離されていた時代のメディアとは異なり，オンラインメディアにおいては一般の人たちが容易にコンテンツ製作者になったり，情報発信者になったりするようになり，またパッケージ化されできあがったコンテンツを単に受け取るだけでなく，その創造のプロセスに参加しながら関わりをもつようになることが技術的に可能になっている。

いるのだと考える。つまり，これらの言葉は，デジタル化されたオンライン時代において，かつてのような送り手と受け手の間のメディア権力の不均衡な関係が修正され，より参加的で能動的でコミュニティ志向で，脱商業的なコミュニケーションの実践が行われるようになり，メディアへのアクセスと使用が民主化されつつあるのだと私たちに認識させようとするものである（Turner, 2012：83）。

　また，ブルンス（2008）は，生産者を意味する「プロデューサー（producer）」と消費者を意味する「コンシューマー（consumer）」を掛け合わせた「プロシューマー（prosumer）」という造語を用いて，オンラインを媒介としてコミュニケーション行為を行う人びとにとって，コンテンツを消費するという行為が，同時にそれらを編集／加工／再生産することでもあると説明している。

　このように，オンライン時代の消費行為を好意的かつ楽観的に捉える立場をとる人びとは，私たちのコミュニケーション行為を次のように想定している。それは，私たちのコミュニケーション実践が生産／消費の二項対立を壊し，生産者と消費者との間の差をなくし，その結果，草の根の小さなメディア企業と主流のメディアによる寡占状態への創造的な応答というフレームを生み出せるというものだ（Turner, 2012：104）。このような立場をとる人びとは，長い間，法人化され消費者への責任を負うことなく不誠実な態度の商業主義として知覚されてきた空間に，この新しいメディア技術が一般的で参加型の創造性にとっての新しい領域を作り出そうとしているのだと主張している。

　しかし，本当にそうなのだろうか？　次節では，こうした楽観的な立場をとる人びとに対して，懐疑的な態度を示す人びとの意見に耳を傾けてみることにしよう。

Chapter 06 キャラクター商品，消費型文化，参加型権力

6-4 資本の手のひらで

●アドルノの文化産業論

前節でみてきた生産と消費の融解を主張する人びとに対して，批判的な立場をとる人びとがCSの研究者のなかにも増えている。つまり「キャラクター」や「キャラクター商品」を購入し，消費するという行為は，資本や商品経済への耽溺であり従属であると改めて批判する人びとがいる。オンライン時代の購入や消費といった行為を生産活動との単なる融合ではなく，もっと批判的に検証していくべきだと主張する人びとである。たとえば，1980年代から90年代にかけて，少女たちの文化実践をフェミニズムの新しい形態の一つとして取り上げていた**アンジェラ・マクロビー**も，近年，商品化や消費に耽溺する人びとを批判する論文を発表している（McRobbie, 2011）。

これらの人びとの主張の根底には，CSが登場した1970年代と現在とでは，社会的な文脈が大きく変化しているという前提がある。**ネオリベラリズム**のイデオロギーに基づく経済・社会システムの広がりと，それに反発する**反グローバリゼーション**，エコロジー運動，反消費主義など，本書の別の章でも扱われている社会の大きな変化によって，「消費」という行為の意味は，70年代に考えられていたほどには生産的で非従属的なものとして捉えることができなくなってきているというのが，これらの人たちの考え方である。

そして，このように「消費」行為を批判的に捉える人たちが立脚する代表的な思想家が，**フランクフルト学派**の一人，**テオドール・アドルノ**という人物である。では，このアドルノという人は私たちの消費行為についてどのように論じたのだろう。

『啓蒙の弁証法』という本で，アドルノは

> **アンジェラ・マクロビー**　1951年生まれのイギリスの文化理論家／フェミニストでゴールドスミス大学の教員。イギリスのポップカルチャーやメディアとフェミニズムなどに関して多くの本を出版している。代表作は『カルチュラル・スタディーズの効用（The uses of cultural studies a textbook）』（2005）や『フェミニズムの後遺症（The Aftermath of Feminism）』（2008）やなど。近年は文化産業全般に対して懐疑的な立場をとっている。
>
> **ネオリベラリズム**　新自由主義とよばれる立場に立つ政治・経済的潮流を示す言葉。1970年代以降，徐々に進行し始めた経済活動のグローバル化のもとで，国民の福祉を重視し市民社会への政治による介入とその結果としての財政危機や，国有化されていた基幹産業の非効率性などにたいして，日本でも自助努力や競争主義を導入するため提唱され始めた。その結果，小泉政権下で郵政民営化やさまざまな規制緩和と福祉の切り下げが進められた。
>
> **反グローバリゼーション**　貿易や市場や金融などがグローバルにひろがり，WTO（世界貿易機関）などの一部の国際組織と巨大企業に大きな権力と決定権とが集中することにたいして批判的な立場をとる人びとによる運動や政治的立場を示す言葉。

フランクフルト学派 1924年ドイツのフランクフルト大学に設置された社会研究所を中心に研究したメンバーたちを指す。マルクス主義とフロイトらの精神分析に基づきながら、批判的に社会介入する立場で社会理論や哲学の研究を行った。ナチスドイツがドイツの政権を取ると、その多くがユダヤ系であった研究者たちはアメリカ合衆国に亡命し、文化産業やメディアに関する研究を続けた。
テオドール・アドルノ 1903–1969年、ドイツの社会理論家、哲学者、批評家でフランクフルト学派を代表する人物。『啓蒙の弁証法』(1947) や『否定弁証法』(1966) などの主著がある。

「文化産業─大衆欺瞞としての啓蒙」というタイトルの小論を書いている。これは、20世紀半ばに登場した、今日でいうところのポピュラー文化に対して、批判的に言及するものである。そして、消費と権力の関係について論じると同時に、ひどく薄っぺらいにもかかわらず抗いがたい魅力をもっている「娯楽」とよばれるものについても考察している。アドルノによると、今日のポピュラー文化的なるものとそれを産出している文化産業が提供するものは、規格化され、画一的で、類似的で、消費者たちが感知できる差異はすべて表面上のことにすぎないという（第1節）。たとえば彼は、「内容的には代わり映えのしないものが、形だけ自然らしさの姿を借りて現れるというパラドクスは、文化産業が提出する出し物すべてのうちに聴きとることができる」（アドルノ, 1990：197）と述べている。

　また、文化産業というものは、「人間の意識を、夕方に工場を出る所から翌朝出勤してタイムレコーダーを押す時まで、一日中自分の上に保持せざるを得ない労働行程の封印で封じこめる、という目的に従属させる」（アドルノ, 1990：201）とアドルノは書いている。このフレーズなどはまさに、オフィスやショップやその他の労働のための場所に一日のほとんどの時間、その肉体を押しこめ、趣味や消費欲求を満たすための資金を獲得するためにあくせくと労働行程に身をささげている私たちの姿を予言しているかのようである。

　そもそも、自分たちのちょっとした楽しみを得るための資金を獲得する目的で参入したはずの労働行程であるが、その多くは機械化されマニュアル化された退屈なものでしかない。しかも、資金を獲得するための手段にすぎなかったはずの労働行程は、時代を追うごとに切り詰められ、正規雇用から非正規雇用への移行といった労働条件の悪化が進み、次第に耐え難い苦痛へと変形させられていく。それと同時に、つらい労働行程を耐えた先にあるものとして、娯楽と消費行為の地位が、たとえば「キャラクター」や「キャラクター商品」への異常な愛着や消費といった行為の重要性が、私たちの中でますます高められて

Chapter 06　キャラクター商品，消費型文化，参加型権力

いく。これが，現在，私たちの周辺で起きていることであると考えられる。つまり，すべては資本の掌の上での戯れに過ぎないのである。このような議論を外挿してみると何が見えてくるのか。

◉ウェブ環境の最適化と愚民社会の到来

日本の論客にも，一部の CS の論者たちと同様の批判を行う者がいる。すでに参照した，1980 年代に消費行為の生産性を積極的に推していた大塚が，昨今のポピュラー文化の生産システムとその行程に携わる人びとを，全面的に批判するような論稿を発表している。「企業に管理される快適なポストモダンのためのエッセイ」という刺激的なタイトルのウェブ論稿で [1]，大塚は，前節でみてきた消費行為の生産的瞬間というものが，今日ではまるごと商業サイクルの中に埋めこまれてしまっていると，強い調子で論じていく。

このような議論は，すでに**チョムスキー**とハーマンの『マニュファクチュアリング・コンセント』において，新聞や雑誌などの伝統的なメディアの文脈でも実証的に論じられている。それぞれ顔の違う，異なるタイトルとブランドをもつメディアが，実は少数の出版コングロマリットによる買収と出資によって支配されているという問題である。

KADOKAWA とドワンゴの合併のニュースに危機感を抱いたという大塚の議論は，資本とメディアの集中を悲観的に論じるという点で，チョムスキーたちの議論の焼き直しといえなくもない。たとえば，KADOKAWA によるライトノベル系の出版レーベルの買い占めと独占を，大塚は「（その）巨大な重力から逃れて生きることは（略）ほぼ不可能な状況になるでしょう」と述べている。

しかし，大塚の議論の最も注目すべき点は，買い占めと独占を批判することにない。むしろ，KADOKAWA が取り入れている，消費者による生産／創作のシステム化の手

> **ノーム・チョムスキー**　1928 年生まれの，アメリカ合衆国の言語哲学者，論理学者でありながら，反戦運動など社会活動にも積極的にかかわる人物。数多くの言語学の著書に加えて，『知識人の責任』(1969) や『「ならず者国家」と新たな戦争　米同時多発テロの深層を照らす』(2002) など政治批判の著書も多くある。

---

1) 星海社公式サイトより，最前線大塚英志緊寄稿「企業に管理される快適なポストモダンのためのエッセイ」〈http://sai-zen-sen.jp/editors/blog/sekaizatsuwa/otsuka-%20essay.html（2016年6月27日確認）〉

メディアミックス 小説や漫画などあるひとつのメディア形式で発表されたエンターテイメント作品を，映画やゲームなど別のメディア形式に移植する形で副次的に展開していく文化産業の手法。たとえば，漫画をオリジナルとする作品をアニメ化したり，ノベライズしたり，実写映画化したり，キャラクターグッズ商品を販売したり，といった方法で展開される。1970年代に角川書店が自社小説を映像化したり，少年誌掲載のマンガがアニメ化されたりするようになったことから日本でも広がった。

法が，快適に創作させられるシステムの中へと私たちを組みこんでいく／組み込んでしまったのではないか，という疑念の方が重要である。

1980年代から，私たちの社会のなかで「物語の工学化」が進んだと大塚は述べる。従来，物語は「原作」ありきで，そこを起点に別のメディア媒体での展開（＝メディアミックス）という流れで新たなコンテンツが生産されてきた。そこでは，作り手／ファンの関係は完全に二分されていた。

私たちの消費する物語が，産業上の商品として日々展開されるなか，80年代以降になると，データベース的な「世界観／工学化された物語生成システム」をプラットホームにした物語のマルチ形式での無限の生成という形態が文化産業の中に登場する。そこで物語を創作するのは，もはやプロのクリエイターだけではなく，アマチュアも参加可能となる。DTMである初音ミクのシステムと非常に類似したシステムが，ポピュラー文化の生産システムの中心を占めるようになるのである。もはや物語の「固有の作者」という近代的な産物は消え失せ，売れる／売れないにかかわらず，誰もが物語の創造者となることが可能になる。大塚は，6-2でみてきたような「二次創作」を「文化を生産していく下から文化を成立させるシステムであり，日本のポップカルチャーの創造性だと讃美する議論」に疑問を突きつけ，むしろそれは，「ユーザーのコンテンツ制作を誘発し回収するシステム」であると主張し，冷静に捉えるべきだと述べている。

しかし，「回収」というのは，どこへの回収なのか？ もちろん，法人と商業資本への回収である。物語世界への愛と創作したいという欲望を操り，ただ同然で創作させ，人びとのやりがいを搾取するこうした構造は，大塚によれば「プロもアマも包摂する巨大なコンテンツ生成システム」なのであり，「システムに創作させられていながら，しかしそれが少しも不快ではない環境」の成立であるという。

前節でみた「参加型への旋回」（Burgess, 2006；2007）をインフラとし，商品

Chapter 06　キャラクター商品，消費型文化，参加型権力

化していく KADOKAWA の手法を，大塚は日常世界のありとあらゆるものが経済活動の中に埋めこまれ，社会環境における不快が取り除かれ，快適なサービスを追求するあまりクリティカルな精神を失いつつある現代社会のアナロジーとして捉えている。

　しかし，「ありとあらゆるものが経済活動の中に埋めこまれ，社会環境における不快が取り除かれ」た世界のどこが問題なのか？　不快感が取り除かれ，気持ち良くて快楽だけに浸された生活の，いったい何が問題であるというのか？　ポップカルチャーの消費を通じた楽しい「創作活動」というユートピア世界に私たちが没入している間に，その外側ではいったい何が進行しているのだろうか？

6-5　さらなる研究の展開へ向けて

　「キャラクター商品」を購入したり，愛でたり，その世界観を基に創作活動を行ったりという現象からみえてくるのは，ミクロな視点とマクロな視点を両軸として物事を観察してみることの重要性である。日常の小さな実践を観察している時には肯定的で積極的な意味を見出せるものが，マクロな視点と突き合わせた途端に，まったく別の問題を発生させることがある。

　たとえば，マンガやアニメのキャラクターがグローバルに拡散することによって，これまでまったく関わりのなかった別々の国に帰属する少年少女たちが，SNS やオンラインゲームやネットの言論空間のなかで交流し，国境や言語の違いを超えてコミュニケーションをし始めることが増えてきている。

　しかし，その一方で，マクロな視点で，キャラクターの流通を捉えてみれば，日本発のマンガやアニメの流行を，国家イメージの向上戦略として政府が道具的に利用し，国家イメージを損なわないようなお行儀のよい作品しか作らせないようにしたり，日本のイメージを損なうような作品（たとえば，エロいものやグロい内容の作品）を規制しようとする問題も生じている（資本による，あらゆる創作行為の搾取）。

　このミクロな世界とマクロな世界とが複雑に絡み合った構造のなかで，諸個人はそれを自己の快楽を満たし自立的に生きる契機とし，そうであればあるほど，資本や商品化の力に巻き込まれ，搦め捕られていく。つまり，商品を購入することは日々の喜びや，友人知人たちとの交流のきっかけや，生きる喜びを得るため

のきっかけにもなる一方で，大塚が述べるように購入／消費するという行為そのものが，私たちを小さな歯車の一つとして資本主義システムの内部に組み込んでしまう「参加型権力」とも呼ぶべき新たなシステムが確立されつつあるというのもまた事実である。

　以上，みてきたように，きわめて身近な題材を基にしてその是非を問いかけるために，周囲の出来事を観察し，考察を深めるために本を読み，クラスやゼミの仲間たちと議論してみてはどうだろうか。

チェックポイント

□ 購入した商品の所有や使用を通じて創発される意味にはどのようなものがあるかについて説明しなさい。
□ ホールの「エンコーディング／デコーディング」モデルとはどのようなものか説明しなさい。
□ オンライン時代になり，私たちのコンテンツや情報の消費行為と生産行為は以前と比べてどのような点が変化したか説明しなさい。

ディスカッションテーマ

①「キャラクター商品」を購入することや，二次創作を行うことの意義は，私たちの自由な表現としてどのように評価できるか話し合ってみよう。
②同じように，「キャラクター商品」を購入することや，二次創作を行うことは，商品や資本への従属的行為としてどのような問題を抱えているか考えてみよう。

レポート課題集

①身近な人たちにインタビューして「キャラクター」とどのように関わっているか調べ，その様態を類型化してみよう。
②キャラクター商品を扱っている店舗や版元や生産している会社を調べ，その利益構造がどのようになっているのか分析してみよう。

関連文献リスト

プロクター，J.／小笠原博毅［訳］（2006）．スチュアート・ホール　青土社
大塚英志（2012）．物語消費論改　アスキー・メディアワークス
小田切博（2010）．キャラクターとは何か　筑摩書房
ホルクハイマー，M. & アドルノ，T. W.／徳永　恂［訳］（1990）．啓蒙の弁証法─哲学的断想　岩波書店
セルトー，M. de／山田登世子［訳］（1999）．文化の政治学　岩波書店
スタインバーグ，M／大塚英志［監修］中川　譲［訳］（2015）．なぜ日本は〈メディアミックスする国〉なのか　KADOKAWA

Chapter 06　キャラクター商品，消費型文化，参加型権力

【参考・引用文献】

大塚英志（2012）．物語消費論改　アスキー・メディアワークス

大塚英志（2014）．企業に管理される快適なポストモダンのためのエッセイ　星海社ウェブサイト　『最前線』〈http://sai-zen-sen.jp/editors/blog/sekaizatsuwa/otsuka-%20essay.html（2016年6月2日確認）〉

小田切博（2010）．キャラクターとは何か　筑摩書房

許斐　剛（2014）．新テニスの王子様13巻　集英社

チョムスキー, N., & ハーマン, E. S. ／中野真紀子［訳］（2007）．マニュファクチャリング・コンセント―マスメディアの政治経済学1　トランスビュー（Herman. E. S., & Chomsky, N.（2002）. *Manufacturing consent: The political economy of the mass media*. New York: Pantheon.）

セルトー, M. de ／山田登世子［訳］（1999）．文化の政治学　岩波書店（Certeau, M. de（1980）. *La culture au pluriel*. Paris: Christian Bourgois.）

ホルクハイマー, M. & アドルノ, T. ／徳永　恂［訳］（1990）．啓蒙の弁証法―哲学的断想　岩波書店（Horkheimer, M., & Adorno, T. W.（1947）. *Dialektik der Aufklärung: Philosophische Fragmente*. Amsterdam: Querido.）

Bruns, A.（2008）. *Blogs, wikipedia, second life and beyond: From production to produsage*. New York: Peter Lang.

Burgess, J.（2006）. Hearing ordinary voices: Cultural studies, vernacular creativity and digital storytelling. *Continuum: Journal of Media & Cultural Studies*, **20**(2), 201–214.

Burgess, J.（2007）. Vernacular creativity and new media. PhD dissertation. Brisbane: Queensland University of Technology.〈http://eprints.qut.edu.au/16378/（2016年6月2日確認）〉

Gauntlette, D.（2007）. Media Studies 2.0.〈http://www.theory.org.uk/mediastudies2-print.htm（2016年6月2日確認）〉

Hall, S.（1980）. Encoding and decoding in the Television Discourse. In S. Hall, D. Hobson, A. Lowe, & P. Willis（eds.）, *Culture, Media, Language: Working papers in cultural studies, 1972–79*. London: Hutchinson, pp.128–138.

Hall, S.（1994）. Reflections upon the encoding/decoding model: An interview with Stuart Hall. In J. Cruz, & J. Lewis（eds.）, *Viewing, reading, listening: Audiences and cultural reception*. Boulder, CO: Westview.

Hartley, J.（2009）. *The uses of digital literacy*. New Brunswick, NJ: Transaction.

King, B.（1987）. The Star and the Commodity: Notes towards a Performance Theory of Stardom. *Cultural Studies*, **1**(2), 145–161.

McRobbie, A.（2011）. Young women and consumer culture: An intervention. In Binkley, S., & Littler, J.（eds.）, *Cultural studies and anti-consumerism: A critical encounter*. Abingdon, UK: Routledge.

Storey, J.（2003）. *Cultural studies and the study of popular culture*. 2nd edition. Athens, GA: University of Georgia Press.

Turner, G.（2012）. *What's become of cultural studies?* London: Sage.

Vickery, A.（1993）. Women and the world of goods: A Lancashire consumer and her possessions, 1751-81. In J. Brewer & R. Porter（eds.）, *Consumption and the world of goods*. London: Routledge, pp.274–301.

コラム③

『初音ミク』がみせる，新たなコンテンツの生産と消費の関係

　私たちは多様な「コンテンツ」が溢れる環境の中で，日々暮らしている。ここで述べる「コンテンツ」とは，音楽，テレビ番組，小説，映画，ゲーム等の情報サービスを指す。主に，テレビ局や出版社，ゲーム会社などの企業がコンテンツを制作する。私たち，つまり消費者は，企業がメディアを通して販売するコンテンツを有償で手に入れ，思い思いに楽しむ。コンテンツの生産と消費の関係は，そのような一方的な構造である，と一般的には考えられている。しかし実際には，コンテンツの生産と消費の関係はそれだけには限らない。消費するだけの立場に留まっていた者たちが，自らコンテンツを生産し，同時に消費し合うという，循環型の関係もまた存在するのだ。その代表例の一つが，『初音ミク』と呼ばれる作曲用ソフトウェアと，そのソフトウェアに設定された同名のキャラクターの登場である。

　『初音ミク』は，ヤマハの音声合成技術『VOCALOID』を搭載した作曲用ソフトウェアである。『VOCALOID』とは，歌詞や音階を入力すると，あらかじめ収録された人間の音声の断片（歌声ライブラリ）を組み合わせて，歌声として出力する技術の名称である。『初音ミク』には声優・藤田咲の声が収録されており，アニメに登場する少女のような高く幼さのある歌声が特徴である。本来『VOCALOID』はそれまで困難とされていた，コンピュータによる歌声合成を可能にすることによって，DTM（デスクトップ・ミュージック）と呼ばれるPCを用いた楽曲制作の利便性を上げ，作品の多様性を広げることを目的として開発された。しかし2007年に『初音ミク』が発売されると，その反響は予想外の方向に展開したのだった。

　今，「初音ミク」という名前をインターネットで検索すると，ソフトウェア『初音ミク』を用いて作られた楽曲に留まらず，多種多様な『初音ミク』に関するコンテンツを目にすることができる。『初音ミク』のソフトウェアのパッケージには，ミニスカートのツーピースを着た緑の大きなツインテールの少女のキャラクターが印刷されているが，これは『初音ミク』の歌声を元に制作会社が造形したものである。インターネット上にはそのキャラクター「初音ミク」のイラストや3Dアニメーションも多く投稿されている。また「PCの中で歌う人工の少女」というSF調の設定を独自に付与した小説やマンガも制作，公開されている。

　それらのコンテンツの作者は，ほとんどがキャラクター「初音ミク」のファンである。つまり企業や商業クリエイターではない個々の消費者が，制作，公開したものなのだ。あるファンが作った初音ミクの楽曲，イラスト，動画等の一部を引用して，別のファンが小説やマンガなどの新しいコンテンツを制作する。それをまた別の誰かが引用し，新たなコンテンツを制作する。つまり『初音ミク』というソ

フトウェアとそこに付与されたキャラクターを元に，不特定多数の消費者が，二次，三次，四次と連鎖的に派生作品を創作してゆく「n 次創作」と呼ばれる現象がインターネット上に展開されているのだ。

このような「n 次創作」が展開した背景にはさまざまな要因が考えられるが，その一つには「SNS，CGM の隆盛」があげられる。『初音ミク』が発売された時期は，ニコニコ動画や Pixiv，Twitter などのユーザー同士の交流を目的とした SNS（Social Networking Service）や，ユーザーが主体的にコンテンツを投稿・発表する CGM（Consumer Generated Media）サイトが相次いで登場した時期でもある。不特定多数の視聴者に制作した作品を公開し，また即座にレスポンスを得ることができる SNS，CGM サイトは，n 次創作が活性化する「場」として有効に機能した。

また『初音ミク』の制作会社であるクリプトンが，ファン，つまり消費者による作品づくりに対して肯定的だったことも，「n 次創作」の活性化に影響を与えている。元来「ハローキティ」や「ミッキーマウス」等のキャラクターの図像は，著作権による制約があり，版権者（出版社や制作会社）に無断で図像を使用して別の作品を創作・公開することは禁止されている。しかしクリプトンは，「初音ミク」の図像について，非営利かつ無償で作品を公開する場合は，申告なしに使用することを許可する，「キャラクター利用のガイドライン」および「PCL（ピアプロ・キャラクター・ライセンス）」を制定した。そして同時に「初音ミク」に関する楽曲やイラストなどを掲載し，それらを新たな作品の素材として利用できる，交流サイト「ピアプロ」を開設した。これに伴いユーザーたちは，逐一クリプトン社に許可を取ることなく，自由に初音ミクのイラストや動画等を制作することができるようになったのだ。

『初音ミク』の発売から 10 年が経過した現在も，消費者たちの手によって新しいコンテンツが日々ネット上で公開されている。それだけではない。立体映像技術を用いて『初音ミク』がステージで歌い，踊るライブが国内外で開催され，著名な音楽家やアーティストが『初音ミク』を用いた音楽作品を発表している。消費者同士の n 次創作を通して生まれた『初音ミク』とそれを取り巻くコンテンツは，本来コンテンツを提供する立場であった企業にさえ影響を与える存在へと変貌を遂げた。私たち消費者がコンテンツの制作者として，新たな娯楽を生み出せる可能性を有していることを，「初音ミク」は今日もその姿と歌声で伝え続けているのだ。

山際節子

Chapter 07

ライブアイドル，共同体，ファン文化

アイドルの労働とファン・コミュニティ

竹田恵子

学びのポイント

● アイドルとファンの「コミュニティ」がいかにして既存のコミュニティのオルタナティヴとなるかを捉える。
● 「労働」と「ジェンダー」をキーワードに，アイドルとファンのコミュニティにどのような問題点があるかを捉える。
● 日本のアイドルについて最新の知見を得る。

7-1　アイドルファンのカルチュラル・スタディーズ

　女性アイドルは，今や日本で暮らす人びとにとって無視できない存在となっている。2014 年時点では「AKB48」を頂点とし，「SKE48」「HKT48」「NMB48」「JKR48」など日本全国および海外に展開する「AKB48 グループ」「モーニング娘。」「Berryz 工房」などを擁する「ハロー！プロジェクト」などが有名だろうか。

　本章では，このようなポピュラー・カルチャーとしてのアイドルをカルチュラル・スタディーズ（CS）の視点から分析することにしてみたい。なかでも，いずれも CS ではなじみ深い「労働」と「ジェンダー」という視点から捉え，アイドルファンの文化研究の一つとして，アイドルとファンによる，これまでとは異なる「コミュニティ（共同体）」の創造について考えていきたい。これらの基礎的な概念については後に説明する。

7-2　「ライブアイドル」とは何か

　本章で対象とする女性アイドルは，テレビや新聞などの大規模なメディアには出現しない「ライブアイドル」というものだ。ライブアイドルは通称「地下アイドル」と呼ばれる。明確な定義があるわけではないが，評論家の濱野智史

によると「基本的な意味合いとしては，ほとんど「マスメディア（＝地上）」には露出することなく，ライブハウスやイベントスペースでのイベントを中心に活動しているアイドルのことを指す」（濱野, 2013）。「地下アイドル」という名称にはネガティヴなイメージがあることから，ここでは「ライブアイドル」と呼称することとしよう。

ライブアイドルは，ここで紹介するようなポピュラー・カルチャーなの？と思われるかもしれない。しかし，いまテレビに出ている「AKB48」のような有名グループそれ自体が，ライブアイドル的な枠組みの成り立ちなのである。今の時代の「アイドル」の概念は，テレビのようなメディアを通して知る手の届かないものではなく，具体的な空間を身体で共有するといった，身近な存在とされる傾向にあるということだ。

同じ空間にいて，ファンと身体を伴うコミュニケーションを行う現代日本のアイドルの研究をするのだから，研究方法は**フィールドワーク**が最も合っていると考えられる。この方法は，文化人類学やCSで比較的よく使われている手法である。調査したい地域や場所に一定期間訪れ，その地域の内部の一員となっていわば内部の人からみた視点を獲得する努力をする。そして，その場所の価値観やコミュニティの在り様についてこと細かな記述を行うものである。筆者は 2012 年ごろからこのライブアイドルのイベントのフィールドワークを行っており，いくつかのライブアイドルの「**現場**」に出入りすることになった。

フィールドワーク　現地社会の社会生活に参加し，現地の人びととの密接な人間関係を前提として，その場の出来事を共有する「参与観察」に加え，それだけでは補えない情報を長時間かけて現地の人から聞き取りを行うことが，「狭義のフィールドワーク」にあたる（佐藤, 2002）。ただし，広い意味でのフィールドワークには質問紙を用いた調査や，予め決められた質問を行うインタビュー，歴史資料の調査なども含まれ，多様な技法を総合して調査に取り組む。フィールドワークの基礎的な手引書として，佐藤（2002）が詳しい。

現場　「現場」とは，主にアイドルとファンたちが対面的に同一の空間を共有している場所のことである。そこにはアイドルとファン，ファン同士の相互作用が生じる。筆者は自らも「現場」の一員となり，それらの相互作用を観察した。

次にライブアイドルのおおまかな情報について述べたい。人口の流動性が高い都市部を中心にライブアイドルは存在し，都市に生活する単身男性にとって重要なインフラになりつつある。アイドルのファンは，9割以上が男性であり，配偶者をもたない単身の者が多い。彼らにとってアイドルは人生に希望をもたらす存在であることも多い。アイドルの存在自体が男性によって「生きるよすが」になっている場合もあるのだ。アイドルと「セックスワーク論」や「人身

Chapter 07　ライブアイドル，共同体，ファン文化　119

取引論」を関連づけて語ることもできるだろうが，本章では，アイドルファンのコミュニティとその存在を脅かす問題系を指摘するにとどめることとする。

　ライブアイドルのライブや握手会は毎日のように開催されている。会社帰りに立ち寄れるライブにいけば，アイドルや友達に会える。

　ライブアイドルたちは基本的にグループでの活動を行っている（メジャー・アイドルにおける傾向も，とくに「モーニング娘。」以降は単体ではなくグループでの活動が主となっている）。一公演の値段は，無料のものから 3000 円程が相場だろうか。ワンドリンクつき 1000 円ほどのライブを選べば，懐もさほど痛まない。アイドルのファンは「オタク／ヲタク」と自称するが，本章では「ファン」と呼称する。ライブアイドルに対して，ファンは「推し」というお気に入りのメンバーを作り，そのメンバーを応援する。ファンには男性が圧倒的に多く，9割以上を占めるだろう。筆者はライブアイドルを中心にしたファンたちのコミュニティがそこに存在するのではないかと考えた。

7-3　「いつでも会える」アイドルの台頭と，ファンコミュニティ

　「AKB48」も，もともとは秋葉原に専用劇場をもつ，「会いに行けるアイドル」がコンセプトであったが，ライブアイドルの魅力といえば，この「いつでも会いに行ける」という距離の近さが一番に挙げられるだろう。ライブアイドルは，90 年代，「モーニング娘。」をはじめとしたアイドルブームが下火になった頃から現れはじめたといわれる（さやわか，2013：145）。評論家のさやわかは，著書『AKB 商法とは何だったのか』で「モーニング娘。」の人気は実質，テレビ番組『ASAYAN』（テレビ東京系列）のリアリティーショー的な仕掛けが担っていたという分析を行っている（ASAYAN のディレクターは『天才！たけしの元気が出るテレビ!!』（日本テレビ系列）を手掛けたタカハタ秀太で，構成作家は『進め！電波少年』（日本テレビ系列）都築浩や鮫肌文殊であった。彼らはリアリティーショーを日本のバラエティ番組に持ち込んだ人びとだという（さやわか，2013：135））。リアリティーショーとは，出演者の苦悩や努力など通常「舞台裏」の現象をエンタテイメントの中心にし，視聴者に見せるというものである。「モーニング娘。」自体もインディーズ CD を手渡しで販売し，5 日間で 5 万枚売ることができればメジャーデビューできるといった試練を与えられ，それをクリアするこ

とにより，デビューしたのである。

　このような仕掛けは，「未熟ながらも目標に向かって次第に成長していく」というまったく新しいアイドル像を後押ししていった。ネット上でも，メンバーの人気投票が開かれるなどしていたらしい。しかし，肝心の「モーニング娘。」運営サイドは，こういったファン集団の意向を黙殺し，アイドルはファンから手の届かないものとしようとした。これがファンのアイドル離れの原因になったというのだ（さやわか，2013）。そしてこの頃から現れはじめたのがライブアイドルである。アイドルファンはリアリティーショーよりも「リアル」を体験できるライブアイドルに流入した。その最も成功した例が「AKB48」ということだろう。このアイドル史をみると，リアリティショーよりもよりリアリティとアイドルとの距離の近さを追求した層が「AKB48」のファン層であり，この枠組みはそのままライブアイドルのファン層に共有されていることがわかる。

　ライブアイドルを愛好するファンたちは，応援するグループは違っていても，複数の「現場（＝ライブ会場）」を行き来することが多く，知り合い／友人であることがままある。ときには，他のファンに誘われて新しいグループのライブに訪れたり，応援が欲しいライブに参加してあげたりするのだ。ファンたちは，例えライブがない日でも一日中ツイッターやラインで連絡を取り合っている。ライブアイドルファンたちの「コミュニティ」が存在するといっても過言ではないだろう。ここで，社会と個人を結ぶ集団である「コミュニティ（community）」に関する基本的な知識を述べておきたい。まず，古典的なテンニースの研究『ゲマインシャフトとゲゼルシャフト』における「ゲマインシャフト（Gemeinschaft）」概念が，今使用されている「コミュニティ」概念の基礎的なものとなる。

　ゲマインシャフトは，対面的な結びつきがある場所に規定され，社会的地位に帰属する（テンニース，1954）とされる。具体的には伝統的な家族や地域社会のような，地縁や血縁をもとにした集団のことをいう。近年の研究では，このような場所に規定された，小規模な単位である伝統的コミュニティ概念は不可能であるとされ，個人の属性に縛られず，流動的で開放されたコミュニティが隆盛しているという。

　ジェラード・デランティは，場所に規定された小規模な単位である伝統的な

Chapter 07 ライブアイドル，共同体，ファン文化

コミュニティ概念はもはやノスタルジックなものに過ぎないと述べる。しかしデランティは，コミュニティは消滅したのではなく復活を遂げつつあるという。デランティによれば，国ごとの枠組みが薄れ，人が国境を越えて行き来するグローバリゼーションにより流動化，個人主義化が起こったからこそ，ますます人びとはコミュニティを必要とするようになったという。デランティ（2006）の訳者である山之内靖は，解説において個人主義がしだいにその幅を広げてきたかのように記述してしまうのはかなり問題だ，としている。山之内は「近代社会がますます個人主義へと傾斜した」というよりも，「階級対立を調停する機能を国家が放棄した」と述べるほうが，事態を正確に伝えているとする（デランティ，2006：288-289）。そういったコミュニティとは，かつての伝統社会や近代社会ではありえなかった関係性のなかから生まれる「ポストモダン・コミュニティ」であるといわれる。それらのコミュニティは，非常に解放的で，不安定かつ流動的である。そして工業社会や伝統社会とはまったく異なり，階級，宗教，エスニシティやライフスタイル，ジェンダーに規定されない。

またデランティはコミュニティを「制度的な構造，空間，ましてや象徴的な意味形態などではなく，対話的なプロセスのなかで構築されるものである」（デランディ，2006：261）そして，「社会にとっても国家にとっても提供され得ないものを，すなわち，不安定な世界における帰属意識を提供する」（デランディ，2006：267）という。したがって，この新しいコミュニティ概念は全人格を包摂するようなものではなく，原則として特定の実体的な「場所」を必要とするわけではない。例として挙げられているのは，世界規模でのインターネット等の「サイバースペース（ウェブサイト，チャットルーム）の対話的（コミュニカティヴ），また情報を基礎にした構造の中にのみ存在している」（デランディ，2006：230）ものである。このようなコミュニティ概念は，モーニング娘。時代のインターネット上でのファンコミュニティに近いかもしれない。デランディの，不安定でありながらも，ある帰属意識を提供するコミュニティ概念は，本章のアイドルとファンにおける共同体の可能性を論じるうえでも興味深い。太田省一は，2011年の東日本大震災という時代背景にも目配りをしつつ，「現場」でのアイドルとファンの濃密なコミュニケーションは，コミュニティを喪失した現代の社会が求めるコミュニティとなっているのではないかと論じた（太田，2014）。

ただし，筆者がフィールドワークした結果によれば，ライブアイドルとファンのコミュニティはある程度流動的であるとはいえ，デランティがいうよりも身体を介した関係性を必要とするものであった。本章で詳しく説明するのは，ライブアイドルのライブと「接触」とよばれる握手会，チェキ撮影会イベントである。また「現場」とよばれるような実体的な「場所」をある程度以上必要としていたのである。筆者はデランティの述べるようなポスト・モダン・コミュニティ概念では説明できないようなものがそこにあると感じる。筆者はライブアイドルの現場でみられるようなコミュニティを〈ライブアイドル共同体〉とよぶことにする。次に〈ライブアイドル共同体〉の成立にとって重要であると考える「身体」を媒介とした「ライブ」について説明する。

7-4　身体を共にすること：ライブを通じた一体感

　ライブアイドルというからには，やはりライブがファンとアイドルの重要なコミュニケーション（あるいは，その契機）となる。「現場」という言葉はライブの会場という意味で使用されるが，この言葉はまさにアイドルと共にあるという「本物の／生の＝ live（ライブ）」感覚をあらわしているといえよう。ライブアイドルとファンの距離の近さとファンの参加という特徴をよく捉えた言葉である。

　太田省一は，「現在のアイドルファンによって，現場は鑑賞する場ではなくて，参加する場である。たとえば，ライブを見に行った際，自分が楽しむということはもちろん，それに劣らないくらいライブ全体を自分たちで盛り上げようとする意識が強い」（太田，2014：6）という。「自分がライブを共に作り上げる一員だ」という感覚があり，「現在のアイドルファンには演者の要素がある」（太田，2014：7）というのだ。これには私もうなづける。アイドルの振り付けをコピーする「フリコピ」や，曲の合間に独特の掛け声を披露する「コール」などが有名であろう。さらにファン同士の連携が濃密であると，歌に合わせて肩を組んだり，曲の途中で大規模な移動があるパターン，ファンが円陣を組み，掛け声を挙げるなどのさらに高度な「参加」も認められる。またファンはさまざまな色のサイリウムや，ジャンプなどで自分をアピールし，アイドルを応援する。そしてアイドルから「来てることをわかっているよ」と示される独特のコミュニ

ケーションが存在する。アイドルは，振り付けに乗じて特定のファンの方向に向けて人差し指を向ける「ユビサシ」を行い，応援してくれていることをわかっている旨をほのめかす。このときにはアイドル対ファンだけでなく，ファン同士のつながりも強調されることは興味深い。ライブアイドルのライブは，非常にエネルギッシュである。高音量で，ノリの良い楽曲とともに，ファンの積極的な参加が認められるためファンも盛り上がる。筆者も，ライブに参加するときは，大声で叫んだり一緒に歌を歌ったりする。それはえもいわれぬような，素晴らしい体験である。

　CSとも関係の深いパフォーマンス研究の最新の成果では，演劇や舞踊などのパフォーマンスの途中には演者と観客に変化が起こるという。エリカ・フィッシャー＝リヒテによれば，パフォーマンス中には演者と観客，現実と芸術といった二項対立的な枠組みが崩れ，変容状態に入る（フィッシャー＝リヒテ，2009：259）。この変容はまずはじめに知覚や感情の変化といった身体的，生理的反応として現われる（フィッシャー＝リヒテ，2009：261）とされる。変容状態は一時的なものであり，パフォーマンスが終了するときにまた，客や演者は一般的秩序へと移行するという。ライブで身体を共にすることにより，俳優と観客の一時的な共同体が成立するのである。パフォーマー（アイドル）の動きは観客（ファン）に伝わり，さらにファンの反応が別のファンやアイドルを動かすといったような，持続的な相互作用が存在することはとても興味深い。

　このようなライブでは，ファンだけではなくアイドル自身も自分がお客さんを楽しませ，勇気づけられる存在なのだと確認できる。ファンにもこのために生きる力を与えられるような経験をしたと話す者は少なくない。ライブの存在自体が，ファンとアイドルの一体感を高めるためにとても重要なのである。さらにライブ中の変化は一時的なものであっても，ライブが終わったあとも記憶として残り，アイドルとファン，ファン同士のコミュニティに重要な役割を果たす可能性は大きい。また，ここでは，「身体」を共有するということが大事ということは，興味深い。デランティのいうようなヴァーチャルなインターネット上の空間よりもさらなる「リアル」な感覚，そして「身体」の重要性がわかるからだ。

　あるファンは，友達のファン同士目を見合わせて一緒にコールやオタ芸をす

ることが嬉しいと語った。別のファンも，ファンたちがその場に特有の文脈を
共有しており，それが共有された瞬間がもっとも楽しいと語っている。例えば
対象者 A が挙げているのは，ある大型イベントで特定のグループを越えて有
名な曲がかかったときのファンたちとの一体感である。

> 対象者 A：その，＊＊＊（曲名）の最初の一節が流れた瞬間に，その会場が
> 　　　　　全員オタクなんですけど，が一瞬で，一瞬で一体になって，あ
> 　　　　　の曲はじまったからこうしなきゃみたいな。
> 　　　　　（略）その会場にいる全然違うアイドル応援してるオタクたち
> 　　　　　が全員ケチャ（いわゆるオタ芸のひとつ）打ち出して……
> 　　　　　　　　　　　　　　　　　（2017 年 6 月 17 日の聞き取り調査より抜粋）

　対象者 A が語る感動的な瞬間に，筆者も覚えがある。このように有名な曲
は，ファンたちの反応（コールやオタ芸など）関しても知識が共有されているた
め，グループを越えた一体感が共有できるのである。これはまさに「現場」に
いることの楽しさに直結するような体験である。このような体験がコミュニテ
ィ意識を醸成すると考えられる。
　以上概観したように，身体をともにすることの重要性，またファンコミュニ
ティへの帰属感はファンたちにとって，とても大切なものである。
　しかし，ファンコミュニティの要ともいえるアイドルたちの活動を「労働」
という側面からみると，ファンコミュニティ自体の存続にとっても，危ういも
のを孕んでいるというふうにも思えるのである。

7-5　アイドルと労働問題

　英語圏では，1980 年代後半から 90 年代にかけて「ガールパワー（girl/ girrrl
power）」ムーブメントという現象が起こった。この現象は，女性を「犠牲者」
としがちな従来のフェミニズムに対して，同時期に注目された第三波フェミニ
ズムの好例として取り扱われてきた。彼女らは文化の現場を舞台として，主体
的に文化の創造者となってきた（Harris, 2008；田中, 2012）。
　アイドルも一見そのような力をもった女性たちである。韓国のアイドル分析

では，アイドルは，選挙の投票促進運動や，G20 サミット（2010 年, ソウル）などの国内，国際的に重要なイベントに活用されている。さらに，複数の言語を使用し，しばしば国家を越えたグローバル・マーケットで活躍するアイドルは，海外でも多大な成功を収めている（Kim, 2011）。しかし，問題はそのような表面上の成功からはみえにくいところにある。

　まず，アイドルは「労働」として非常にきびしいものである。そもそも，給与自体がとても低い。ある専用劇場ももつライブアイドルであると，最も多い収入がある者でも月に 5 万円台という例が公開されている[1]。こうしたアイドルの給与についてファンたちはあまり語りたがらないが，ある解散したアイドルグループは無給だということも，筆者は聞いている。これでは，親元で暮らす者以外，安定した労働を行うことは極めて難しいのではないか。筆者はアイドルの若年女性たちにインタビューをしたわけではないので，彼女たちの主観がどのようなものかを本章で詳述することはできないが，「地下アイドル」当事者としての手記，姫乃たま『潜行　地下アイドルの人に言えない生活』からその一端を垣間見ることができる（姫乃, 2015）。

　アイドルと労働問題を結びつけた著書としては坂倉昇平の『AKB48 とブラック企業』（2014）という良書が存在する。この著書では，「AKB48 グループ」は根幹に労働問題を抱えており，日本の労働の縮図であったと主張されている。その理由には，採用や評価の基準があいまい（「コミュニケーション能力」等）で，エリート候補でなくとも全人格的な競争に駆り立てられること，また仕事のスキルの基準も曖昧であるため，組織内で活躍できても外で通用するかどうか不明であることが挙げられている。「AKB48 グループ」では「総選挙」等のシステムが可視化・自由化されつつも，かえって「言い訳がきかない」という過酷な競争にさらされている。さらに，「アイドル」としての技能は果たしてアイドルではなくなった際に生かせるのかどうか不明である。

　　外部では通用しない競争にさらされ，傷だらけになった挙げ句に，ベテランメンバーになればなるほど，年齢的に他の仕事に移動することは難しく

---

1)「【給与明細】現役アイドルが薄給すぎて泣ける！8 人の所持金合わせてもたった 5000 円」〈http://rocketnews24.com/2012/03/02/188593/（2016 年 6 月 27 日確認）〉参照。

なるのだから，そこで古株メンバーがグループの残留に固執したとしても，それは当然のことだ。彼女たちを追い出すのではなく，外部でも通用するスキルや経験を獲得させるべきではないか（坂倉, 2014：235-236）。

筆者も坂倉の意見に同意する。さらにキーワードごとに，考えを深めていこう。

●感情労働

ここでは「感情労働」というキーワードで，アイドルたちの状況について解説してみたい。感情労働とは，A. R. ホックシールドが示した概念だ。主に顧客との直接的なコミュニケーションが求められるサービス業に顕著だといわれている。飛行機の客室乗務員や，介護などのケアワーカー，また外食産業に従事する人びとである。それらの人びとが客に対するとき，感情の管理（例「にこやか」「親切」）自体が，重要な労働の資源になっている。つまり，客室乗務員は単に機内食の準備や飲み物のサーブを行うだけではなく，それらをにこやかに思いやりをもって，また親切に行うことを労働の一部としている。相手に「懇親的で安全な場所でもてなしを受けているという感覚」を維持するために，自分の感情を管理しなければならないのである（ホックシールド, 2000：7）。

坂倉も，「AKB48グループ」の労働には多くの「感情労働」が含まれると述べている。しかし大規模なメディアに露出するようになった「AKB48グループ」と比べ，ライブアイドルはよりファンとの距離が近い分，その感情労働の性質は過酷かもしれない。ほとんど毎日ライブがあり（時には一日2公演，3公演にのぼる），客とのコミュニケーション機会はさらに多くなる。また客とは会わない時間でも，Twitterやグーグルプラス（Google＋）等のソーシャル・ネットワーク・サービス（SNS）に現れるアイドルは，SNS上でもコミュニケーションに晒されている。感情管理の機会は休憩・就寝時間以外ほとんど一日中になるだろう。その負担は，かなりのものになるに違いない。さらに，急速に変化するメディア状況，とくに2000年代以降のソーシャル・メディアであるTwitterやFacebookは，デランディがいったような「ヴァーチャル空間」というよりも，さらに身体の側面を伴った「ポスト・メディア」であるという議

論があることも，付加しておきたい（ネグリ＆ハート，2013；門林，2015）。

　またここでは詳しく書かないが，このアイドルの疲弊や給料の少なさには，アイドルが所属する事務所やイベント会社の受け取るマージンの問題や，ファン層に合わせた値段設定といった問題が関係しているだろう。濱野智史は，日本社会のデフレ化のなれのはてに生み出されたマーケットとしてライブアイドルを挙げている。少ない金額でアイドルとの疑似的な恋愛感情や承認欲求を満たせるというのだ（濱野，2013）。

◉アイドル・ケア労働・ジェンダー

　前説で説明したような感情労働は過酷であるが，労働に見合った高い報酬が支払われているならば，正当な対価といえるだろう。しかし何故アイドルの賃金は安いのだろうか。筆者は，介護を主とした「**ケア労働**」について書かれた論文の知見をもとに，アイドルの業務と「ケア労働」の特徴が結びつくことによって，より過酷な労働の形態が成り立つことを主張したい。

　ケア労働の値段が安い理由として，ジェンダーという要因が深く関わるとされている。つまりは①ケアが女性の仕事だと考えられており，②しかも女なら誰でもできる非熟練労働だと考えられており，③さらに供給源が無尽蔵であると考えられている，という三つの前提が挙げられている（上野，2011：157-158）。

　元々は文法用語である「ジェンダー（gender）」という概念を最初に定式化したのは心理学者のロバート・ストーラーであるといわれるが，概念を広めたのはフェミニズムである。1970年代，フェミニズムは，生物学的・解剖学的性差は自然であるから変更不可能であり，女性の規範が＊＊であるのは生物学的・解剖学的女性であるからなのだ，という循環的話法を相対化しようとしたのである。フェミニズムは，女性が子を孕み，産むことのできる体をもっているから育児や家事をすることが当たり前だとされる社会からの離脱を目指していた。したがって，ジェンダーという語彙には生物学的・解剖学的な性差である「セックス（sex）」からの解

> ケア労働　「ケア労働」の「ケア（care）」とは名詞として「世話，配慮，関心，心配」などの意味をもっている。研究史においては，第一義に子どものケア，その後「高齢者介護」や「病人の看護」，障害者介助，さらには「心のケア」というように拡張して用いられることとなった（上野，2011：36-37）。ケア労働における議論においては，家事労働，不払い労働などの議論の蓄積があるため，有償・無償にかかわらず，ケア労働を考察することができる（上野，2011：40-41）。

放という意味も込められている。そもそも，生物学的性差は少なくとも内分泌，外性器，内性器，染色体のレベルで決定されるが，これらの状態も人それぞれである。しかし1カ所で境界線が引かれ，現在においても男でなければ女，女でなければ男という排他的な二項対立が存在するのだ（上野, 2002）。

1980年代には，クリスチーヌ・デルフィがジェンダーとは男と女という二つの項ではなくてその差異そのものが概念の中心にあるとした。さらに，ジェンダーは単に排他的な二項関係ではなく，その二項は非対称的につくられていることが指摘された。つまり，男を標準とした差異の実践には常に階層化が含まれるのだ（デルフィ, 1996）。

1990年代，ジュディス・バトラーはさらに，その差異の実践は不断の言説実践によって行われると説いた。したがって，生物学的・解剖学的性差であるセックスはジェンダーに先行するものではなくて，つねにジェンダーと呼ばれる文化的装置の作用として理解されるべきだ，というのだ（バトラー, 1999）。セックスが「自然」であることを納得させ，人びとをそこへ囲い込もうとする微視的な力が存在し，前提というよりはその効果としてセックスが存在するというのだ。バトラーは最も徹底した形で，ジェンダーという概念の基盤にセックスが存在することを否定している。本章ではひとまず，「ジェンダー」概念を，生物学的な性差を自然とせず根拠としないにもかかわらず，言説として流通している階層化された差異であるとしておこう。

ライブアイドルには，ケア労働に類似した特徴がみられ，その問題の根底には説明したような「ジェンダー」における不均衡な差異の実践が関わっていると筆者は考える。まずライブアイドルには圧倒的に女性が多い。ライブアイドルは育児や介護などとはほど遠い「芸能活動」の一種と考えられているが，驚くほど「ケア労働」と類似した特徴があるのである。ここでは，「ケア」の含意が介護や子の世話ではなく「心のケア」が主となるだろう。

まず，「ケア労働」の二つ目の特徴について考えてみたい。ここで筆者は，アイドルファンの考えのなかに，アイドルが正当な報酬を受け取ることを阻むものが存在することを指摘したい。ライブアイドルにとってライブが重要なことは自明であるが，メディアに露出するアイドルと比べると，その歌やダンスのテクニックは不十分なことが多い。ライブアイドルのファンは歌や踊りのテク

Chapter 07　ライブアイドル，共同体，ファン文化

ニックよりも，アイドル自身と距離が近く，「自分に優しいかどうか」を問題とする傾向にある。ここでいうアイドル自身の業務としては，126頁で説明したような「感情労働」を含む。具体的には，ライブの後に開催される「接触」とよばれる握手会やチェキ会（インスタントカメラでの写真撮影）が主な業務の場になるだろう。SNSでの交流も含まれる。ファンたちは，そこでお気に入りのアイドルと喋ることができる。「接触」の相場は安くて500円，高くて2000円程度だろうか。アイドルによって異なるが1回数分程度まで喋ることができる。毎回万単位で金を使うファンたちもいるという。

　以下は，ライブアイドルファンの男性（30-40代）から得られた言葉である。

　　　対象者B：あいつ（対象者D）は，うまく選んでるよ。あんまり人気がなくて，自分に優しくしてくれるような子を推しにするから。
　　　対象者C：オイシイ思いしたいんでしょ。
　　　対象者E：ライブのときに目立たない癖に，接触になると湧いてくるの（筆者註：ファンたちが現われること），一体なんだろうね。

　これは，2014年5月17日に筆者が「現場」で聞き，フィールドノーツに記した会話だ。ここで対象者Dは，他の競合のファンたちとの争いを避けながら（＝人気のないアイドルを推しにする），自分が最大限アイドルからもてなされることを選んでいる。もちろん，アイドルに本気で恋をしているので，できるだけ会いに行きたいという事情もあるだろう。しかし，大部分のファンは，アイドルと恋愛において結ばれないことをすでによくわかっている。

　アイドルが，他のファンとの関係もマネジメントしながら，ファンサービスをすることは簡単ではないと思われるのだが，テクニック（熟練労働）であるとは考えられていない。ここには奇妙なねじれが存在す

> **フィールドノーツ**　調査地で見聞きしたことの，メモや記録の集積のことである。原語はfieldnotesまたはfield notesであり，日本でつくられた言葉である「フィールドノート」とは区別される。後者は，それらの記録群を記した帳面を指す。
> 佐藤郁哉は現場調査，とりわけ参与観察という調査法を採用する際の勝負の勘所は「本質的に言語化しにくい主観的な性格をもつ体験の内容を界ギリギリのところまで文字の形で記録することによって，自分自身が後でその過去の体験について考察を加え体系化できるようにしておく」（佐藤，2002：158）ことであるとしている。通常，調査者は現場での至極簡単な走り書きに，より分析的な記述を付け加えることで，後程何度も繰り返し参照し分析できる調査資料として使用する。詳細は（佐藤，2002）第4章参照。

る。ファンは，アイドルの優しい言葉はアイドルの「本心」から出たものであり，テクニックだと考えることはアイドルの自分への関心や気遣い（だと期待される行為）を無効にしてしまうからだ。ファンにとって，自分に対する言葉がテクニックからのものであると考えることは耐えがたく思えるだろう。一見奇妙に思えるのだが，ファンとアイドルとの関係が心からのものであることを証明するために，非熟練労働であるという「偽装」が必要であり，逆説的にアイドルの業務を労働として評価しにくい（＝賃金の低さ）という構図があるのではないか。残念なことに，ファンのアイドルへの期待が，かえってアイドルの労働環境を悪化させ，アイドルとの共同性を喪失する契機となっていると考えられる。

　「ケア労働」とアイドルの三つ目の特徴との共通点は次のようなものだ。アイドルには，「若さ」「未熟さ」といったイメージがつきまとうため，アイドル当人の年齢が人気の要因になる。とくに，日本における女性アイドルには「成熟したイメージ」があまり好まれない傾向にある（Kim, 2011）ため，アイドルの年齢は 12 歳くらいからになろう。アイドルの経験が長く，歌や踊りのパフォーマンスに優れていたとしても，25 歳以上になると一般的には人気が落ち，「次の道」へ進むことを明に暗に勧められる。「次の道」とはタレントや俳優，振付師，歌手などがあるだろうが，ライブアイドルの場合，「今いるこの場所」よりも活躍できる可能性は少ない。アイドルがアイドルを辞めることは，公に「卒業」とよばれる。このように，アイドルは，基本的に「未熟」であり，何者かになるための「過渡期」であるため，「卒業」という制度により次々に人材が入れ替わる。また，人気が高いため，志望する若い女性が後を絶たない。したがって，人材の供給が無尽蔵だと思われているという三つ目の特徴に当てはまる。

　このように，「接触」と呼ばれる握手会・撮影会を中心としたフィールドワークから，ライブアイドルの業務が「ケア」概念を最も広い「心のケア」まで取ったかたちでの「ケア労働」に近いことが明らかになった。さらに，「ケア労働」にはジェンダーという差異と階層化を内包した機構が関係していることを指摘した。したがって，ライブアイドルは，ケア労働がもつジェンダーを要因とした問題を不可避に引き受けてしまうのである。ライブアイドルの賃金の低さにはこういった理由があったのだ。

7-6 〈ライブアイドル共同体〉は可能か

　筆者は本章において，はじめに「リアリティショー」よりも「リアリティ」を追求した形態としてライブアイドルがもてはやされ，その延長線上にAKB48等の大規模なメディア露出をするアイドルが存在することを確認した。そのうえで，未だメディア露出をせず，ライブを開催することでファンとの交流を図る「ライブアイドル」を対象に，ライブアイドルとファンによる〈ライブアイドル共同体〉の可能性とその問題点について説明してきた。

　今や，人口の流動性が高くなり，地縁や血縁などの伝統的なコミュニティは成立しにくくなった。しかしだからこそ，新たな帰属先としてのコミュニティが望まれる傾向にある。デランティによると，新たなコミュニティとは流動的で全人格を包摂するようなものではなく，原則として特定の実体的な「場所」を必要としない。本章で紹介したアイドルとファンからなる〈ライブアイドル共同体〉とはある程度流動的ではあるが，デランティの想定よりもさらに，ライブや「接触」といった身体性が重視されるものであった。

　しかし一方で，〈ライブアイドル共同体〉の問題点も存在した。筆者はこれをアイドルの労働問題として提起した。ひとつめのキーワードとして「感情労働」がある。介護職や接客業といった労働において，感情労働は客がもてなされているという感覚をもてるために，自分の感情を管理する必要が生じる。そのような感情労働は，ファンとの接触時間が長くしばしばSNSでも交流をするライブアイドルにおいて，長時間に渡るため，過酷さを増していることを指摘した。

　さらに，ライブアイドルの賃金が低い根拠としてその労働には「ケア労働」に共通するようなジェンダー要因が深く関わっていることも確認された。まず，供給が無尽蔵であると考えられていること，さらに実際にはテクニックが必要であるにも関わらず，非熟練労働であると「偽装」されることが，ファンに対するアイドルの関心や心遣いを証明するという現象が起こっているのだ。

　アイドルには今や男性も多いが，男性アイドルを多く輩出するジャニーズ事務所の「SMAP」が40歳を越えても「アイドル」を名乗り続けていたことに比較すれば，女性ライブアイドルの寿命は短い。しかし，一見きらびやかで目立つアイドルという職業は，給与を稼ぐためというよりは「自分の好きなこと仕

事にする」ものとして人気が高い。そして，好きなことを仕事にすることが望ましいという規範は，「マスコミでの喧伝や学校での進路指導を通じて，すでに若者のあいだに広く根付いている」（本田，2011：103）ために，少女たちが参入しやすいと考えられる。少女たちにとってはアイドルになることは夢を叶えることであり，喜ばしいことだ。しかし，そのライブアイドルの労働はジェンダーという要因が根底となるケア労働と結び付き，ひどく過酷である。アイドルとなっている少女たちはこの両義性に耐えなければならない。

　デランティの想定する新たなコミュニティがある程度，構成員が次々入れ替わるというような流動性をもつことには意義もあると思うが，しばしば過剰に流動的なってしまいがちである現代において，逆に安定させる機構が必要ではないのか。今や，〈ライブアイドル共同体〉の存続をかけて，ファンたちはその構造を省みるべきなのかもしれない。

チェックポイント

- ☐ 「感情労働」の特徴とは何か。
- ☐ 「ジェンダー」とは何か。
- ☐ 「ケア労働」の賃金が低い傾向があるのはどうしてか。
- ☐ 現代の「コミュニティ」とは血縁や地縁に代表される既存のものと比べてどのようなものになりつつあるか。
- ☐ アイドルとファンによるコミュニティの成立にとっての問題点とは何か。

ディスカッションテーマ

①あなたが知っているうちで最も好ましい「コミュニティ」とはどのようなものだったか。それらの「好ましい部分」とはどのようなものだったか論じなさい。
②あなたが知っているアイドル（アイドル・グループ）を挙げ，「労働」という視点から論じなさい。

レポート課題集

①ひとつのアイドルや，芸能人，映画，舞台等のファン・コミュニティのコミュニケーションの特徴を挙げ，そのファン・コミュニティがどのように成り立っているかについて分析しなさい。
②自分が「感情労働」であると考える職業について調べ，どのような感情の管理が必要とされるのか分析しなさい。また，当該職業の賃金，安定性，福利厚生等の条件について調べたうえで，その職業が一生続ける仕事として適切かどうか判断して書きなさい。

関連文献リスト

ホックシールド，A. R. ／石川　准・室伏亜希［訳］（2000）．管理される心──感情が商品になるとき　世界思想社
Kim, Y. (2013). Idol republic: the global emergence of girl industries and the commercialization of girl bodies. *Journal of gender studies*, 20(4), 333-345.
陳　怡禎（2014）．台湾ジャニーズファン研究　青弓社

Chapter 07　ライブアイドル，共同体，ファン文化　**133**

【参考・引用文献】

阿部真大（2006）．搾取される若者たち―バイク便ライダーは見た！　集英社

上野千鶴子（2002）．1　差異の政治学　差異の政治学　岩波書店，pp.3-31.

上野千鶴子（2011）．ケアの社会学―当事者主権の福祉社会へ　太田出版

太田省一（2014）．職業になったアイドル―テレビ，現場，そしてコミュニティ『月刊民放』9月号

門林岳史（2015）．ポストメディア時代の身体と情動―フェリックス・ガタリから情動論的転回へ　大澤真幸［編］身体と親密圏の変容　岩波講座現代　第7巻　岩波書店，pp.131-159.

坂倉昇平（2014）．AKB48とブラック企業　イーストプレス

佐藤郁哉（2002）．フィールドワークの技法―問いを育てる，仮説をきたえる　新曜社

さやわか（2013）．AKB商法とは何だったのか　大洋図書

田中東子（2012）．メディア文化とジェンダーの政治学―第三波フェミニズムの視点から　世界思想社

デランディ，G.／山之内靖・伊藤　茂［訳］（2006）．コミュニティ―グローバル化と社会理論の変容　NTT出版（Delandy, G.（2003）. *Community*. London; NewYork: Routledge.）

デルフィ，C.／井上たか子・加藤康子・杉藤雅子訳［訳］（1996）．なにが女性の主要な敵なのか―ラディカル・唯物論的分析　勁草書房（Delphy, C.（1984）. *Close to home: A materialist analysis of women's oppression*. translated and edited by Dinna Leonard, Boston, MA: University of Massachusetts Press.）

テンニース，F.／杉之原寿一［訳］（1954）．ゲマインシャフトとゲゼルシャフト―純粋社会学の基本概念　理想社（Tönnis, F.（1887）. *Gemeinschaft und Gesellschaft: Grundbegriffe der reinen Soziologie*. Leipzig: Fues.）

仁藤夢乃（2014）．女子高生の裏社会―「関係性の貧困」に生きる少女たち　光文社

ネグリ，A. & ハート，M.／水嶋一憲・酒井隆史・浜　邦彦・吉田俊実［訳］（2003）.〈帝国〉―グローバル化の世界秩序とマルチチュードの可能性　以文社（Negri, A., & Hardt, M.（2000）. *Empire*. Cambridge, MA: Harvard University Press.）

ネグリ，A. & ハート，M.／水嶋一憲・清水知子［訳］（2013）．叛逆―マルチチュードの民主主義宣言　NHK出版（Negri, A., & Hardt, M.（2012）. *Declaration*. New York: Argo Navis.）

仁平典宏（2016）．遍在化／空洞化する「搾取」と労働としてのアート―やりがい搾取論を越えて　社会の芸術／芸術という社会―社会とアートの関係，その再創造へ向けて　フィルムアート社

バトラー，J.／竹村和子［訳］（1999）．ジェンダー・トラブル―フェミニズムとアイデンティティの攪乱　青土社（Butler, J.（1990）. *Gender trouble: feminism and the subversion of identity*. London: New York: Routledge.）

濱野智史（2013）．地下アイドル潜入記―デフレ社会のなれのはて　新潮45　8月号

姫乃たま（2015）．潜行―地下アイドルの人に言えない生活　サイゾー

フィッシャー＝リヒテ，E.／中島裕昭・平田栄一朗・寺尾　格・三輪玲子・四ツ谷亮子・萩原　健［訳］（2009）．パフォーマンスの美学　論創社（Fischer-Lichte, E.（2004）. *Ästhetik des Performativen*. Frankfurt am Main: Suhrkamp Verlag.）

ホックシールド，A. R.／石川　准・室伏亜希［訳］（2000）．管理される心―感情が商品になるとき　世界思想社（Hochschild, A. R.（1983）. *The managed heart: Commercialization of human feeling*. Berkeley, CA: University of California Press.）

本田由紀（2011）．軋む社会―教育・仕事・若者の現在　河出書房新社

Clough, P. T.（2007）. Introduction, In P. T. Clough, & J. Halley（eds.）, *The affective turn: Theorizing the social*. Durham, UK: Duke University Press, pp.1-33.

Engelken-Jorge, M.（2011）. Politics & emotions: An overview, In M. Engelken-Jorge, P. I. Güell, & C. M. del Rio（eds.）, *Politics and emotions: The Obama phenomenon*. Wiesbaden, GW: VS Verlag, pp.7-25.

Harris, A.（ed.）（2008）. *Next wave cultures: Feminism, subcultures, activism*. New York: Routledge.

Kim, Y.（2013）. Idol republic: The global emergence of girl industries and the commercialization of girl bodies. *Journal of gender studies*, **20**(4), 333-345.

コラム④
「情動労働」としてのアイドルの労働 ─────

　ネグリとハートは，脱工業化社会において優勢となった，コミュニケーションや知性をもとにした「非物質的労働」概念を拡張し「情動を生産し操作することからなる労働」を含めている（ネグリ＆ハート，2003：48-49）。これらはケア労働，娯楽産業なども含まれるとされ（門林，2015），本章で論じたアイドルの労働も該当することになる。この議論の背景としては，ミシェル・フーコーが描き出した規律訓練型の権力から，ジル・ドゥルーズがいうようなもはや自己同一的な主体といったものが必要とされない，さらに根本的に権力が人間を制御するやり方（「コントロール型権力」）への移行を前提としている。

　「情動」という概念は最新の研究で注目されており，「情動論的転回　Affective Turn」ともいわれる，脳科学の分野，哲学の分野などから起こった複数の潮流が認められる（Clough, 2007；Engelken-Jorge, 2011；門林，2015）。ネグリとハートのいう「情動労働」は，知性やコミュニケーションを媒介にしているとされてきた非物質的な労働に，実は身体的な側面があることを明らかにした。

　筆者は地下アイドルを媒介としたコミュニティの生成にとって，身体を伴ってそこにいることが非常に重要であると述べたが，アイドルの労働を「情動労働」としてみることによっても，身体的に「ともにあること」が鍵になっていることがわかるだろう。ライブや「接触」といったアイドルの観客の楽しませ方は，このような時代に合致したものであるのかもしれない。

竹田恵子

【参考・引用文献】

門林岳史（2015）．ポストメディア時代の身体と情動─フェリックス・ガタリから情動論的転回へ　大澤真幸［編］身体と親密圏の変容　岩波講座現代　第7巻　岩波書店，pp.131-159.

ネグリ, A. & ハート, M. ／水嶋一憲・酒井隆史・浜　邦彦・吉田俊実［訳］（2003）．〈帝国〉─グローバル化の世界秩序とマルチチュードの可能性　以文社（Negri, A., & Hardt, M.（2000）．*Empire.* Cambridge, MA: Harvard University Press.）

Clough, P. T.（2007）．Introduction, In P. T. Clough, & J. Halley（eds.）, *The affective turn: Theorizing the social.* Durham, UK: Duke University Press, pp.1-33.

Engelken-Jorge, M.（2011）．Politics & emotions: An overview, In M. Engelken-Jorge, P. I. Güell, & C. M. del Rio（eds.）, *Politics and emotions: The Obama phenomenon.* Wiesbaden, GW: VS Verlag, pp.7-25.

Chapter 08

第三波フェミニズム，スポーツと女性，身体表象

田中東子

学びのポイント

● 女性たちが自由にふるまうことのできる空間として，映画やドラマなどでは
スポーツが注目されるようになっていることを知る。

● 今日のように女性アスリートが社会の中で活躍できるようになった背景に，
フェミニズムの運動があったことを学ぶ。

● スポーツ空間へ参加・参入できるようになった女性たちが，コマーシャリズ
ムのアイコンとして商品化され，マーケットの利益に奉仕している点につい
て批判的に考える。

8-1 映像に描かれるスポーツと女性

　「さあ，戦闘開始よ――」

　ナレーションと共に，クロスを手にした24人の女子高生たちが芝の上で小
さなボールを追いかけ始めた。チームを分かつのは，腰回りを覆っているスカ
ートの色の違いだ。すぐにカメラの照準は二人の少女に合わせられる。

　敵味方に分かれてボールを追いかけているその二人は，目下，仲違いしてい
るところだ。ボールを奪おうと接近するたび，互いを罵る言葉が口をつく。ブ
ルネットの髪の少女が，金髪の少女の脛にわざとクロスをぶつける。さらにク
ロスを伸ばして脚をひっかけ，無様に転ばせる。反則すれすれの攻撃を何度も
仕掛けられた金髪の少女は，ついにクロスを投げ捨て，ブルネットの少女に飛
びかかった――。

　これは，ニューヨーク市マンハッタンのアッパー・イースト・サイドを舞台
とし，セレブ高校生たちの日常を描いたアメリカのテレビドラマ『ゴシップ・
ガール』シリーズの初期に登場するエピソードである。名門私立学校に通う女

子高校生セリーナとブレアは，幼馴染で親友同士。だが，恋人の取り合いに端を発して険悪なムードに陥る。この作品では，二人の少女の感情が昂ぶり，衝突する瞬間を，ラクロスの試合をする体育の授業に重ねて描いている。この場面は，とても象徴的なものにみえる。お嬢様高校生とスポーツ——ひと昔前なら，この二つの形象が結び付けられることなどあまりなかったはずだから。

この作品以外にも，最近では，スポーツをする少女を描くものが数多く制作されている。

ちょうど 2002 年日韓ワールドカップの年に製作され，日本でも公開され話題となったイギリス映画『ベッカムに恋して』では，ヒースロー周辺の街の女子サッカーチームに入団することになったインド系移民二世であるジェスが，チームメイトと共に芝生の上で脚や腕を跳ねあげ，練習と試合に励む姿が実に生き生きと描かれている。器用にボールを操り，激しくぶつかりあい，全力で勝利を勝ち取りにいくロンドン郊外で暮らすティーンの少女たちは，自己の身体を自在に操れる喜びと，解放された身体への充実感で満ちているようにみえる。少女の成長や人間関係とスポーツとの関わりを主題にしたこの作品で，監督は意図的にスポーツする少女たちの伸びやかな身体をフレームに収め，強調しているようにみえる。

女優のドリュー・バリモアが初監督として撮影した『ローラーガールズ・ダイアリー』は，テキサス州の田舎町で母親の言いなりの女らしさを身につけ，ビューティーコンテストにいやいや出場させられ，言葉にしえない不満を感じていたブリスという少女が，ローラーゲームという競技に魅了され，やがてその選手になっていく物語である。二つのチームに分かれて競われるローラーゲームでは，女性たちがローラースケートを履き，ヘルメットをかぶり，両肘両膝にサポーターを巻き，マウスピースを装着し，ブロックやタックルやプッシングなど，激しい身体的接触を繰り広げながら得点を競い合う。特に印象的なのは，激闘の後で自らの強さを高らかに誇り，満面の笑顔を浮かべた女性選手たちの姿が魅力的に描かれている点である。スピードを買われてチームに入団したブリスは小枝のように華奢でおとなしそうにもみえる一方，彼女のチームメイトの幾人かは屈強だったり，非常にセクシーな外見をしていたりもする。だが，確実にいえることは，痩せていようと頑丈であろうと，登場するすべて

Chapter 08　第三波フェミニズム，スポーツと女性，身体表象

『ベッカムに恋して』
(バンド，2003年)

『ローラーガールズ・ダイアリー』(ポニーキャニオン，2010年)

『ブルークラッシュ』
(ジェネオン・ユニバーサル，2012年)

『ソウル・サーファー』
(ウォルト・ディズニー・ジャパン株式会社，2012年)

図 8-1　映像の中で描かれるスポーツと女性

の女性たちが溌剌と描かれていることだ。

　他にもサーフィンに打ち込む少女たちの様子を描いた『ブルークラッシュ』や『ソウル・サーファー』など，これらの作品では，男性にまなざされる「性的対象としての女性身体」ではなく，若い女性の主体性と力強さを包含した，スポーツする身体を生き生きと描くという共有された特徴が示されている。

　このように少女たちや若い女性たちの身体活動の自由を表現するスポーツ映画が増えた背景には，フェミニズムの影響があると考えられる。この章では，フェミニズムの理論とスポーツ文化はどのように関わり合っているのか，今日の女性アスリートの表象は社会にたいしてどのような意味を与えているのかといった点について，1990年代に登場した「第三波フェミニズム（Third Wave Feminism）」というキーワードを軸に論じていくことにする。

8-2　第三波フェミニズムによる視角の変容

●女性アスリートの活動とフェミニズム

　アメリカにおいて，1996年アトランタオリンピックは「女性〔アスリート〕の年」（Heywood, 2003）として記憶されている（以下，〔〕は筆者による補足）。広告に女性アスリートのアイコンが増え，オリンピック選手の女性比率も増加した――もちろん，ドレスコードの問題などで，今でも多くの国々の女性選手が

オリンピックに出場できていないという事実が課題として残されている点に留意しておく必要はあるのだが。

　当時から批判されてきたことであるが，1980年代のオリンピックの女性選手の報道は，男性のアスリートがその力強さや偉大さ，技術などに注目して紹介されているのに対して，女性アスリートの場合には外見的美醜や，恋人の有無，母親であるということなど，性差別的な視点が極端に強調されるものばかりだった。1984年と1988年のオリンピック報道における性差別問題を分析したダンカンの研究（Duncan, 1990）を参照しながら，ヘイウッドは，1996年の報道には格段の進歩がみられたとまとめている。

　さらにヘイウッドは，今日ではキックボクシング，投げ釣り，ロッククライミング，ボクシングなどを楽しむ女性たちが増え，女性を「弱い性別」や「無能力」と等位におこうとする女性性（femininity）にまつわる神話はゴミ箱に投げ捨てられたのだと主張し，その証拠として以下のような記述を加えている。

　　〔FIFA女子〕ワールドカップの時のメディアによる大袈裟な報道や昂奮具合を見れば，スポーツの世界における女性のネガティブな経験とかつての態度は，もはや過去のものになったとたやすく確信できるだろう（Heywood, 2003）。

　日本においても，**なでしこジャパン**が2011年のワールドカップで優勝した瞬間に，私たちは同様の場面を目撃したはずだ。それまではほぼ注目を集めることのなかった女子サッカーが，突如スポットライトを浴び，集中砲火と言っても過言でないほど過剰に報道されるようになったからだ。そして，普段は男性サッカーファンの陰に隠されていた女性ファンたちが，緊張みなぎる試合の中継時間帯，ソーシャル・ネットワーク・サービス上の言説空間で，雄弁に，そして自分たちには語る権利があるのだという確固たる自信とともに，なでしこジャパンの選手について語りあっていた。

> **なでしこジャパン**　2004年アテネオリンピック大会に参加するサッカー女子日本代表チームに与えられた愛称。その名が広く知られるようになったきっかけは，2011年にドイツで開催されたFIFA女子ワールドカップの大会で，澤穂希選手を中心としたチームが，男女を通じてアジアで初の大会優勝を獲得したことによる。この優勝によって，女子日本代表チームへの注目度は飛躍的に高まり，テレビなどでの露出も急増した。

Chapter 08　第三波フェミニズム，スポーツと女性，身体表象

これらの変化，特に，1972 年にアメリカで男女教育機会均等法改正として**タイトルIX**が可決されるなどの具体的な改善策が生み出されてきた背景には，女性たちを取り巻く環境を変えたフェミニズム運動の成果がある。フェミニズムの運動は，長い年月をかけて，スポーツの競技空間も含めた公的な場への女性の参入権，機会とアクセスと資源の平等を追求し，セクシズムに対する批判を行ってきたのである。

> **タイトルIX**　1972 年にアメリカ合衆国議会で男女教育機会均等法案が可決され，助成金や奨学金を国から獲得している学校の教育の場で，性差別を含んだカリキュラムやプログラムを扱うことが禁止された。タイトルIXは教育全般に対して施行されたものの，スポーツの分野では特に，女性への平等な参加を促すこととなり，全世代における女子スポーツの発展に貢献した。

●フェミニズム運動の流れ

ここで，いったんスポーツという文脈を離れ，現在までのフェミニズム運動の流れを整理してみることにする。フェミニズムというのは，近代的な人権思想の発展とともに，社会のなかでの女性に対する男性の支配と優位性に意義を唱えた女性たちの運動として生まれ，私たちの日常生活において非常に大切な思想と運動である。近代以降の社会においてフェミニズムは常に重要な思想と運動であったが，その展開には大きく三度のモーメントがある。

まず，19 世紀後半から 1960 年代まで展開されたリベラル・フェミニズム（第一波フェミニズム）では，高等教育を受ける権利，職に就いて働く権利，離婚する権利，所有権，相続権，養育権，投票権など公的空間での男女の間での平等，そして政治と経済に関する基本的権利を獲得するため，さまざまな運動が展開された（Siegel, 2006：135）。

それに続いたのが，1960 年代後半に立ち上がり，レーガンおよびブッシュ政権が登場する時期まで展開されたラディカル・フェミニズム（第二波フェミニズム）である。これは，第一波フェミニズムが獲得してきた公的な場での男女間の権利の平等だけでなく，私的空間においても性差を根拠にして差別されることのない，女性のための根源的な人権の獲得を追求するものである。これらの運動は，女性の身体の解放，女性の健康を守る戦い，レイプや**ドメスティック・バイオレンス（DV）**などさまざまな性暴力との闘い，セクシュアル・ハラスメントの批判，女性の芸術運動，独自のジャーナリズムや ZINE（☞コラム①）の制作，メディアへの顕在化（Bannet-Weiser, 2004）などにまで広がり，

ドメスティック・バイオレンス（DV） 夫婦，恋人など近い関係にある男女や人々の間で，様々な形態の暴力によって相手を支配しようとする行為のこと。DVに含まれる暴力としては，直接的に身体に与えられる暴力やレイプなどの性的な暴力だけでなく，監視や隔離や無視などの心理的な暴力，言葉による恫喝や虐待などがある。これらの暴力的行為を通じて，加害者は被害者を物理的・心理的に支配し，コントロールしようとするが，親密な関係で起こる暴力行為であるため，外部からの調停や干渉などの取り組みが困難であった。日本では，2001年より配偶者からの暴力の防止及び被害者の保護に関する法律（DV防止法）が施行され，年々相談件数が増えている。

家父長制システム 家族における支配権が男性，特に父親的な立場の人に集中している家族の形態が家父長制とされるが，家父長制システムとは男性への支配権や統率権，つまり家父長制が，社会の様々な組織や集団に広がり，維持されている社会システムのことである。

バックラッシュ 男女平等や男女共同参画など，フェミニズム的な目的のために社会を変革しようとするムーブメントに対し，家父長制の維持を唱え，保守的・反動的な立場を取る運動・勢力・現象のことを指す。

女性を抑圧する**家父長制システム**の発見と，その解体に向けた批判へと展開していった（Siegel, 2006：136-137）。

　ところが，1980年代後半になると，その流れに変化が現れる。第一の変化は，いくつもの国で誕生したネオコンサバティズムとネオリベラリズムのイデオロギーに基づく政権の下，家族的で保守的な価値観への回帰に伴ってフェミニズムへのバッシングが広がったことである。こうした社会の趨勢を，スーザン・ファルーディは「**バックラッシュ**」と呼び，アンチフェミニズムの気分が蔓延し始めたことを周知させるのに努めた。

　第二の変化は，フェミニズム的な価値が日常生活のなかでもはや当たり前になった次世代の女性たちによる，第二波フェミニズムへの忌避感の広がりである（McRobbie, 2009）。この時期，第二波フェミニズムの運動の成果として，特に私的空間で獲得されたさまざまな権利や諸価値を自明視し享受しつつも，フェミニズム運動という連帯に取りこまれることを拒絶し，ある特定の女性性だけを正しいものとして本質化し，それ以外のものを間違ったものとして放逐する態度を否定する，若い女性たちが増えていった。カルチュラル・スタディーズの立場から女性の問題に取り組み続けている**アンジェラ・マクロビー**（☞ p.107の用語説明を参照）は，1990年代が「フェミニスト理論において決定的な自己批判の契機が出現したターニング・ポイント」（McRobbie, 2004：4）であったと述べている。

　第二波フェミニズムの代表的な主張が，〔ガヤトリ・〕スピヴァク，トリン〔・ミンハ〕，〔チャンドラ・〕モハンティなどのポストコロニアリスト・フェミニズムや，身体を徹底的に脱自然化することを開始したバトラーやハラウェイのようなポストフェミニスト的なフェミニズムの理論家によっ

Chapter 08 第三波フェミニズム，スポーツと女性，身体表象

て問いただされるようになった。ミシェル・フーコーの影響を受けて，中央集権化された権力ブロック——国家，家父長制，法など——から，より拡散した現場・出来事，フローとして概念化される権力の事例，トーク・言説・注目の集中と強化へと，フェミニストの関心は移行している。特にバトラーの研究において，身体と主体はフェミニストの関心のなかで焦点化された（McRobbie, 2004 : 4-5）。

　このように，第二波フェミニズムの欠陥として，あまりにも欧米中心的であり，また一枚岩的に連帯させられた「女性」という主体を軸に構築され，さらには経済的に豊かな女性たちによって展開されたその立場は批判され，女性のエスニック的・性的・経済的な多様性が重視されるようになった（Walker, 1995）。さらに，1990年代以降フェミニストの関心の中では，「中央集権化された権力ブロック（略）から，より拡散した現場・出来事，フローとして概念化される権力の事例，トーク・言説・注目の集中と強化へと」焦点が移行したのだと，マクロビーは主張している。こうしたことから，「後期近代を特徴づけている個人化と脱集合化に向かう一般的な潮流のせいで，構造的なものよりも個人的なものの水準の方が，（略）変化のやむにやまれぬ現場となっている」（Harris, 2008 : 7）とハリスが説明するように，女性たちの闘争の前線は，政治運動のなかよりも，個人的で日常的な営みに見出されるようになったのである。

　第三の変化は，先の二つの変化の結果として起こった，フェミニズムの個人主義化とポピュラー化であり，これは「フェミニズムの要素がポップカルチャーに取りこまれ，それによってポピュラー・フェミニズムとして適合」（Walker, 1992 : 39）したものであると考えられる。1990年代半ば以降になると，特にポピュラー文化の領域を横断してフェミニスト的価値が広く循環し始めるようになった（田中, 2012 : 57-59）。最も顕著に表れたのが，音楽の世界である。女性たちがよりパワフルになることを奨励するための方法として，アメリカのオリンピアやワシントンDCで誕生した**ライオット・ガ**

> **ライオット・ガール・ムーブメント（Riot Grrrl Movement）**　1990年代前半に，アメリカ合衆国でフェミニズムとパンク音楽のスタイルとが結びついて生まれた若い女性たちによる文化的な運動。この運動の担い手たちは，レイプや性的ハラスメントや家父長制による支配や人種差別などを批判し，音楽活動やZINEの制作，政治的活動やアート活動などを含めたサブカルチャーのひとつのスタイルを形成していった。

ール・ムーブメント（Riot Grrrl Movement）が広がり始めた（Harris, 2008：6；Heywood, 2008：xvii）。パンクやグランジ，ヒップホップ（ローズ，2009）といったジャンルの音楽が，女性のための新しい文化表現の場として顕在化したのである（Heywood, 2006：xvii）。「女性〔アスリート〕の年」として1996年のアトランタオリンピックが記憶されている背景には，こうした変化が共有されていると考えられる。

●第三波フェミニズムの登場

　ポピュラー文化に現れたフェミニズムの兆候を分析するアカデミックな研究では，1990年代以降の変化をフォローアップするため，徐々に「第三波フェミニズム（Third Wave Feminism）」という言葉が使われるようになった（田中，2010：212-214）。

　今日の若い女性たちはこの第三波フェミニズムの担い手として，ポピュラー・フェミニズムの主体としてより勇気づけられたアイデンティティを具現化するよう期待されるようになった，とマクロビーは述べている（McRobbie, 2004：5）。さらに，マクロビーが示したこれらの女性主体を，アニタ・ハリスは，「自分自身の人生を支配し，チャンスをつかみ，目的を達成できるだけの欲望，決定権，自信を持っていることを称賛された若い女性」（Harris, 2004a：1）として「次世代の少女／フューチャーガール（future girl）」というモデルを用いて説明している。

　しかし，第三波フェミニズムの立場に立つ研究者たちは，そうした認識が広まっていることを主張するにとどまらず，フレキシブルな主体の体現者であるこうした若い女性たちがテレビや広告や雑誌や学校や職場において輝くばかりの笑顔と得意げな表情をみせている陰で，別の問題が進行していると批判的に捉えている（Heywood, 2003）。第三波フェミニズムの研究者たちによると，徐々に奨励されるようになった現代の若い女性たちは自己決定できるフェミニズム的な主体であると同時に，ネオリベラリズム的主体でもある。なぜなら，自主独立や個人的能力の向上に努める自主的な姿勢や強さといった核となる文化的価値は，家父長制が課してきた既存のジェンダーイメージと再交渉を行うための武器として役立つ一方で，ネオリベラリズムの倫理やグローバル経済の

支配的価値と相性がよく，共謀してもいるからだ（Heywood, 2008 : 67）。ここには，身体の自由の獲得が同時に社会システムへの隷属化へと流れこむ，現代社会の矛盾が実に端的に現れている。

こうした点について，マクロビーは「商品化されたフェミニズム」や「商品化された女性性」という危機が生じていると指摘している。つまり，「若い女性たち」というカテゴリーを編成する際に，コマーシャリズムは重要な場所を占め，それどころか，女性の自由とジェンダー平等を称賛する疑似フェミニスト的なボキャブラリーを積極的に使用し，少女や女性たちの利益を受けいれているように見せかけている。いまやコマーシャリズムは，彼女たちの代わりに語る許可証を得てさえいるのである（McRobbie, 2008 : 532）。そのため，コマーシャリズムの集中と若い女性たちのためのグローバルな市場の拡大は，フェミニズムが再注目すべき問題であるとマクロビーは訴える。マクロビーによる診断を真摯に受け止めるために（McRobbie, 2008 : 533），ここでふたたび，スポーツの問題に戻ることにしよう。

例えば，欧米では，広告にフェミニズムの成果を取り入れようとする積極的な動きがある。こうした活動には，フェミニズム（feminism）と広告（advertising）を掛け合わせた「フェムバタイジング（femvertising）」という造語が与えられている。こうした活動は，新しい女性イメージを提示する広告表現として肯定的に評価される一方で，女性イメージの商業利用という観点からフェミニズム内部でも批判されている。しかも，女性イメージの商業利用や広告利用の際には，女性アスリートやスポーツをする女性のイメージや身体が重要な役割を果たしている。次節では，こうした点について考察していく。

8-3 女性アスリートの顕在化／商品化

●アイコン化する女性アスリート

1970年代から80年代にかけて，第二波フェミニズムは数多くの成果をもたらし，それとともに少女たちはスポーツをする機会を得て育った。彼女たちはそれ以前の世代の女性たちとは全く異なるジェンダーとアイデンティティの経験，そして自己身体への意識をもつようになったと考えられている（Heywood, 2008 : 63）。性差に基づいて排除・排斥されることはほぼなくなり，スポーツ文

化やスポーツの空間で以前よりもずっと好意的に受け入れられるようになった
彼女たちは,「アスリートであること」と「女性であること」との二律背反に悩
む必要もなくなった。そして,自分たちのアスリート性を証明するために女性
性を封印するのではなく,自分たちの精力的なアスレティシズムや強さを自明
視し,ジェンダーの問題にもあまり関心を示さなくなっているとヘイウッドは
論じている。

　それと同時に,伝統的なものにおいても,伝統的ではないものにおいても,
それぞれの領域で,女性のアスリートやスポーツをする若い女性という表象
は,今日では広く受け入れられるようになった。いまや女性アスリートたちは,
「自己決定できるだけの賃金を得て,消費をする女性たちのポテンシャルと独
立したセクシュアリティ」(Heywood, 2008:64) の代弁者であり,商品の購買を
勧めるテレビCMの優れたアイコンと化している。ヘイウッドは,アイコン化
する女性アスリートについて,次のように述べている。

　　1990年代以降,女性とスポーツの平等化が進む一方で,グローバル経済の
　　趨勢が強まり,すべてが商品と化し,資本の道具として吸い込まれつつあ
　　る。このような文脈の元,女性アスリートは社会変化のポジティブなメタ
　　ファー,美と健康,成功の表象として,メディアのなかでもてはやされて
　　いる (Heywood, 2006:101)。

　ここで示されているのは,マクロビーやハリスが懸念していたのとほぼ同じ
問題である。古い女性性のイメージとそれに対抗するフェミニズムによって理
想とされた正しい女性性のどちらにも与することのない,若い女性たちの選択
の自由によって導かれたこのような新しい生き方であるが,商品化やネオリベ
ラリズム的な主体の適合性が高いという点では,まさしく第三波フェミニズム
の前提する若い女性たちの姿と重なり合う。アスレティックな女性身体は,そ
の存在を公的に認められるようになったと同時に,美や健康という理想的な身
体イメージに隷属化させられてしまった。それは,アスレティシズムを商品化
へと引きこみ,スポーツのポテンシャルを制限してしまった。
　ハリスが示した「次世代の少女／フューチャーガール」という概念を踏まえ

た上で，1990年代以降，女性アスリートのアイコンが女性たちに望まれた主体性のパラダイムに適合しやすいものとなったものの，その結果として，マーケットの利益にもっていかれてしまっている点を，ヘイウッドは丁寧に批判していく。

> 女性アスリートに体現されているもの以上に，可視化されていて説得力のある「ガールパワー（girl power）」の見本はない。女性アスリートの身体は，まさに自己創造という企図の，そして「自分自身の人生を支配し，チャンスをつかみ，目的を達成しようとしてきた〔ハリスの示した〕次世代の少女／フューチャーガール」の具体的な実現なのである（Heywood, 2008：68）。

　そして，女性アスリートのイメージは，現在では「自己達成的で，DIY的で，自分自身の行為とその結果に責任の取れる，強くて，自律した」（Heywood, 2008：70）若い女性を消費マーケットに導くための，重要なアイコンとして機能しているようにみえると続けるのだ。

●美と健康の展示場となったスポーツ空間
　スポーツする女性のイメージがコマーシャリズムの餌食となっている例をみつけるのは，実にたやすいことだ。女性用スポーツウェア市場をみてみれば，まさにスポーツの空間はネオリベラリズムの主戦場になってしまったと実感できることだろう。例えば，ナイキの女性向けスポーツウェアのコマーシャルをみてみよう。
　2015年9月に立ち上がったウェブマガジンDIGIDAY［日本版］は，企業のデジタル戦略に携わる人々の興味・関心が広まるなか，ITを活用したマーケティングの最新動向を伝えることを目的としているサイトであるが，その9月10日付の記事で，「ナイキ，YouTube動画で女性ユーザーを囲い込み。2桁成長を遂げるレディース需要を受けて」という見出しのもと，スポーツウェアの各ブランドが女性の購買者を獲得するために動き出したことを伝えている。

> これまで，スポーツウェアブランド界では，女性向け製品は二の次扱い。

マーケティング活動の多くは、人気男性プロスポーツ選手の起用が一般的だった。そうした流れが変わったのは、ヨガウェアブランドのルルレモン・アスレチカや、女性ファッションブランドのヴィクトリアズ・シークレットによるスポーツウェア市場への参入によるところが大きい。こうしたブランドのスポーツウェアは、カラフルでときにはセクシーさを感じさせるのだ。そこで、女性の購買意欲に訴えかけるデザインが多くリリースされるようになった[1]。

ここで語られているのは、「消費主体」としての、まさに「購買力そのもの」としての女性たちであり、その欲望を刺激するためのアイテムとして、スポーツの商品が持ち出されている。ナイキがYouTubeにアップロードした動画には、スポーツするさまざまな人種の、十分な購買力を保証するだけのキャリアをもっているようにみえる女性たちが登場し、ヨガや筋肉トレーニングやジョギングに打ちこむ様子が描き出されている（図8-2）。

飛び散る汗や隆起した筋肉、躍動する四肢は、まさに美と健康の展示場だ。女性たちの視線は、鏡に映った自分自身の姿や、周囲でからだを動かしている自分以外の女性たちへと向けられる。そのまなざしは、本物の鏡に映し出される自己の身体のみならず、互いに互いを映し鏡として、より理想の肉体に近づ

図8-2　Better For It-Inner Thoughts
（出典：https://www.youtube.com/watch?v=zzbjEMaDjrk（現在非公開））

---

1) 「ナイキ、YouTube動画で女性ユーザーを囲い込み。2桁成長を遂げるレディース需要を受けて」〈http://digiday.jp/brands/will-nikes-bet-women-work/〉（2017年6月13日確認）〉参照。

Chapter 08　第三波フェミニズム，スポーツと女性，身体表象

図 8-3　ECC 英語学院の広告

こうとする目的のためか，ひどく真剣なものである。そして，理想の肉体に近づくためには，周囲を取り巻く他の女性たちと同じように決して安くはないナイキのトレーニングウェアを身にまとう必要があると，コマーシャルの映像は訴えかけてくる。

　女性アスリートの担わされているコノテーションを端的に示す広告の例は，他にもある。例えば，女子フィギュアスケート選手の浅田真央による，ECC 英語学院のコマーシャルはその典型であるといえるだろう。ECC のブランドアンバサダーに就任した浅田について，ECC のホームページには，「浅田真央さんが夢に向かってひたむきに努力されている姿は，多くの方々に感動を与え続けています」[2] という言葉が記されている。

　英語力を身につけ，「グローバル市場」で必要とされる「人材」となることを促進するために，世界で戦うことに挑戦し続けてきた浅田真央という一人の女性アスリートの姿が，アイコンとして示される。そして，「国際社会で活躍できる人材の育成」という ECC の理念と重ね合わされた浅田真央の CM 写真には，「チャレンジ！」というキャ

> **コノテーション**　近代言語学の父といわれるフェルディナン・ド・ソシュールによると，言語記号は，意味するもの（シニフィアン）と意味されるもの（シニフィエ）の結びつきによって意味を獲得する。例えば，「猫」という記号は，「ねこ／neko」という音声表現と，「四つ足でにゃあと鳴く小動物」という意味内容が結びつくことによって，誰にでも共通して理解される意味を得ている。ソシュールの理論を受けて，フランスの哲学者であるロラン・バルトは，意味するもの（シニフィアン）と意味されるもの（シニフィエ）との最初の結びつきによって獲得される意味を「デノテーション」と名付け，それがさらに社会的な文脈や言語使用の現場においてある特定の意味やイデオロギーと結びつくことで生じる解釈上の意味を「コノテーション」と呼んでいる。

---

2)　浅田真央さんの ECC ブランドアンバサダー就任について〈http://www.ecc.co.jp/newsrelease/2015/20150818BrandAmbassador.html（2017 年 6 月 13 日確認）〉

ッチコピーが添えられている（図8-3）。

この広告に映し出される浅田の姿は，スポーツをしている時の格好ではなく，日常的な衣装を身にまとっている。しかし，「チャレンジ！」する主体として持ち出された浅田選手の姿こそが，広告の文言には一切表示されていないにもかかわらず，アスリートとしての彼女の実績によって導き出された**コノテーション**を想起させる。つまり，「自分自身の人生を支配し，チャンスをつかみ，目的を達成できるだけの欲望，決定権，自信を持っている」次世代の女性／フューチャーガールの形象なのである。

8-4 「密やかなフェミニズム」の空間としてのスポーツ文化 ─────

スポーツの場へ公的に参入する権利，平等な参加，セクシズム批判，自分自身の身体への責任と決定権の獲得を純粋に求めていた時代は過ぎ去り，現在の女性とスポーツ文化との関係は，もっと複雑なものになっている。すでにみてきたように，現在ではほとんどの女性たちがもはやフェミニズムを必要としておらず，そこから距離を取ろうとさえしている。さらに，スポーツ文化に自由に参入する権利を得た若い女性たちは，むしろコマーシャリズムと商品化の餌食となり，美と健康への欲望を喚起させられることで「購買力」へと還元されていくという問題があることも確認した。

新しくて自由な生き方を選択した若い女性たちが，マーケットの利益にかなう主体として共謀させられてしまう今日の関係は批判されるべきものである。しかしそれでもなお，スポーツの空間はフェミニズム運動の重要な場であると，ヘイウッドは述べている。そして，スポーツとフェミニズムを互いに必要な関係であると捉え，スポーツの場こそ，「フェミニズムという言葉に貼りつけられた反射的な社会的嫌悪感のようなスティグマを呼び起こすことなく，フェミニズムの主要な問題と目的への注目を引き出すことのできる密やかなフェミニズム（Stealth feminism）」（Heywood, 2008：71）の現場であると主張する。

というのも，1970年代の女性アスリートたちがピッチでプレイする際に必要な資源を得るために，フェミニズムの理論と運動を必要とし，現在も男女間に未だ残された資源の不平等や性差別主義の問題を解決するためにフェミニズムを必要としているように，今日では，制度への平等なアクセス，差異を包み込

Chapter 08　第三波フェミニズム，スポーツと女性，身体表象

んだジェンダー役割の行使，自己の身体への責任と決定権を獲得したアイコンとして，フェミニズムの側こそが現在進行形で女性アスリートのイメージを必要としているからだ。

　実際，前世紀までとは異なり，現在のスポーツ「ヒーロー」――ここではあえて，「ヒロイン」ではなく「ヒーロー」という言葉を使わせてもらうのだが――は，女性アスリートであることが増えてきた。ヘイウッドの行った女性アスリートへのイメージと態度に関するフォーカスグループインタビュー調査では，男児やティーンの男性が，「女性アスリートの活躍を見たのをきっかけにその競技を始めた」と回答するケースも出てきていることが報告されている（Heywood, 2003）。

　筆者もこれと似た経験をしたことがある。タクシーに乗った際に，運転手が，近所の女子大サッカー部の試合も見に行くほどのサッカー好きだとわかり話が弾んだ時のことだ。彼は，「代表戦もプロリーグも，最近は女子サッカーしか見ないし，女子サッカーの方が応援のしがいがある」と話していた。同様の期待は，女子プロゴルフの選手たちにも向けられているかもしれない。

　はたして現代の日本社会において，男性たちにまでこんな風に期待をもって語られる女性政治家や経済人がいるだろうか。政界や財界の女性以上に，ポピュラーな水準ではアスリートの女性こそが人々の憧れるアイコンとなっていることを示すのに，これ以上の事例はないだろう。

　最後に，スポーツ文化が「密やかなフェミニズム」の現場として機能している例として，Bガールについて簡単に述べることでこの章を終えよう。

　さまざまなスポーツのジャンルの中でも，ストリート・スポーツというのは，基本的には男性の参入者が中心で，今日でも男性中心にコミュニティが形成される傾向にある。Bガールとは，ヒップホップ文化に参加している若い女性のことであり，特にブレイクダンスをする若い女性たちのことを指している。ダンスのさまざまなジャンルの中でも，ブレイクダンスはもっとも激しく，力強さを必要とするため，女性の参入者は世界的にもあまり多くない。今日，日本の大学のダンスサークルで，女子学生たちはガールズ・ヒップホップなどのフェミニンなジャンルを選ぶことが多い。他方，練習時にはヘルメットやサポーターを装着し，練習後にはあざや打ち身ができているというブレイキングに取

り組む少女はあまり多くないそうだ。

　しかし，Bガールたちは，生物学的なものとしてではなく，ブレイクダンスを選択した結果として，訓練を通じて「タフ」になり，力強さを手に入れていくといわれている（Ogaz, 2006：162）。Bガールは苦労を重ねた上でようやく，Bボーイたちが支配するブレイクダンスのサークルに入れてもらえる。特に，初期のBガールたちは，ブレイクダンスのコミュニティから繰り返し排除されたという経験や，ブレイクダンスを始めたくても誰も教えてくれなかったことなどを語っている（Ogaz, 2006：165）。

　そんな孤立した状況の中で，数少ない年上の女性のダンサーからスキルを学び，オンラインのメディアを使って別の地域に住むダンサーたちと交流し，YouTubeなどに投稿された海外の女性ダンサーたちの動画を見て（Banet-Weiser, 2011），Bガールたちは自分たちの踊る場所を確保する勇気とスキルを作り上げていくのである。同様のことは，他のストリート・スポーツのコミュニティでも生じている。例えば，女性のスケートボーダーたちは，ほとんど周囲からの支援がないなかで，ウェブサイト，ビデオ，雑誌などを通じて少女の参入者の存在を可視化させ，各地に散らばる女性スケーターのネットワークを創り出し，少女たちの間での競争を組織化し，グローバルな共同体を確立しつつある（Porter, 2006：122）。

　そんな彼女たちの姿は，私たちの日常のなかでフェミニズムについて考える際のメタファーとなり，フェミニストとして振る舞うためのモチベーションを与え，男性が支配する文化に関わろうとする女性たちが「参加」によって，どのようなポリティクスを生じさせるのかを示しているのかもしれない。

【付　記】
本章は，『スポーツ社会学研究』第24巻　第1号（2016年）に掲載された「スポーツする少女たちの身体とそのゆくえを「第三波フェミニズム」の立場から考える」を改稿の上，再掲載したものである

Chapter 08 第三波フェミニズム，スポーツと女性，身体表象

チェックポイント

☐ ヘイウッドは，女性アスリートとフェミニズム運動の関係をどのように主張していたか。
☐ フェミニズム運動は段階的に展開されてきたが，それぞれどのようなことを改善してきたか説明しなさい。
☐ 「密やかなフェミニズム」の空間としてBガールを紹介しているが，自分たちのこれまでの経験の中で，同じように機能しているスポーツの空間はないか考えてみなさい。

ディスカッションテーマ

① これまでのスポーツ経験やスポーツを観戦するなかで，女性であることや男性であることがなにか影響を与えることはあったか，本章の内容に照らして論じなさい。
② スポーツをする女性や男性の姿がコマーシャルに利用されている点を問題だと考えるのはなぜか，議論しなさい。

レポート課題集

① 図8-1で挙げられているドラマや映画，もしくはあなたが鑑賞したことのあるドラマや映画のなかから作品を一つ選び，スポーツと女性の関係についてどのように表象されているか分析しなさい。
② 女性アスリートやスポーツをする女性のイメージを用いた広告を探し，それらが商品を宣伝するために，どのように女性の身体イメージを利用しているか論じなさい。

関連文献リスト

ホール，A.（2001）．フェミニズム・スポーツ・身体　世界思想社
田中東子（2012）．メディア文化とジェンダーの政治学―第三波フェミニズムの視点から　世界思想社
日本スポーツとジェンダー学会（2016）．データでみるスポーツとジェンダー　八千代出版

【参考・引用文献】

田中東子（2010）．ポスト近代におけるスポーツ観戦とまなざし―第三波フェミニズムの視角から考察する　橋本純一［編］スポーツ観戦学―熱狂のステージの構造と意味　世界思想社，pp.208–229.

田中東子（2012）．メディア文化とジェンダーの政治学―第三波フェミニズムの視点から　世界思想社

ファルーディ，S.／伊藤由紀子・加藤真樹子［訳］（1994）．バックラッシュ―逆襲される女たち　新潮社（Faludi, S.（1991）．*Backlash: The undeclared war against American women.* New York: Crown Publishers.）

ローズ，T.／新田啓子［訳］（2009）．ブラック・ノイズ　みすず書房（Rose, T.（1994）．*Black noise : rap music and black culture in contemporary America.* Hanover, NH: Wesleyan University Press.）

Bannet-Weiser, S.（2004）．Girls Rule! : Gender, feminism, and Nickelodeon. *Critical Studies in Media Communication*, 21（2），119–139.

Banet-Weiser, S.（2011）．Branding the Post-Feminist Self: Girls' Video Production and You Tube, In Kearney, M. C.（ed.），*Mediated girlhoods: New explorations of girl's media culture.* New York: Peter Lang.

Duncan, M. C.（1990）．Sports photographs and sexual difference: Images of women and men in the 1984 and 1988 Olympic games, *Sociology of Sport Journal*, **7**(1), 22–43.

Harris, A.（2004a）. *Future girl: Young women in the twenty-first century*. New York: Routledge.

Harris, A.（ed.）（2004b）. *All about the girl: Culture, power, and identity*. New York: Routledge.

Harris, A.（ed.）（2008）. *Next wave culture: Feminism, subcultures, activism*. New York: Routledge.

Heywood, L.（2003）. *Built to win: The female athlete as cultural icon*. Minneapolis: University of Minnesota Press.［Kindle］

Heywood, L.（2006）. Producing girls: Empire, sport, and the neoliberal body, In J. Hargreaves, & P. Vertinsky（eds.）, *Physical culture, power, and the body*. Oxon: Routledge, pp.101–120.

Heywood, L.（2008）. Third-wave feminism, the global economy, and women's surfing: Sport as stealth feminism in girls surf culture, In A. Harris, *Next wave culture: Feminism, subcultures, activism*. New York: Routledge, pp.63–82.

McRobbie, A.（2004）. Notes on postfeminism and popular culture: Bridget Jones and the new gender regime. In A, Harris（ed.）, *All about the girl: Culture, power, and identity*. New York: Routledge, pp.3–14.

McRobbie, A.（2008）. Young women and consumer culture: An intervention. *Cultural Studies*, **22**(5), 531–550.

McRobbie, A.（2009）. *The aftermath of feminism: Gender, culture and social change*. Los Angels: Sage.

Ogaz, C.（2006）. Learning from B-Girls, In J. Hollows, & R. Moseley（eds.）, *Feminism in popular culture*. Oxford, UK: Berg, pp.161–181.

Porter, N.（2007）. She rips when she skates, In A, Greenberg（ed.）, *Youth subcultures: Exploring underground America*. New York: Longman, pp.121–136.

Siegel, D.（2006）. Feminism, first, second, third wave, In L. Heywood（ed.）, *The women's movement today: An encyclopedia of third-wave feminism*, Volume 1, A–Z, Westport, CT: Greenwood Press, pp.134–141.

Walker, R.（1992）. Becoming the third wave. *Ms.*, January, 39–41.

Walker, R.（ed.）（1995）. *To be real: Telling the truth and changing the face of feminism*. New York: Anchor.

【映像資料】

ストックウェル, J. 監督（2012）.『ブルークラッシュ』ジェネオン・ユニバーサル

チャーダ, G. 監督（2003）.『ベッカムに恋して』バンド

シュワルツ, J. & サヴェージ, S. 制作（2007）.『ゴシップ・ガール〈ファースト・シーズン〉Vol.1』ワーナー・ホーム・ビデオ

バリモア, D. 監督（2010）.『ローラーガールズ・ダイアリー』ポニーキャニオン

マクナマラ, S. 監督（2011）.『ソウル・サーファー』ウォルト・ディズニー・ジャパン

【参照サイト】

「浅田真央さんの ECC ブランドアンバサダー就任について」〈http://www.ecc.co.jp/ncwsrelease/2015/20150818BrandAmbassador.html（2016 年 1 月 10 日確認）〉

「ナイキ，YouTube 動画で女性ユーザーを囲い込み。2 桁成長を遂げるレディース需要を受けて」（DIGIDAY［日本版］2015 年 9 月 10 日）〈http://digiday.jp/brands/will-nikes-bet-women-work/（2016 年 1 月 10 日確認）〉

Chapter 09
グローバル化，移民，都市空間

栢木清吾

> 学びのポイント
> - グローバル化と移民の波によって香港という都市の内部に生じている社会的分断を観察する。
> - 香港で働く移民家事労働者たちが送っている苦難に満ちた日常生活に目を向ける。
> - 彼女たちが毎週日曜の香港都心に「たまり場」を形成する意味を考察する。

9-1 「もうひとつのオキュパイ・セントラル」

　数枚の写真から始めたい（図9-1）。撮影地は香港の中環駅付近。大手銀行や多国籍企業がオフィスを構える高層ビルが立ち並び，ハイブランドの旗艦店や瀟洒な飲食店が軒を連ねる香港の中心街，文字通りの「セントラル」である。その界隈の路上に段ボールやレジャーシートが敷かれ，大勢の人びとが座り込んでいる。一体，何の集まりだろうか。少しのあいだ考えてみてほしい。

　「香港」という地名と，地面に座り込む様子から，2014年に起きた反政府デモを想起した読者がいるかもしれない。「オキュパイ・セントラル」あるいは

図9-1　中環駅付近の路上に座り込む人々

オキュパイ・セントラル，雨傘運動 2014 年 9 月から 12 月にかけて，香港特別行政府長官選出に際して，普通選挙ではなく制限選挙の実施を決定した北京中央政府に抗議し，数万人の市民や学生が都心部の公道を占拠したデモ行動。当初，主催者たちが中環地区を占拠の目標に掲げたことから「オキュパイ・セントラル（Occupy Central）」と呼ばれた。また警察官の催涙ガスにビニール傘で応戦したデモ参加者の行動から，「雨傘運動（Umbrella Movement）」とも称される。

「雨傘運動」と称されたその出来事の模様は，当時，日本でも連日報道されたため，立錐の余地なく人びとで埋め尽くされた路上の風景を記憶している読者も多いはずだ。しかし，これらの写真はその出来事の記録ではない。そもそも被写体の人びとには，民主的選挙を求める香港市民の政治行動に共感がありはしても，それに「連座」する直接的な動機はない。選挙権も含め，「市民」としての地位と権利が保障されていないからだ。

　写真の人びとは外国人労働者である。1974 年に開始された香港政府の政策プログラムに基づいて，香港家庭で「住み込み」の家事労働者として働くことを条件に滞在資格を得て，自分自身の家族を故国に残したまま，単身の出稼ぎ生活を送る女性たちである。香港入境事務處（Immigration Department）の最新統計によれば，2015 年 12 月 31 日現在，公式には「外籍家庭雇工（foreign domestic helper）」と呼ばれるこうした移民家事労働者の数は 340,380 人に達している。フィリピンとインドネシアの出身者が大半で，それぞれ全体の 53% と 44% を占め，その他も，タイ，インド，スリランカ，ネパール，バングラディシュなどの近隣アジア諸国の出身者である。ごく少数の男性も含まれるとはいえ，圧倒的大多数，99% 近くが女性である（HK-SAR Government, 2016a, 2016b）。

　普段の生活の大半を，雇用主の住居内で送る彼女たちは，日曜になると，別々の家庭で働いている親類や同郷者，友人や知人と合流し，週 1 日の貴重な休暇を過ごすのを習慣としている。その際，彼女たちは広場や公園，道路や歩道の脇，オフィスビルの軒下や商業施設のオープンスペースに「たまり場」を形成し，そこで行うさまざまな文化的営みを通して，日々の孤独と労苦で疲弊した心身を癒やすのである。そのため毎週日曜の香港都心では，街の至るところに移民家事労働者が座り込み，公共空間を「占拠」する風景が広がる。『エコノミスト』誌の記者は，その風景をいみじくも「もうひとつのオキュパイ・セントラル」と形容した（The Economist, 2014）。

　カルチュラル・スタディーズは，階級やジェンダー，「人種」やエスニシティ

Chapter 09　グローバル化，移民，都市空間

をめぐる分断線が縦横に走る都市空間の内部で，周縁的な立場に置かれた人びとが，さまざまな儀礼やパフォーマンスを通して，自分たちの一時的な「居場所」を作り出す空間的実践に関心を払う。そして，そうした実践のなかに，歴史的・社会的な構造変化の兆候や，既存の権力関係や空間編成との格闘や交渉，アイデンティティ表現の契機を読み解いていく。本章では，こうしたカルチュラル・スタディーズの問題意識や着眼点への道案内として，毎週日曜の香港で繰り返される移民家事労働者たちの「占拠」活動について検討したい。なぜ香港で暮らす移民家事労働者は都心の公共空間に「たまり場」を形成するのか。彼女たちの日常生活にとって「たまり場」は，どのような意味を有する空間なのか。そして，その風景は現代香港における社会的分断を，どのように露出させているか。

9-2　メイド・イン・ホンコン

●グローバル・シティの二極化構造

再び写真から。図9-2は，毎週日曜にフィリピン出身の家事労働者たちの「たまり場」が形成される中環駅近くのあるビルの軒下を撮影したものである。座り込む女性たちの頭上に「HSBC」の文字が掲げられているのが確認できるだろうか。この建物が世界有数の金融グループ，香港上海銀行（Hong Kong Shanghai Banking Corporation）の香港本店であることを示している。

イギリス人建築家ノーマン・フォスターの設計で，1985年に完成したガラス張りのポストモダン建築。近年周囲に林立した超高層ビル群に背丈の面では圧倒された格好ではあるものの，東アジアの貿易と金融の中心地としての香港の経済的威信を体現するランドマークであることに変わりはない。平日には一見して上等とわかるスーツに身を包んだ，一見ではどこの出身か判然としない多彩な容貌のビジネスパーソンたちが足早に出入りする。階上のオフィスでは世界経済の趨勢が占われているのだ。他方，日曜日には，閑散とした階上

図9-2　たまり場

サスキア・サッセン アルゼンチン出身の社会学者 (1949-)。コロンビア大学社会学部教授。都市社会学、移民研究が専門。代表的な著作に『労働と資本の国際移動』『グローバル・シティ』、近著に『グローバル資本主義と〈放逐〉の論理』がある。

のオフィスフロアとは対照的に，路上と連続した1階のオープンスペースに移民家事労働者が溢れかえる。平日と休日で一変するこの場所の風景には，今日の香港の都市内部に引かれた階級とジェンダー，国籍と「人種」をめぐる分断線の有り様が透けてみえる。

　この分断線をより際立たせるために，大規模な移民労働力の吸収を伴いながら進展するグローバル・シティの階級分化を考察した都市社会学者**サスキア・サッセン**の議論を参照したい（サッセン，2004；2008）。グローバル・シティとは，世界規模に拡大された経済ネットワークを中枢管理する結節点として発展した一群の大都市を指す。サッセンによれば，国際金融センターや多国籍企業の本社機能が集約されるこうした都市では，法律や会計，コンサルタントなどの高度な知識と技能を有する専門職・管理職が増加する一方，そうした高所得者層のライフスタイルや，都市インフラの整備に関わる分野で働く単純肉体労働者の膨大な需要が生じる。そして，その需要を満たすため，低賃金で働く移民労働力の積極的な導入が進み，結果として，同一の都市空間のなかで高所得者層と低所得者層の極端な分化が恒常化する，とサッセンは論じている。

●再生産労働の現場と女性移民

　この階級分化は，労働に関わるジェンダー分割の再編過程と絡まり合いながら進展している。低廉な移民労働力の吸収が特に顕著に起こるのが，「**再生産労働**」の現場だからである。多くのフェミニストが批判してきたように，これら再生産労働の大半は，家父長主義的イデオロギーの下，家庭内で女性が「家事」として無償で負担させられてきたものだ。そして再生産労働の一部が市場化された今日でも，ジェンダー間での労働の再配分を伴ってはいないという問題もある（ホテルのベッドメイクや，看護や介護に係るケア労働の現場，あるいは大学食堂の調理場で働くスタッフの不均衡なジェンダー・バランスを想起せよ）。つまり，再生産労働を「女

再生産労働 人間の生命活動を維持・活性化し，次世代を産出・育成するために必要な労働全般を意味する。具体的には，家庭空間で「家事」として行われる炊事や洗濯，掃除，育児や介護に関わる労働である。また，それらが家庭空間から市場にアウトソースされた業種である，飲食業，ホテル業，清掃業，クリーニング業，ケアサービス業の分野での労働も含められる。

の仕事」とする家父長主義は形を変えて温存され，それに関わる職種に就く女性労働者の賃金を低い水準に留めおくことにつながっている。かつてスチュアート・ホールが喝破したように，資本主義の論理は「（ジェンダーを含めた）差異を掘り崩すのではなく，差異を維持し，変容させる」ことで作動しているのだ（Hall, 1993：353）。要するに，一部の女性たちの家事労働からの解放といわゆる「社会進出」は，多くの場合，それらの労働を別の女性に「転嫁」することでしか成し遂げられていないのが現状なのである。

　香港で政策として実施されてきたように，他国の女性を移民家事労働者として受け入れ，香港家庭の内部の再生産労働の現場に直接的に配置する方法は，この「転嫁」の露骨な形態である。1970 年代以降，新興工業経済地域（NIEs）の一翼として急速な経済成長を遂げた香港では，慢性的な労働力不足への対応として，労働市場への現地女性の積極的な動員が進められてきた。また初期の経済発展を牽引した製造業の生産拠点が中国本土に移転され，経済の主軸がサービス産業にシフトされると，女性就業率の上昇には一層の拍車が掛かった。この過程で家庭空間から流出した香港女性に代わり，低賃金で「家事」を代行する人員として，大量の移民女性が受け入れられてきたのである。2016 年 10 月 1 日以降，移民家事労働者の法定最低賃金は，月 4,310 香港ドル（約 6 万円）に設定されている（Carvalho, 2016）。別途，住居と食費は提供されるが，フルタイムで働く香港人女性が数万香港ドルの月収を得ていることを考えれば，極めて低い賃金である（合田，2016）。それゆえ，少なくとも共働きの世帯収入があれば，移民家事労働者の雇用はそれほど大きな家計負担にはならず，実際，現在香港では，約 8 分の 1 の家庭で雇用されている（ユ，2015：15）。

　世界のなかで経済的に恵まれた国の都市の住民の家事を代行するために，貧しい国々の女性が故国で自身の家族と共に暮らす生活を断念し，親の生活費や子どもの学費を稼ぐために，異国で孤独な単身生活を送る。近年の移民研究の分野で**「再生産労働の国際分業」**として問題化される，このようなメカニズムを通じて，家父長主義に由来する家事や育児に関わるジェンダー不平等は，グローバルな規模で「再生

再生産労働の国際分業　先進国で急速に進展する女性の社会進出により，担い手がいなくなった家事労働を代行する労働力として，開発途上国出身の女性の移住が積極的に促進され，国境を越えた規模で再生産労働に関わるジェンダー不平等が維持されている構図を指す。近年の移民現象をジェンダーの視点から考察する際に不可欠な概念である。

産」され，ローカルな都市空間の内部には，国籍や「人種」と結びついた経済格差が存続する状況が生み出されているのである（伊藤, 2008；パレーニャス, 2002）。

9-3　占拠される香港都心

●公共空間につくられる「たまり場」

　日曜日は，このように香港の経済発展を裏側で支えつづける移民家事労働者が，表舞台に現れ出る日である。都心の公共空間の至るところが，さまざまな国籍の女性たちに「占拠」される光景が広がることになる。広場や公園はもちろん，繁華街の歩道橋や地下通路の隅，海外沿いのプロムナード，中環の繁華街と山手エリアをつなぐ屋外エスカレーターの屋根の下，香港島と九龍半島を結ぶフェリーの波止場，商業施設やオフィスビルのオープンスペースなどなど。備え付けのベンチや花壇の縁に横並びに座る少人数のグループもあれば，路上に敷きつめたマットやレジャーシートの上に大人数で車座になっているグループもあり，公園の芝生にそのまま寝そべるグループもある。場所によっては段ボールハウスを建てたり，目隠しの傘を並べたりして，より快適な空間づくりが行われている。

　なぜ，彼女たちの「たまり場」は，セントラルの公共空間に形成されるのだろうか。最も単純な回答は「他に場所がない」というものである。まず，香港で働く移民家事労働者には雇用主家庭での「住み込み」が義務付けられていることが重要である。そして悪名高い香港の住宅事情のなかで，家事労働者に専用の部屋が与えられないことは珍しくなく，多くの場合，リビングや台所，廊下，あるいはベビーシットを兼ねて子ども部屋で寝起きすることを求められている（Koh, 2009：17；Tillu, 2011：27-29）。そのため，雇用宅に仮住まいする彼女たちには，友人を家に招くという選択肢はない。いずれにせよ，職場でもある雇用主の家のなかに，休みの日にもいたいとは思わないだろう。「雇い主の家にいると悲しくなるから」，できるかぎり家の外に出るようにしている，とは『ガーディアン』紙の取材に答えた20代後半のフィリピン人女性の発言である（Moss, 2017）。とはいえ，限られた賃金から故郷に仕送りし，自身は慎ましやかに暮らす彼女たちにとって，レストランやカフェでの会合は多大なる出費となる。その点，公共空間で集まるのはタダである。

Chapter 09　グローバル化，移民，都市空間

セントラルは香港のどこからでも公共交通機関でアクセスしやすく，各所の家庭に散らばる仲間同士が集合する上で都合がよい。そこには故郷への仕送りのための送金センター，手紙や荷物を発送する郵便局，フィリピンやインドネシアの食料雑貨を扱う商店などの施設が集約されているため，「私用」を一挙に片付ける上でも便利である。日曜礼拝のための教会やモスクも中心部にしかない。それから観光エリアでもある中心部には，ネットカフェや無料の WiFi スポットが整備されていることも重要な点だ。彼女たちにとって休日の最大の楽しみのひとつが，故郷の家族とメールやビデオ通話で連絡を取り合うことであるからだ。

◉「たまり場」の固定性と空間の棲み分け

通りすがりの観光客などの目には，都心の公共空間が所構わず乱雑に占有されているように映るかもしれないが，彼女たちの「占拠」には，空間的に秩序づけられたパターンが存在する。まず同じグループは，毎週末，同じ地点に集合することを常としている。そのため，いつも隣同士になるグループとの間には，おのずと「近所付き合い」が生まれている。例えば，一時的にその場を離れる際には，そこに残していく私物の見張りを「お隣さん」に頼んでいく（Koh, 2009：45）。一時帰国する知人や友人の手を介して，故郷からの手紙や荷物が届けられることもあるという（Constable, 2007：167-168）。郵便番号こそ付されていないものの，彼女たちの「たまり場」は確固たる「住所」として成立しているわけだ。

また，移民家事労働者の「たまり場」が形成される地点には，国籍や宗教に沿った「棲み分け」がみられる（Constable, 2007：2；大橋, 1989：154）。例えば，フィリピン人女性は中環駅付近に集まり，皇后像広場やその向かいに建つ，上述の HSBC ビルの 1 階のオープンスペース，日曜は歩行者天国になる遮打道の道路脇などが，彼女たちが「たまり場」を形成する主要な地点となっている。一方，インドネシア人女性は，同じ香港島でも東側の銅鑼湾駅周辺に集まる傾向があり，なかでも維多利亞公園に多くの「たまり場」が形成される。また，インドやバングラディシュなどの南アジア系女性は，香港島対岸の九龍半島の尖沙咀駅周辺に集まっており，その近くにあるモスクの周囲は，国籍に関係な

く，ムスリム女性の姿が多くみられる。

　出身地域や使用する方言によって「棲み分け」はさらに細分化される。フィリピン・コミュニティで活動するカトリック神父ロベルト・レイエスによれば，中環駅付近のエリアのなかでも，イロカノ語を話す女性たちは遮打花園や皇后像広場，イロンゴ語やワライ語，セブアノ語の話者は大会堂近くのバス・ターミナル，ミンドロ島の出身者は郵政総局付近の歩道橋の下，リサール州出身者はスター・フェリーの埠頭，といった具合である（Tubeza, 2007）。

　そうした「たまり場」で行われる営みは実に多岐にわたる。郷土料理が詰まった弁当を囲んでのピクニック。トランプやビンゴなどの遊戯（ときに賭博であることもある）。本の貸出をするもの，ポータブルの映像機器で映画やテレビ番組を鑑賞するもの，楽器やダンスの練習に励むものもいる。あるいは身体を横たえ，誰の目も気にすることなくただただ眠り込む女性。手作りの衣服や小物を売る露天商，屋外で臨時のネイルサロンの営業，香港ドルと外国通貨の両替商など，「小商い」を行っている人びともいる。労働組合や支援団体による講習会やイベントが開催されている場所もある。高層ビルやショッピンモールが立ち並ぶ都心の只中にあたかも「移民街」が突如として立ち現れたような光景であり，実際，彼女たちが一時的につくる「街」は，「リトル・マニラ」や「リトル・ジャヴァ」などと通称されている。

9-4　「家から離れたホーム」

●雇用主の「家」での生活

　「休日のたまり場は，あなたたちとってどういう空間なのか」。筆者が投げかけたこの質問に，移民家事労働者の多くは，それを「home away from home」という言葉で表現した。「家のような安らぎを感じられる場所」という意味であるが，香港で移民家事労働者として暮らす彼女たちの境遇を踏まえたときに，この言葉が帯びる複雑さを強調するため，あえて逐語的に「家から離れたホーム」と訳しておきたい。

　前者の「家」が指すものは両義的である。第1に，それは香港における彼女たちの居住と労働の場である雇用主の住居を示している。筆者のインタビューに答えてくれた30代のあるフィリピン人女性は，「昼も夜も，四六時中，雇

用主の呼び出しに対応しないといけない」と，「家」にいる間の生活が，常に緊張を強いられ，安らぎを得られないものであると語った。実際，ほとんどの家事労働者が，雇用契約上の規定を大幅に越えた過剰労働を課せられており，国際人権団体アムネスティ・インターナショナルが刊行した報告書は，「住み込み」という労働形態が搾取の温床になっていると糾弾している（Amnesty International, 2013）。また，雇用主からの虐待や性的被害も深刻な問題なのだが，密室の犯行となる「家庭内暴力」は外部に露見しにくく，失職や報復を恐れた被害者が当局に通報しないケースも多い。

　直接的な搾取や暴力の被害にあっていなくとも，雇用主が課す厳格なルールや規律，その家庭の慣習や趣味趣向に則った生活を送らねばならないことが多大なストレスを生む。例えば，多くの家庭では長髪やメイクが禁止され，できるだけ簡素で地味な衣服を身につけるように要求される（あるフィリピン人女性はその服装を冗談交じりに「私のユニフォーム」と呼んだ）。また筆者が聞き取った幾人かは，「部屋に変な臭いがつく」という理由からキッチンで郷土料理を調理することを雇用主から禁止されていた。このように職場であり住居でもある雇用主の家庭空間で過ごす日々のなかでは，最低限の私的欲求さえ満たすことがままならない困難な生活を強いられているのである。さらに，多くの家庭では携帯電話やインターネットの使用が厳しく制限されており，友人や家族と自由に連絡を取ることもできないのである（Piocos, 2014）。

　それゆえ，平日の間に彼女たちが暮らす雇用主の「家」から離れたところに作られる「ホーム」は，日々の生活で制限された私的な欲求を充足し，雇用関係以外の社会的関係を再構築するために一時的に形成される空間とみなされる。

◉「ホーム」の形成過程

　「家から離れたホーム」という表現のなかの「家」には，第2の意味が込められている。ここでの「家」は，故郷に残してきた自宅と家族を指し，現在の自分がその場所から遠く離れてしまっている事実から生じる孤独と郷愁を含意している。筆者が聞き取ったある40代のフィリピン人女性は，息子の高校の卒業式の写真を誇らしげに見せながらも，その式に立ち会えなかったことを口惜しそうに語った。こうした事情から，香港の路上に一時的に創出される「ホー

ム」は，日々の労働で疲弊した心身だけでなく，故郷との隔絶に由来する喪失感を癒やす空間になっている。

　地理学者のブラントとドーウィングは，「ホーム」とは単純に存在する所与の空間ではなく，「居住と帰属の諸形式を創造し，理解する過程」であり，その過程は物理的な要素と想像的な要素の両方が必要となる，と書いている（Blunt & Dowing, 2006：23）。フィリピン人家事労働者を題材にしたスペイン人アーティスト，マリサ・ゴンザレスのドキュメンタリー作品『彼女たち，フィリピン女性（*Ellas Filipinas*）』は，こうした「ホーム」が物理的かつ想像的に創造されていく過程を見事に活写している。

　日曜朝にいつもの場所で合流した女性たちは，近隣の商店などから回収してきた段ボールの空箱を器用な手つきで繋ぎ合わせ，小屋を建てていく。その中に入るときにはきちんと「玄関」で靴を脱ぎ，内部の空間は皆で談笑するための「居間」として，あるいは身を横たえ眠り込むための「寝室」となる。段ボール小屋のような比較的しっかりとした構造物が建てられずとも，路上に敷かれた一枚の新聞紙や，目隠しのために広げられた一本の傘からでも「ホーム」はつくられる。あるいは単にいつものベンチに複数人で腰掛けるという身体的行為からでも。作中でゴンザレスのインタビューに応える一人の女性は，次のように語る。

　　　私たちは毎週日曜日に会うために特定の場所を設定してるの。それは「なわばり」みたいなもの。（略）そこに真っ直ぐ行って，いろんなものを集めて，いろんなことを話し合って，（略）たとえそれが，路上であっても，橋の上であっても，公園であっても，私たちはそこにホームの価値を持ち込んでいく。それらすべてがフィリピン人としての私たちの統一感に寄与するのよ（Gonzalez, 2010）。

　雇用主とのコミュニケーションに使われる英語ではなく仲間うちだけで通じ合える言語を用いた談笑や歌唱。郷里の家族からの手紙や写真を眺め，弁当箱に詰められた郷土の料理を，フィリピンの食習慣に従って「手づかみ」で食べること。仲間たちの誕生日パーティーを催し，郷里のカレンダーに則って祭日

を祝うこと。このような雇用主の家で過ごす平日の日々には行えない行為や儀礼の実践を通して，高層ビルに囲まれた都会の一隅に形成される「ホーム」は，故郷に残した自身の家族やコミュニティとの繋がりを回復する空間になるのだ。

カルチュラル・スタディーズの都市研究を牽引してきたレス・バックは，彼が愛読するイタロ・カルヴィーノの小説『見えない都市』の文言を引きながら，移民やマイノリティたちが現代都市の内部に作り出す，「目に見えず沈黙した数々の都市」に注意を払っていくことの重要性を説いている。バックによれば，それらは，「「何かになる」余地を与えてくれる場所，アイデンティティや，単一的で安定的に捉えられた自己のための場所ではなく，現代の都市生活という地獄の只中で，そこへの帰属を演じ，帰属を主張するための空間である」(Back, 2007：70)。本章で扱ってきたのは，まさしくこうした空間が，香港という都市の内部に立ち現れるさまである。香港の移民家事労働者たちは週に一度，香港都心の公共空間を「占拠」し，自分たちの「なわばり」を区画する。そして余暇，休息，宗教，文化活動などに関わるさまざまな行為や儀礼を通じて，そこに愛着と帰属を感じる「ホーム」が作り出される。この場所は，彼女たちがその街で余儀なくされている過酷な日常生活を生き抜くための一時的な根拠地となっているのである。

9-5 「ホーム」の居心地と「アウェイ」な心持ち

◉おもてなされる日本

本章でみてきた香港の事例を，海の向こうの異国で起こっている「他所事」とみなさないでもらいたい。「身近」な日常世界に関心を払うのが，カルチュラル・スタディーズの本領だとしばしば説明される。たしかにその通りである。しかしどこが，何が，誰にとって「身近」であるかは，それほど自明の所与ではない。また，「灯台下暗し」という言い回しがあるように，「身近」だと思われている領域ほど我々の注意力が鈍感になっていることもある。そのとき，他所の実情を知ることで，「身近」な世界ですでに進行している諸変化の兆候を改めて発見できたり，近い将来における我々の社会の姿を想像する手がかりが得られたりするのだ。

再生産領域における外国人労働力の導入は，現在の日本社会で加速度的に

進行している過程である。例えば政府は国家戦略特区に認定された地域で，家事代行サービスに従事する外国人労働者の入国と滞在を認める規制緩和を行い，東京，神奈川，大阪で試験的な事業展開が進められている（玉木, 2016）。また，すでに医療・介護の分野では，2008 年以来，インドネシア，フィリピン，ベトナムの 3 カ国から看護師・介護福祉士候補者を受け入れており，その数は 2016 年 9 月までに累計 3,800 人に達している（厚生労働省, 2017）。加えて，2016 年末には「**外国人研修・技能実習制度**」に介護人材を追加する関連法案が成立し，今後，日本の介護の現場で働くミャンマーなどのアジア諸国出身の労働者が，ますます増加していく見込みだ（金子, 2016；松川, 2016）。おそらく本書の読者の大部分は大学生だろうが，あなたの老後のケアを担うのが，あなたとは少し異なる肌の色をし，あなたとは少し異なるアクセントで日本語を操るスタッフであることは，極めて可能性の高い未来予想図なのだ。

より些細な日常のなかに変動の兆しを確認することもできるだろう。例えば都市圏のファミレスや居酒屋，コンビニで，「カタカナ」で書かれた名札をつけたスタッフに応対されることは，今どき珍しいことではないだろう。そして，そこで我々が手にとる弁当や惣菜の一部を，日系ブラジル人や中国人やフィリピン人の技能実習生が劣悪な労働環境で生産していることは，桐野夏生の『**OUT**』や篠田節子の『**ブラックボックス**』が描いているとおりだ（桐野, 1999；篠田, 2013）。労働人口の急激な減少と超高齢化にあえぐ現代日本に「再生産労働力」を自前で用意できる余力はない。我々の都市生活は，もはや外国人労働者による「おもてなし」に依存せねば，維持しえないのが現状なのだ。

外国人研修・技能実習制度 開発途上国の人材育成を名目上の目的とし，日本での技術や知識の習得のために，外国人に一定期間の在留と雇用を認める制度であるが，単純労働者の受け入れは行わないという建前の背後で，外国人労働力を安価に調達する「サイドドア」として運用されているケースが多い。近年，悪質な低賃金労働や人権侵害の問題が次々と露呈し，抜本的な制度の見直しが求められている。

『**OUT**』 桐野夏生が 1997 年に発表した犯罪小説。リストラ，借金，DV，老人介護とそれぞれ過酷な家庭事情を抱えながら，東京郊外の弁当工場で深夜のパート労働に従事する 4 人の主婦たちの生活が，ある殺人事件への関わりから変容していくさまが描かれる。バブル崩壊後の日本社会において低所得者層や日系ブラジル人労働者が置かれる日常のリアリティへの視線と洞察で高い評価を得た。

Chapter 09　グローバル化，移民，都市空間

●身近な都市空間の再想像

　こうした状況のなか，我々が住む都市の風景は確実に変貌しているはずなのだ。それは派手に人目を引く場面かもしれないし，注意しないと見過ごしてしまうほど，傍らにひっそりと存在するものかもしれない。さまざまな時間帯に同じ地点を何度も訪れてみることで違った風景が見えてくるかもしれない。本章の事例がそうであったように，平日と休日では（あるいは昼と夜では），全く異なる人びとによる全く異なる営みが展開されていることが大いにありうるからだ。

『ブラックボックス』　篠田節子が2013年に刊行した小説作品。最先端のサラダ工場やハイテク農場で働く従業員の目を通して，経済利益の追求と科学技術への過信から，安全性や就労環境が犠牲にされていく現代日本の食の現場の「闇」を描き出した社会派サスペンス。特に物語前半は，サラダ工場で雇用されるフィリピン人や中国出身の研修生の苛烈な労働実態に焦点が当てられている。

　自分が慣れ親しんでいる「身近」な場所が，別の国や地域からやってきた人びとの「居場所」にもなっている。この単純な事実から，「身近」な都市空間を再想像するきっかけが得られる。参考までに，筆者自身が生活圏で体験した一つの出来事を紹介したい。昨年のある冬の日の深夜，最寄駅から徒歩で家に帰る途中，何気なく立ち止まり，すでに明かりの消えた商店のショーウィンドーを覗いていると，通りすがりのイラン人男性（というのは後でわかったことだが）に呼び止められた。道でも聞かれるのかと思いきや，逆に「迷ってないですか」と日本語で尋ねられる。内心「失敬だな」と少し苛立ちを感じつつも，近所の住民だから大丈夫だと答えると，「私は30年住んでますが，いいところですね」と。しばらく立ち話をした後の別れ際，彼は近隣の外国人住民が公民館で開くというクリスマス会のビラをくれた。「ホーム・パーティみたいな雰囲気ですが，誰でも参加歓迎ですから」と言い添えて。要するに，この界隈では彼の方が遥かに古株で，彼の「ホームタウン」に最近越してきた新参の筆者が，ホテルへの帰り道がわからなくなった観光客にみえても不思議ではなかったのだ，と反省させられたという話である。

　自分にとっての「身近」の場所が，別の国や地域の出身者たちの「ホーム」である事実に，妙な居住まいの悪さを感じてしまうことがあるかもしれない。このいわば「アウェイ感」に横柄な態度や乱暴な言動でしか応答できない人びとと

出会い，別の息苦しさを覚えることもあるかもしれない。そのような自身の情動的な反応は大切にしてほしい。そんな感情や心情の揺れ動きから，「身近」な日常を再想像するヒントが得られるかもしれないからだ（筆者が近所の見方を改めたように）。足を動かしながら，心を動かされる。近所を徘徊しながら，視野を更新する。そうした反復運動のなかで，「ホーム」と「アウェイ」の併存と重なり合いが織り成す複雑な現代都市の地図が，あなたにもきっとみえてくるはずだ。

チェックポイント

☐ グローバル・シティの二極化構造とはどういう現象か。
☐ 香港で暮らす移民家事労働者は，なぜ日曜日に都心に「たまり場」を形成するのか。
☐ そうした「たまり場」に，彼女たちにどのような特別な意味を付与しているのか。

ディスカッションテーマ

①一部の先進国（地域）の都市生活を維持・再生産するために，他国から低廉な賃金で働く労働者が積極的に呼び込まれている背景と問題点について話し合ってみよう。
②本章で論じられている香港の事例と類似するような，日本社会で進展している諸現象について，話し合ってみよう。

レポート課題集

①あなたの「身近」な生活環境を観察し，そこにどのようなグローバル化や多文化化の兆候がみられるかを考察しなさい。
②移民やマイノリティの営みが，都市の風景や特定の場所の意味を変容させている事例を探索してみなさい。

関連文献リスト

五十嵐泰正［編］(2010)．越境する労働と〈移民〉　大月書店
伊藤るり・足立眞理子［編］(2008)．国際移動と〈連鎖するジェンダー〉―再生産領域のグローバル化　作品社
サッセン, S.／伊豫谷登士翁［監訳］大井由紀・髙橋華生子［訳］(2008)．グローバル・シティ―ニューヨーク・ロンドン・東京から世界を読む　筑摩書房
Constable, N. (2007). *Maid to order in Hong Kong: Stories of migrant workers* (2nd ed.). Ithaca; London: Cornell University Press.

Chapter 09　グローバル化，移民，都市空間

【参考・引用文献】

五十嵐泰正（2010）．「越境する労働」の見取り図　五十嵐泰正［編］　越境する労働と〈移民〉　大月書店，pp.11–50.

伊藤るり（2008）．　再生産労働の国際移転とジェンダー秩序の再編―香港の移住家事労働者導入政策を事例として　伊藤るり・足立眞理子［編］　国際移動と〈連鎖するジェンダー〉―再生産領域のグローバル化　作品社，pp.21–46.

大橋健一（1989）．都市流入者と「たまり場」―香港におけるフィリピン人を例として　生活学一九九〇，144–167.

小ヶ谷千穂（2001）．国際労働移動とジェンダー―アジアにおける移住家事労働者の組織活動をめぐって　梶田孝道［編］　国際化とアイデンティティ　ミネルヴァ書房，pp.121–147.

金子元希（2016）．「介護，外国人受け入れ拡大へ　法案，今国会成立の見通し」　朝日新聞（Web 版 2016 年 11 月 18 日 ）〈http://www.asahi.com/articles/ASJCL2QHGJCLUBQU005.html?iref=pc_extlink（2017 年 5 月 31 日確認）〉

桐野夏生（1997）．OUT　講談社

厚生労働省（2017）．「インドネシア，フィリピン及びベトナムからの外国人看護師・介護福祉士候補者の受入れについて」〈http://www.mhlw.go.jp/stf/seisakunitsuite/bunya/koyou_roudou/koyou/gaikokujin/other22/index.html（2017 年 5 月 31 日確認）〉

合田美穂（2016）．「香港における外国人家事労働者の問題と今後」〈http://www.tkfd.or.jp/research/china/a20008（2017 年 5 月 31 日確認）〉

サッセン, S.／伊豫谷登士翁［監訳］大井由紀・高橋華生子［訳］（2008）．　グローバル・シティ―ニューヨーク・ロンドン・東京から世界を読む　筑摩書房（Sassen, S.（1998）. *The global city : New York, London, Tokyo.* Princeton, NJ: Princeton University Press）

サッセン, S.／田淵太一・原田太津男・尹　春志［訳］（2004）．　グローバル空間の政治経済学―都市・移民・情報化　岩波書店（Sassen, S.（1998）. *Globalization and its discontents.* New York：New Press）

篠田節子（2013）．ブラックボックス　朝日新聞出版

玉木太郎（2016）．「外国人による家事代行，特区の大阪市・神奈川県で準備」　朝日新聞（Web 版 2016 年 9 月 25 日 ）〈http://www.asahi.com/articles/ASJ9541RNJ95PTIL00X.html（2017 年 5 月 31 日確認）〉

パレーニャス, R. S.／小ヶ谷千穂［訳］（2002）．グローバリゼーションの使用人（サーバント）―ケア労働の国際的移転　現代思想，30(6), 158–181.

松川希実（2016）．「介護人材，日本へ送り出す」朝日新聞（2016 年 12 月 27 日夕刊）

ユ, イブ・ビュイ（2015）．移住家事労働者受け入れ国の声　香港の移民家事労働者―その背景と主な問題　女たちの 21 世紀，83, 15–17.

Amnesty International.（2013）. *Exploited for profit, failed by governments: Indonesian migrant domestic workers trafficked to Hong Kong.*〈https://www.amnesty.org/en/documents/ASA17/029/2013/en/（2017 年 5 月 31 日確認）〉

Back, L.（2007）. *The art of listening.* Oxford: Berg.（バック, L.／有元　健［訳］（2014）. 耳を傾ける技術　せりか書房）

Blunt, A., & Dowling, R.（2006）. *Home（Key ideas in geography）.* London; New York: Routledge.

Carvalho, R.（2016）. Minimum wage for Hong Kong's domestic workers to rise 2.4 per cent to HK\$4,310, but union say level is 'not liveable.' *South China Morning Post*（Online），（30 September 2016）〈http://www.scmp.com/news/hong-kong/economy/article/2024069/minimum-wage-hong-kongs-domestic-workers-rise-24-cent-hk4310（2017 年 5 月 31 日確認）〉

Constable, N.（2007）. *Maid to order in Hong Kong: Stories of migrant workers*（2nd ed.）. Ithaca; London: Cornell University Press.

Gonzalez, M.（2012）. Female（open）space invaders. In D. Naik, & T. Oldfield（Eds.）, *Critical cities: Ideas, knowledge and agitation from emerging urbanists*, Vol.3, London: Mrydle Court

Press, pp.124–149.

Gonzalez, M.（2010）. *Ellas Filipinas*. Spain: Marisa Gonzalez.

Hall, S.（1993）. Culture, community, nation. *Cultural Studies*, **7**(3), 349–363.

HK-SAR Government（2016a）. *Annual report 2015*. Immigration Department〈http://www. immd.gov.hk/publications/a_report_2015/en/ch1.html（2017 年 5 月 31 日確認）〉

HK-SAR Government（2016b）. *Foreign domestic helpers by nationality and sex*. Census and Statistics Department.〈http://www.censtatd.gov.hk/FileManager/EN/Content_1149/ T04_48.xls（2017 年 5 月 31 日確認）〉

Koh, C.（2009）. *The use of public space by foreign female domestic worker in Hong Kong, Singapore and Lula Lumpur*（Unpublished master's thesis）. Massachusetts Institute of Technology, MA.

Levine, J.（2013）. Survey reveals extent of abuse of foreign maids in Hong Kong. *South China Morning Post*（Online）,（4 August 2013）.〈http://www.scmp.com/news/hong-kong/ article/1294210/survey-reveals-extent-abuse-foreign-maids-hong-kong?page=all（2017 年 5 月 31 日確認）〉

Moss, E-L.（2017）. That one day is all you have: How Hong Kong's workers seized Sunday. *Guardian*（Online）,（10 March 2017）.〈https://www.theguardian.com/cities/2017/mar/10/ sunday-sit-in-inside-hong-kong-weekly-domestic-worker-resistance（2015 年 12 月 14 日確認）〉

Picos, C.（2014）. *Home away from home: Reinscribing liminal homes and claiming transitory belongingness in public spaces among Filipina domestic workers in Hong Kong*.〈http:// www.carlospiocos.com/essays/home-away-from-home-reinscribing-liminal-homes-and- claiming-transitory-belongingness-in-public-spaces-among-filipina-domestic-workers-in-hong- kong/（2015 年 12 月 14 日確認）〉

The Economist（2014）. Hong Kong's domestic helpers: The other occupy central. *The Economist*（Online）,（14 November 2014）〈http://www.economist.com/blogs/ analects/2014/11/hong-kongs-domestic-helpers（2017 年 5 月 31 日確認）〉

Tillu, S. S.（2011）. *Spatial empowerment: The appropriation of public spaces by Filipina domestic workers in Hong Kong*（Unpublished master's thesis）. Massachusetts Institute of Technology, MA.

Tubeza, P.（2007）. OFWs fight for open Sunday spaces in Hong Kong, Inquirer,（23 October 2007）〈http://globalnation.inquirer.net/features/features/view_article.php? article_id=96204（2015 年 12 月 14 日確認）〉

Chapter 10

ヤンキー文化，郊外，排除と包摂
ハマータウンの野郎どもはどこへ行ったのか

川端浩平

> 学びのポイント
> ● グローバルな時空間に位置づけながら地域社会の現状を捉える。
> ● 「消え去った」逸脱文化を振り返ることによって，社会構造の変化を捉える。
> ● 身近な世界において見え難くなっている「他者」をめぐる想像力を鍛える。

10-1 盗んだバイクで走り出す！？

● 1970年代の不良文化の若者たち

「おれはごめんだね，おれはおれのままが一番さ」（ウィリス，1996：391）。ポール・ウィリスのエスノグラフィ『ハマータウンの野郎ども』に登場するジョウイの台詞である。舞台は，1970年代中葉のイギリス工業都市バーミンガムの新制中等学校（secondary modern school）で，ウィリスは卒業を間近に控えていた彼らにインタビューを行っていた。ジョウイは，ウィリスが主要調査の対象とした学業に背を向けた労働者階級出身者12名の若者のうちの一人である。

筆者であるウィリスは，なぜ彼らが学校や教育制度に反抗する文化を営みつ

図10-1 岡山出身のホームレスの若者たちにとって居場所だった河川敷からの風景（撮影者：中村智道）

つも，労働者階級を下位の文化へと押し込める支配的文化や規範といったものを内面化していくことによって労働者階級とその文化の再生産が達成されるのかを明らかにしている。ここで冒頭のジョウイの放った印象的な台詞に立ち返ってみよう。ウィリスのインタビューに対してジョウイの不良仲間たちは，支配的な文化を象徴する身近な優等生的存在である「耳たぶっ子」（lobes）を揶揄する一方で，自分たちのような不良が世の中を支配すると「無茶苦茶」になると自嘲したのだった。その諦念の込められた仲間たちの反応に対してジョウイは，自分たちのやり方次第でどうにでもなるという主張をした。このジョウイの発言に対してウィリスは，そこまでいうのであるならば自らが「耳たぶっ子」になれば良いではないか，という挑発的な質問を投げかけたのだ。本章ではいわゆるヤンキー文化の変遷なるものを追いつつ，この――おれはおれのまま――という言葉に秘められた意味を探ってみよう。

　舞台は変わって，1980 年代初頭の京都。**抵抗文化**を営みつつも**支配的な文化**に包摂されることを予期し，「自己責任」を強調するジョウイの保守性は，佐藤郁哉の『暴走族のエスノグラフィー』に登場する京都の暴走族のメンバーの語りにもどこか通じている。「ハタチ過ぎて，イチビって暴走（はし）ってたりしたら，アホに見えるやんか」（佐藤，1984：275）。佐藤は，日本の暴走族文化は，比較的良好な経済状態と豊富な労働市場と，彼らを強く取り締まる警察権力という文脈のなかで存在しているのであり，彼らの抵抗の言葉やその論理が類型的かつ保守的であることを指摘し，「釈迦の掌の上の悟空の反抗のようなもの」であると指摘した（佐藤，1984：276）。

抵抗文化と支配的文化　抵抗文化（カウンター・カルチャー）とは狭義には 1970 年前後にみられたヒッピー文化やロック音楽などを通じて政治的体制やそれが生み出す支配的文化に対抗して営まれる文化である。現代でもポピュラーカルチャーからサブカルチャーの領域においてその要素は引き継がれているといえるだろう。
排除と包摂のメカニズム　近代社会において排除と包摂は二項対立的な概念として捉えるよりも，たとえばいじめ問題などに象徴的なように排除から逃れるための手段としてのある集団への帰属＝包摂が排除を生み出すといったような相互補完性をも理解しておく必要がある。

　1970 年代中葉から 1980 年代初頭にかけてのこの二つの物語には，不良少年の社会への抵抗と適応という両義的な要素が描き出されている。すなわち，支配的な文化による**排除と包摂のメカニズム**の存在が浮き彫りになっているのだ。ただし，このような不良少年のイメージや社会的な逸脱は，後述するように現代社会においてはリアリティがないようだ。

Chapter10 ヤンキー文化, 郊外, 排除と包摂

●ヤンキー文化論

1980年代に日本で流行った尾崎豊の『十五の夜』(1983年) に描かれているような「盗んだバイクで走り出す」という抵抗の手法はどこか懐かしささえ帯びている。ただし, それにもかかわらずヤンキー的なるものへの注目は高く, 彼らの消滅やそのリバイバルを指摘するテキストも数多く出ている (土井, 2003; 五十嵐, 2009; 難波, 2009)。また, 日本の政治的リーダーの言動に垣間見られる「気合主義」を日本社会全般におけるヤンキー主義の蔓延とするような指摘もある (斉藤, 2014)。つまり, かつてのヤンキーは消滅したものの, 新しいタイプのヤンキー的な文化が営まれているというのだ。

大手広告代理店で若者へのマーケティングや商品開発に携わる原田曜平によれば, 1970年代に日本社会で広まったヤンキーファッションを身にまとった人びとは「絶滅危惧種」となっているという。たしかに, 北関東の地方都市を舞台とした『下妻物語』(2004) に登場するヤンキー (土屋アンナ) は, もう一人の主人公であるゴスロリ趣味の女子高生 (深田恭子) と同様に, **ジャスコ城下町**となった郊外では異質なものとして描き出されている。原田のマーケティング的分析によれば, そのような「絶滅危惧種」となっている昔ながらの「残存ヤンキー」と暴走族には憧れることはなく, 小・中学校の仲間たちとの関係性を永続させている「地元族」たちを含めて「マイルドヤンキー」とでもよべる人びとが登場しているのだという。

マイルドヤンキーは, 5キロ四方の範囲である地元でかつての同級生たちと共に生きることを最も重視し, 海外や都市で働きたい, 生活したい, といった類の上昇志向はもっていない人びとであるとされる。原田とともにインタビュー調査に同行していた40代なかばのバブル世代の男性は, 兵庫県高砂市に住む25歳の男性に海外や東京には行きたくないかという質問を重ねた挙句に, それでは大阪には行きたくないかと

図10-2 『下妻物語』DVD
(東宝, 2004年)

ジャスコ城下町 筆者の造語。かつて一つおよび少数の製造業を営む企業を中心とした産業が集積した地域は企業城下町と呼ばれたが, 産業構造の転換を経た現代の文脈に置き換えて名づけたものである。

図 10-3 『ビー・バップ・ハイスクール』DVD
（東映，1985 年）と『ろくでなし BLUES』第 21 巻
（集英社，1991 年）

聞いたところ次のように答えたのだという。「いや，だから僕，兵庫県の人間なんで，どうして大阪に行く必要があるんですか？」（原田，2014：39）。もう一方で彼らは，『ビー・バップ・ハイスクール』や『ろくでなし BLUES』といった，1980 年代 –1990 年代に流行ったマンガや映画に描かれていたヤンキー文化にはまったくリアリティを感じない。そう，「盗んだバイクで走り出す」と警察に捕まっちゃうだけでしょ，というわけだ。

　ハマータウンのジョウイと高砂市の男性のあいだには，ヤンキー文化あるいは若者の逸脱文化に共通する保守主義——自分は今のままで良い——を確認することができるだろう。とするならば，ヤンキー文化の根底に流れるエッセンスは継承されているといえるのかもしれない。だけれども，両者のあいだには大きな断絶があることも見逃せないだろう。それは，両者の営む抵抗文化の本質的な違いによるものよりは，社会がヤンキーやその文化に向ける眼差しそのものが大きく変化していることに起因している。本章の主題でもある〈ハマータウンの野郎ども〉はどこへ行ったのかという問いの意味を深めていくために，さしあたり，ヤンキーをとりまく社会経済的状況と地域社会の変容を念頭において，今日のヤンキー文化なるものについて考えるところを出発点にしてみよう。

10-2　魂の労働

●ヤンキー VS 新自由主義

　一つは，彼らを取り巻く社会経済的な状況の変化だろう。ハマータウンの物語は，バーミンガムという工業都市労働者周辺の文化を描いたものである。そして，その子弟たちもまた巨大企業や多国籍企業の大工場で働くことが運命づけられているのであり，若者たちの抵抗文化は労働者の規律へと連なることによって包摂されていくことになるのである。しかし，グローバル化と産

業構造の転換，さらには**新自由主義**的な潮流により，そのような大工場に象徴される製造業の拠点は，より賃金の廉価な海外へと流出し，正規雇用から非正規雇用に代表されるような流動的な雇用の割合が大幅に高まっている。このような歴史的展開をめぐる物語は，旧西側諸国においてある程度は共通したものであるといえるだろう。アメリカのロック・ミュージシャンである**ブルース・スプリングスティーン**は，〈My hometown〉(1984)で彼の出身地であるニュージャージ州の工業都市の凋落を歌った。商店の集まったストリートはシャッター通りと化し，町から出ていった仕事がもう戻ってくることはない。また筆者自身の個人的な経験となるが，1990年代初頭にミシガン州フリント近郊の田舎町に留学した際には，そのような雇用の喪失から格差や貧困が生まれたのを目の当たりにするとともに，ジャパン・バッシングに代表されるような排外主義の高まりを日常生活の中でも強く感じたものだった。

テレビのCMでは，地元のカーディラーが Don't buy no Japanese car!——日本車を買うな！——と繰り返し絶叫していたことを鮮明に覚えている。また，同じハイスクールに通う学生からは，「お前たち日本人のせいでオレの親父は仕事がなくなったんだ」と言われたこともある。まるで，**マイケル・ムーア**の『*Roger & Me*』(1989)に描か

新自由主義 1980年代前後の先進資本主義諸国において福祉国家の危機が認識されるなかで台頭した，市場万能主義的な自由主義を総称する概念。

ブルース・スプリングスティーン 1949年生れ。アメリカ東部ニュージャージ州出身のロック・ミュージシャン。ちなみに尾崎豊の音楽に強い影響を与えたことでも知られている。

図 10-4 〈My Hometown〉
(Columbia, 1984年)

図 10-5 『Roger & Me』DVD
(Warner, 1989年)

マイケル・ムーア 1954年生れ。アメリカ中西部ミシガン州出身の映像ドキュメンタリー作家。『ボーリング・フォー・コロンバイン』など，彼の出身地であるミシガン州フリントやそこで生活する人びとを題材にしたものも多い。

れているような世界がそこには広がっていた。同ドキュメンタリー作品に描かれているのは，GM 発祥の地であるフリントの工場閉鎖とそこで働いていた人びとの苦難である。その一つのエピソードとしては，かつては GM の工場で働いていた労働者たちの再就職先として地元のファストフード店で働いてもらうという試みがなされたのだが，ほとんどの労働者たちが，**マクドナルド化**されたファストフード店での仕事のスピードに適応できないというものだった。

●感情労働

今日の日本の若者たちが置かれた教育と雇用をめぐる環境も同じような状況である。つまり，かつてのような逸脱行為から規範化へという流れにおいて労働市場に包摂されるといいえど正規雇用の大工場の労働者になるという安定した物語は消失した。その代わりに若者たちは，将来的には携帯電話ショップや居酒屋といった不安定なサービス業に就くことを予感しているだろう。「スマイル 0 円」に象徴される「感情労働」をともなう将来像をそれこそ地元の先輩から伝え聞くとするならば，暴走族や喧嘩に明け暮れることで力を示すことにリアリティは感じられないだろう。

なぜならば，そこで学ぶ先輩／後輩といったタテの関係や規範といった文化が将来の職場において役立つようには感じられないからだ。感情労働とは，肉体や精神の労働に加えて感情の管理をも要請される労働であり，そもそもはフライト・アテンダントの労働の研究から編み出された概念であるが（ホックシールド，2000），ここでは広くサービス業において顧客対応等への要請にともなった感情の管理としてみよう。つまり，将来の感情労働のマネジメントの必要性について薄らわかっている今日の若者は，「マイルド」にならざるをえず，盗んだバイクで走り出している場合ではないのだ。渋谷望は，生産社会から脱工業社会という転換におけるこれらの労働を「魂の労働」と名づけ，感情労働者を新しいタイプの階級の出現ではないかという見通しをつけている（渋谷，2003：40-43）。

マクドナルド化 マクドナルド化とは，同社の経営理念を支える諸原理が他の業種や国々で影響を与えていく過程のこと。ジョージ・リッツアが提起した概念。

そしてまた，原田のマーケティング分析に象徴的なように，彼らはもはやワーキングクラス予備軍としての労働者としてでは

なく，潜在的に「優良」な消費者としてのみ眼差されているのである。つまり，ヤンキーから労働者へというかつてのモデルが存在しないとするならば，マイルドヤンキーたちは半永久的に消費過多のヤンキーあるいは社会的に逸脱した存在（一人前でない）であり続けなければならないということだろうか。あるいは，ジョック・ヤングの概念を借りれば，消費社会に「過剰包摂」されているといえるだろうか（ヤング，2008：56）。ヤングの議論に沿って今日のマイルドヤンキーをめぐる状況を整理してみると，過剰なまでに消費社会に包摂されているにもかかわらず，そうした商品の創造・生産過程からは排除されているという憂鬱な将来像が浮かびあがってくる。

10-3　環境管理の果てに

◉ファスト風土化？

　もう一つは，彼らが自分たちの逸脱性を表現する地域社会やストリートの変化である。盗んだバイクで走り出さないのにはもう一つの理由がある。それは，警察権力による暴走族の取り締まりの強化であり，1990年代後半から00（ゼロ）年代にかけての暴走族追放条例の制定や後述する割れ窓理論の導入などにより都市空間のセキュリティ管理が高まったからである。このような都市空間のセキュリティ化において重視されるのは，ヤンキーたちを取り締まり更生させることが目的ではなく，そもそもヤンキーなどが生じるような環境そのものを徹底的に管理することにある。もう一方でそれは，グローバル基準を踏まえつつ地域社会の魅力を高めることを目的とした「安心・安全」な環境づくりでもある。そのような良い地域イメージの構築や発信はまた，脱工業社会における都市と郊外が混然一体となった地域社会における戦略であるといえるだろう。

　1990年代からの規制緩和，さらには2000年の**大規模小売店舗立地法**の廃止にともない，都市郊外のロードサイドには，イオン・ショッピングモールに象徴されるような均質化した風景が広がっていった。三浦展はそれを「ファスト風土化」と批判的な観点から名づけた（三浦，2004）。つまり，地域社会の伝統的風土や歴史・社会性といったものがまったく感じられない，均質化＝グローバル基準化さ

> **大規模小売店舗立地法**　スーパーマーケットなどの大型店舗の出店に対して地元商店街や小売店を保護する観点から規制する法律で1973年に制定された。ただし，1990年代以降に規制が緩和され2000年には廃止となった。

図 10-6　ファスト風土化と呼ばれる風景[1]

れた味気のない風景であるということだ。もう一方で，郊外に消費者が移動することにより，都市部のかつての中心市街地はシャッター通り化して衰退していることが指摘された。実際に，このような現状を地域の固有性の喪失として対抗的に捉えつつ，中心市街地を再活性化するためのまちづくりや再開発が進められていった。ただしこちらもまた，苦し紛れに地域固有のキャラクターや特産物といったイコンによってブランド化されているものの，規制緩和に乗じて高層マンションや商業施設が林立するグローバルな風景を形成していったのだった。

　地域社会という言葉は，都市／地方の非対称性という二項対立を地方の側から問い直すために 1970 年代になって新たな意味を込めて使われるようになった。脱工業社会への転換にともない第二次産業から第三次産業中心へと徐々にシフトしていくなかでその構造は温存されつつも，そこに都市／郊外という新たな二項対立軸が設定されるようになったといえるだろう。ただし，郊外で生まれた文化もまた都心部へと回帰していることが指摘されているように（北田・東, 2007：205-207），後者の二項対立軸が実態を反映したものかどうかは怪しい。また，一括りに郊外＝非伝統的＝均質という捉え方もかなり大雑把な認識だ。若い世代（郊外第二世代）から捉えるならば，郊外やファスト風土化と呼ばれる消費社会的環境においては，多様なリアリティや消費のあり方がそこには存在しているという指摘もある（近森・工藤, 2013：6-9）。

---

1) 左側の写真の出典：日本のフランチャイズ店　Author 松岡明芳〈https://commons.wikimedia.org/wiki/File:Franchising(Fujio_food_system,ccc,YELLOW_HAT_LLC,Seria,McDonald%27s_Company_(Japan)_,Ltd.P8148155.JPG（2017 年 8 月 28 日確認）〉（CC BY-SA 3.0）。

Chapter10　ヤンキー文化，郊外，排除と包摂

◉マイルドヤンキー？

　このようないわばファスト風土化された郊外という舞台における消費者像としてのマイルドヤンキーのイメージもまた，実態を捉えたものなのだろうか。少なくとも，消費という媒介を通して立ち現れる彼らのイメージは極めて限定的なものであることは間違いないだろう。たとえば阿部真大は，岡山の中山間地で生活する若者の調査を通じて，地方都市は「ほどほどパラダイス」であると論じている（阿部, 2013：32）。この「ほどほど」に込められた意味を，筆者とともにやはり岡山の地方 X 大学の卒業生の追跡調査をした轡田竜蔵は次のように指摘する。「調査結果から見えてきたのは，決して明るくない自分の将来展望を語りながら，それでもなお「地元生活」がもたらすささやかな包摂の感覚によって，ぎりぎりのところで自らの存在を支えている当事者のリアリティである」（轡田, 2011：209）。

　とするならば，消費者像としてのマイルドヤンキーには「ぎりぎり」な側面があるということ，つまりなぜ私たちは彼らの他者性というものには目が向かないのか，という問いが導かれる。このことを考えていくうえで，均質空間としての郊外からやはり同じような様相を帯びている都市へと目を向けてみることにしよう。

◉グローバル化するセキュリティのデザイン

　00 年代以降，都市・中心市街地における文化の管理もまた均質化したものとなっている。2001 年に札幌中央署が採用してから全国各地に割れ窓理論（broken windows theory）なるものが広がっている。これは，心理学者であるフィリップ・ジンバルドが提唱し，ジョージ・ケリングらによって 1982 年に犯罪社会学の理論として定式化されたものだ。そして 1990 年代後半にはアメリカのシンクタンクであるマンハッタン・インスティテュートによる広報，さらには NY の治安回復に資したという評判から，グローバルに流行したのだった（ヴァカン, 2008：8-18）。

　その理論とは，割れた窓を放置するような小さな犯罪を見過ごすことが大きな犯罪の呼び水になるゆえに，軽犯罪をとりまく環境の取締りに重点を置くというものである（Zimbardo, 1969；Kelling & Wilson, 1982）。つまり，軽犯罪者予

備軍を徹底的に取り締まる必要があるというわけだ。00年代半ば以降に急増したボランティア・パトロールや安心安全のとりくみなどは、まさにその市民による実践であるとともに、警察の仕事をボランティアにアウトソースするという新自由主義の時代を象徴するものでもある。2002年に東京都千代田区が路上喫煙の禁止条例を制定してから同様の動きが全国の中心市街地に広がっているが、こちらも健康増進法という健康の自己責任化／医療福祉の縮小というパラレルな流れである。

　もう一方で、割れ窓理論には、犯罪がなぜ起きるのか、あるいは犯罪者の背景にはどのような社会的背景があるのかということに注目するのでなく、犯罪が起きる「場所」を管理するという狙いがある（小宮, 2005：4）。つまり、逸脱行為に対する社会的な関心や眼差しそのものが、ヤンキーといった人から場所を取り巻くリスク管理的な環境デザインのようなものへと変わったのである。そうなれば、彼らの歴史社会的背景はどうでもよいこととなるし、むしろ消費者としての存在感くらいしか残らないということになってしまうのだろう。

◉ヤンキーとは誰か？

　だけれども、そもそもヤンキーって誰のことだろうか？　ここでは、アメリカと戦後日本というヤンキーについて考えるうえでは欠かせない文脈はひとまず置いておき、1970年代以降の不良文化＝ヤンキーという意味に限定して考えてみたい。ヤンキーという言葉の使用で忘れられない個人的な思い出がある。筆者が帰省した際に高校時代の同級生と遊んでいたときのことである。筆者は幼なじみの友人にコンビニまで迎えにきてもらった。車高の低い高級車のセダンで現れた筆者の幼なじみを一目見るとその同級生は「なんかヤンキー……」とボソッと言った。そしてその夜、筆者はその友人の車でドライブに出かけたのだが、あるコンビニに屯している若者たちを見た友人は「ヤンキーがおるが」と言い放ったのだった。

　ここで主張したいのは、ヤンキーというのは相対的な概念であるとともに、その自己／他者の境界性の曖昧さである。そのように捉え返してみると、ヤンキーとは他人のことのようで自分のことを示しているようにも感じられないだろうか。そしてそのヤンキー的なものが限りなく不可視化されているとするな

らば，それは他者とともに自己を含む何か＝固有性もまた不可視化されている
ということになるだろう。ちょうど，都市／郊外という地元意識に支えられた
二項対立軸から生み出された双方の風景がやはり残念なくらいに均質かつ息苦
しいように。かつて私たちはヤンキーを通して社会問題の存在を学んだ。彼ら
はまさに社会問題を映し出す鏡だった。そしてまた，そこにはその鏡を覗き込
む自分がたしかにいたはずである。

　つまり，私たちが失ったと感じているヤンキー像は私たち自身のヤンキー性
であり，環境管理がより厳しくなった都市空間において息苦しさを感じている
自己に他ならない。そしてそのような自己のヤンキー性＝マイナーな側面こそ
が，「他者」とともに辛うじて共有することが可能な固有なるものに他ならない。
私たちは身近な世界で「他者性」を感じることがとても難しくなってきている。
そんな今，私たちはどこに目を向ければ，あるいは何に耳を傾ければ，自己／
他者のつながりをめぐってこの社会について再想像していくことができるのだ
ろうか。

10-4　ヤンキーから排外主義へ

●グローバル化される地方都市

　筆者が高校時代まで過ごした岡山の商店街には排除系ベンチと呼ばれるもの
が存在している。これは岡山に限られたものではなく，全国の中心市街地でそ
のようなベンチを発見することができるだろう。排除系ベンチとはそもそもマ
クドナルドのようなファストフード店にある硬い椅子のように消費者が長時間
滞在することを拒否するようなデザインに起因しているといわれている（五十
嵐，2004：68-70）。それは，割れ窓理論によっても推奨されているような環境管
理のあり方であり，そのベンチを利用する人びとは市民というよりは消費者と
して設定されていることを想起することができるだろう。

　筆者がこの排除系ベンチの存在に気づくようになったのは，2003年に岡山ガー
ディアンズという防犯パトロールのボランティアの参与観察を行ってからの
ことである。都市の「安心安全」という観点からのまちづくりにおいては，自
転車の二人乗りや信号無視，夜中に屯する不良少年への声かけなどの軽犯罪の
取締りが主な仕事なのだが，彼らが最も頭を悩ませていたことの一つがホーム

ジェントリフィケーション 日本語に訳すると高級化を意味する。退廃した都市中心部を取り巻く周辺地帯再生のための地域再開発。退廃を象徴する文化や人びととはさまざまな力学によって一掃されることになる。
ホームレス自立支援法 正式名称は，ホームレスの自立の支援等に関する特別措置法。2002年に10年間の限時法として制定され，その後も5年間（2017年まで）延長されている。

レスの存在であった。メンバーたちに聞き取りを行ったが，みな，誰かを排除するということに関してはかなり気を配っていた。おそらくそこに，「他者」の存在を感じ取ったのであり，そのことに気づいている自分が確認されているからだろう。実際にメンバーの一人であるサンジ（本名ではなくストリートネームを使用している）は，ホームレスの中年男性と行方不明となった自分の父親の姿がダブるのだと切なそうに語った。

しかしながら，メンバーのそのような繊細な思いとは裏腹に，割れ窓理論に裏づけられた岡山ガーディアンズの活動は，ホームレスの人びとを中心市街地から追いやることを奨励している。治安のよい日本の地方都市のまちに，拳銃社会であるアメリカ生まれの理論やマニュアルがグローバル基準として展開される様子は，どうしてもミスマッチであるという印象を拭えないのである。そしてまた，筆者が参与観察していたホームレスの若者たちからみれば，割れ窓理論のような環境管理は排除以外の何ものでもない。都市部の寂れた情景はジェントリフィーケーションによる効率化のわかりやすい対象であり，それはまたホームレスの人びとの寝床や活動の場であるのだ（川端, 2013：227-233）。ヤンキーが去ったあとのまちに残ったホームレスの人びとは，2002年に施行された**ホームレス自立支援法**という制度的枠組みを通じて，またそのような政策的な展開に後押しされたボランティア活動を通じて大幅に減少しているとされる。その意味でホームレスは瞬く間に可視化／不可視化されているといえるだろう。

●眼差しの不在

だけれども，ホームレスの人びとが減少しているという話を簡単には信じることはできない。というのも，厚生労働省によるホームレス調査は「目視」によるものである。つまり，見た目がホームレス的であること。公園や河川敷などでテントを張り，可視化されている人びとに限定されるのだ。さらに話をややこしくするようだが，都市の再編成におけるホームレスの排除／包摂のメカニズムはかなり複雑なものである。たとえば，彼らの多くを見た目ではホーム

レスであるか否かを判断することはできない。それは，彼らの多くの者の身なりが極めてミドルクラス的だからである。その意味で，彼らもまた過剰包摂されているといえるだろう。一目でホームレスと判断できるのは，そのようなミドルクラス的な消費者像から大きく逸脱している者であり，「見た目」でわかる現れの原因は寝泊りする場所がないことであるのみならず，障害・病気・薬物依存等と重層的に結びついている部分が大きい。

　このような極めて寛容性の低い環境のなかで，私たちは「他者」を消費者像的にマーケティング化・類型化するような眼差しを強いられる。そう簡単には白黒つけることのできないことに対しても，商品を選択する基準＝好き嫌いで判断するような消費者的身体が内面化されるとともに，嫌いな自己／他者は排除の対象となる。ちょうど禁煙に成功した人たちが喫煙者に厳しい眼差しを向けるように。ヤンキーやホームレスの人びとが都市の表舞台から追いやられた現在，その代わりに現れたのは，まさに消費者的な嫌悪をまきちらす排外主義団体であるというのは残念なくらいに象徴的である。まずこの「他者」への寛容性の低い環境デザインは，ストリートの秩序を底辺で支えていた人びとを徹底的に追い出した。つまり，環境デザインに従えば，何をしても邪魔をする人びとがいないような状況だ。ゆえに，法律や条例において「禁止」されていないことは何でも許されることになってしまう。このようにヤンキー（あるいは人間！？）という鏡を喪失した＝管理された都市空間を生きる私たちはいかに自己／他者に向き合うことができるだろうか。

10-5　ヤンキーへ／の眼差しを取り戻す

●メンチ切る

　かつてマンガやアニメのなかのヤンキーたちは，あるいは筆者が岡山で過ごした時代のヤンキーたちの常套文句は「メンチ切る」というものだった。ヤンキーファッションを表現する人びとをチラリと見ようものなら，「お前，何こっち見てんだよ」という反応が想定されたものだ。それは，逸脱者を見る人びとの眼差しに対する反抗であり，またそのような社会的な視点に対する過剰な表現でもあった。ただしそれは何もヤンキーのみに限られた話ではなく，学校や家庭といった日常生活のさまざまな場面において，「他者」への眼差しをめぐ

る倫理というものが働いていたがゆえに，眼差し，眼差され，そして眼差しを返すことを共有していたということでもあると思う。そのように考えてみると，ヤンキーは消滅したのではなくて，社会の眼差しの方がヤンキー的なものを管理していったのだといえる。

　そしてまたかつての眼差しを通じたコミュニケーションは，「他者」への畏怖とともに敬意というものを生成したのである。「他者」への敬意が込められた時空間とはまた，多様性が担保されるような環境であるといえるだろう。ゆえにそのような時空間においては，「他者」や多様性に対する欲望が生まれることが可能となるのだ。もう一方で，そのような「他者」への敬意が込められた時空間の喪失は，排外主義のデモンストレーションを可能とするような土壌となってしまった。そしてヤンキーたちは，消費社会に過剰包摂されたマイルドな（無毒化された）消費者として表象されるようになった。そのような消費者的な社会をめぐる眼差しに対して，いかにして多様な眼差しの存在を再想像することが可能だろうか。

◉目によって聞く

　そのためには，私たちの眼差しの方法について再考してみる必要がある。レス・バックは社会学的調査において強まる倫理的指針に対する批判的な問題意識から，「他者」を理解することに誠実である態度にこそ倫理というものが生じるのであり，それはまた社会現象そのものを掌握的に理解することを前提とした記述や分析のあり方についてもう一度考えて直してみることであると主張している。そのためには「敬意をもちながら耳を傾けること」が大切である（バック，2014：184）。そしてこの耳を傾けるという行為は，インタビュー調査のような質疑応答から導き出された言葉に限定されるものではなく，相互行為から生じる非言語的な想像力や解釈・再解釈も含まれてくるものだ。バックはそのようなアプローチを「目によって聞く」というふうにたとえる。私たちの日常における「他者」とのコミュニケーションの大きな部分は非言語的なものであり，「目によって聞く」という方法は，必ずしも言語を介することなく「他者」を理解するという方法であるとしてみよう。

　この「目によって聞く」というアプローチを念頭において，ハマータウンの

野郎どもは今どこへ行ったのか，という問いに対する答えを導き出すための一つの試みとして，マイルドヤンキーに敬意をもちつつ耳を傾けてみるとしよう。あるいは，消費者像にしか過ぎないマイルドヤンキーというイメージに疑問符をつけてみよう。小・中学校時代の同級生と交流し，5キロ四方をその行動範囲とするという「地元族」という生き方。あるいは，「おれはおれのままが一番」という生き方。それはまさに「他者」の眼差しのなかで共に生きるための戦術である。グローバルな資本主義に抵抗するような見通しのよいエリート的な観点から発想されるような戦略的なものではない。むしろ，見通しそのものは極めて限定的ではるが，その限定的な場を根拠地として人びととの関係性を展開していくのだ。その意味で，彼らを保守的あるいは社会的な滞留という線引きを誰が引いているのかに注意を向ける必要があるだろう。実際には，誰もが少しは逸脱してみたいという気持ちを心に抱えているのであり，自己の管理を正当化して不良たちを完全に追い出すことにどれほどの意味があるだろう。

●「他者性」への欲望

　自分自身の過去をふりかえってみても，筆者が通った地方都市の公立の小・中学校における人間関係は実に多様性に満ち溢れていた。なぜならば，そこには競争社会の原理の働かない非選抜型の人間関係があるからだ。「地元族」として生きる彼らはそのことを逸早く見抜いている。彼らの通う高校や大学の同級生や職場と照らし合わせてみるならば，公立の小・中学校という非選抜型の制度が担保してくれる多様な関係性に自分たちの未来を賭けているのだ。ますます社会的上昇が専門性によって担保される現代社会において，選抜型でありかつ特定の専門性やそこから生じる階層性がもたらす均質な人間関係と比較するならば，地元の仲間たちとの多様な関係性を維持することの方がはるかに有益なものだと感じられるのだ。そのような生の営みがこの社会において滞留もしくは優良な消費者に過ぎないと見下すようなリスク管理的な眼差しに対抗して。

　そのように考えてみると，「地元族」であるとされる兵庫県の男性の発言——どうして大阪にいく必要があるんですか？——に含まれる勇気と開き直りをともなった野蛮さやユーモアのなかに，ヤンキー的なものが脈々と引き継がれているのを感じることができる。そしてそれは，彼自身に宿っている感性という

よりは，私たちに共有可能なものとして存在する，社会を理解するためのもう一つの視点を提供している。この発言に含意されたものを敷衍解釈するならば，なぜ私たちは社会的上昇のために移動しなければならないのかというオルタナティヴな問いが導き出されてくる。それは，近代社会を再帰的に考えてみるうえで誰しもが問うてみたい，問うべき疑問なのではないだろうか。それは，移動の自由を保障することとまったく矛盾しない，私たちの心の奥に秘められた問いなのである。そのような社会をめぐる想像力の地平に，グローバル資本主義の勝負という幻想から降りて，別の世界のあり方を模索するためのもう一つの根拠地がみえてくるに違いない。

チェックポイント

□ 生産社会における逸脱文化を通じた抵抗と規範化とはどのようなものか。
□ 脱工業社会においてかつての逸脱文化はどのようなものへと変化したのか。
□ 脱工業社会における労働とはどのようなものか。
□ ヤンキーの存在が見え難くなった背景にある社会経済的変遷とはどのようなものか。
□ ヤンキーの存在が見え難くなった地域社会における環境管理とはどのようなものか。
□ 今日の「ヤンキー文化」はどのような点において近代社会に反省を促しているだろうか。

ディスカッションテーマ

① 私たちは身近な世界で共に生きる〈他者〉（家族や友人を含む）をどのくらい知っているだろうか。
② 「感情労働」は私たちや社会にどのような影響をおよびしているだろうか。
③ 「過剰包摂」について身近な具体例をあげて議論・考察してみよう。
④ 環境管理された都市空間にはどのような「自由」が存在するだろうか。

レポート課題集

① 誰にとっても住みやすい多様性の担保された地域社会とはどのようなものだろうか。

関連文献リスト

バック, L.／有元 健 [訳]（2014）．耳を傾ける技術　せりか書房
五十嵐太郎（2004）．過防備都市　中央公論新社
見田宗介（2008）．まなざしの地獄—尽きなく生きることの社会学　河出書房新社
渋谷 望（2010）．ミドルクラスを問い直す—格差社会の盲点　日本放送出版協会
ウィリス, P.／熊沢 誠・山田 潤 [訳]（1996）．ハマータウンの野郎ども—学校への反抗・労働への順応　筑摩書房

Chapter10　ヤンキー文化，郊外，排除と包摂

【参考・引用文献】

東　浩紀・北田暁大（2007）．東京から考える─格差・郊外・ナショナリズム　日本放送出版協会

阿部真大（2013）．地方にこもる若者たち─都会と田舎の間に出現した新しい社会　朝日新聞出版

五十嵐太郎（2004）．過防備都市　中央公論新社

五十嵐太郎［編］（2009）．ヤンキー文化論序説　河出書房新社

ヴァカン, L.／森千香子・菊池恵介［訳］（2008）．貧困という監獄─グローバル化と刑罰国家の到来　新曜社（Wacquant, L.（1999）．*Les prisons de la misère*. Paris: Raisons d'agir）

ウィリス, P.／熊沢　誠・山田　潤［訳］（1996）．ハマータウンの野郎ども─学校への反抗，労働への順応　筑摩書房（Willis, P.（1977）．*Learning to labour: How working class kids get working class jobs.* Aldershot, UK: Ashgate.）

川端浩平（2013）．ジモトを歩く─身近な世界のエスノグラフィ　御茶の水書房

轡田竜蔵（2011）．過剰包摂される地元志向の若者たち─地方大学出身者の比較事例分析　樋口明彦・上村泰裕・平塚眞樹［編］若者問題と教育・雇用・社会保障─東アジアと周縁から考える　法政大学出版局，pp.183-212.

小宮信夫（2005）．犯罪は「この場所」で起こる　光文社

斉藤　環（2014）．ヤンキー化する日本　角川書店

佐藤郁哉（1984）．暴走族のエスノグラフィー─モードの叛乱と文化の呪縛　新曜社

渋谷　望（2003）．魂の労働─ネオリベラリズムの権力論　青土社

近森高明・工藤保則［編］（2013）．無印都市の社会学─どこにでもある日常空間をフィールドワークする　法律文化社

土井隆義（2003）．〈非行少年〉の消滅─個性神話と少年犯罪　信山社

難波功士（2013）．ヤンキー進化論─不良文化はなぜ強い　光文社

バック, L.／有元　健［訳］（2014）．耳を傾ける技術　せりか書房（Back, L.（2007）．*The art of listening*. Oxford: Berg.）

原田曜平（2014）．ヤンキー経済─消費の主役・新保守層の正体　幻冬舎

ホックシールド, A.／石川　准・室伏亜希［訳］（2000）．管理される心─感情が商品になるとき　世界思想社（Hochschild, A.（1983）．*The managed heart: Commercialization of human feeling*. Berkeley, CA:University of California Press.）

三浦　展（2004）．ファスト風土化する日本─郊外化とその病理　洋泉社

ヤング, J.／木下ちがや・中村好孝・丸山真央［訳］（2008）．後期近代の眩暈─排除から過剰包摂へ　青土社（Young, J.（2007）．*The vertigo of late modernity*. Los Angeles, CA: Sage.）

Kelling, G. L., & Wilson, J. Q.（1982）．Broken windows: the police and neighborhood safety. Atlantic Monthly. 1982 Mar; 249（3）, 29-38.〈http://www.theatlantic.com/magazine/archive/1982/03/broken-windows/4465/?single_page=true.〉

Kelling, G., & Wilson, J. Q.（1982）．Broken Windows: The police and neighborhood safety. in *Atlantic Monthly*, March, 29-37.

Zimbardo, P. G.（1969）．The human choice: Individuation, reason, and other versus deindividuation, impulse and chaos. in W. J. Arnold & D. Levine（eds.）, *1969 Nebraska Symposium on Motivation*. University of Nebraska Press, pp.237-307.

コラム⑤

歩くことの両義性：米軍基地とポケモン GO —————————

「犬も歩けば棒にあたる」という。この諺には，二つの対照的な意味が込められている。1) でしゃばるととんでもない災難にあうことのたとえ。2) 出歩くと思いがけない幸運にあうことのたとえ。歩くことは，このように両義的な行為である。

本コラムでは，その両義性について検討していきたい。そのために，まずは「一歩」をめぐって生じる緊張と政治性について記してみよう。というのも，先日，一歩踏み出せば命の保障はないかも知れないという現場に立つ経験をした。東京都西部，多摩地域の一町五市にまたがる横田基地では，年に一度，地元住民を対象とした「日米友好祭」が開催されている。そして，この期間は米軍横田基地内に入れる数少ない機会であるため，2016 年 9 月 19 日（日）友好祭 2 日目に訪れてみた。

「100%ID CHECK」と書かれたゲートの前で日本国籍を証明するパスポートを提示し，米兵による手荷物検査を通過して入った YOKOTA AIR BASE は，一歩越えたらアメリカという世界であった。基地内を行き来する制服姿の米兵の腰には「日本」では見たことがない大きさの拳銃が下げられており，最寄駅から基地ゲートまで交通整備にあたっていた日本の警官の姿はそこにない。同行した友人と，問題を起こせば，即射殺かなと笑いあっていたが，現役の輸送機や戦闘機，そして戦闘ヘリまでが並べられた滑走路の上で，私たちに何ができようか。ゲートの所には，基地内での禁止事項として「反米運動等」という文字が記されていたが，米軍の軍用機を動員した「プレゼンス」（脅し）のまえで，それらの行為は不可能と言っていいだろう。その問題はひとまず置き，何よりも衝撃的だったのは，ホットドッグやハンバーガーを売る屋台と日米の軍用機が「展示」されている滑走路（そこが友好祭の会場であった）を延々と歩いた先で出会った風景である。そしてこの時こそ，「犬も歩けば棒にあたる」の 1 の意味，すなわち歩き出してしまった犬の悲劇を予期させる瞬間はなかった。

そこには即時的に作られた「境界線」が張られていた。工事現場で使われる細長いポールと黄色のロープで示されたそれは，これ以上の立ち入りを禁止する強いメッセージが込められていたが，それにしては貧弱なボーダーラインであった。けれども，私を含む一群の人々は，その境界線の手前で一様に，数百メートル先に「配備」された米軍輸送機と辛うじて遠くに見える滑走路のエンドを，基地特有な強風を身体に受けながら，ただ眺めているだけであった。そして行き場を失った人々のほとんどがその場に座り込んだ。繰り返しになるが，「立ち入り禁止」を示すサインは英語でも日本語でもなかったし，警備にあたる兵士や MP がロープの周りに立っていた訳でもない。しかし遊びに来ていた子どもでさえ，そのロープが暗示する「ルール」に従い，それ以上進む者は現れなかった。いや，あの場にお

いてロープを越えたらと夢想したのは私だけではない筈だ。だが，肝心の身体が一歩踏み出すという方へと向かわない。私たちは，その一線を越えれば「とんでもない災難にあうこと」を悟っていた。もし米軍基地内で「テロリスト」と名指されてみよう，一歩踏み越えることは，反米運動という次元すら越えて，「テロとの戦争」を推し進めるアメリカという国に挑むことになる。テロリストに向けられる〈まなざし〉を日常的に内面化している私たちにとって，逆の立場からいえば，そのまなざしを植えつけることに日常的に成功した「アメリカ」からすれば，ボーダーラインは簡易なモノでいい。「日米友好祭」で図らずも出会ったこの風景こそ，私たちに歩くことを躊躇させる力が〈作動する場〉であり，一歩踏み出すことをはなから諦めてしまう身体の〈発見の場〉でもあった。加えていえば，横田基地は2012 年以来，米軍と航空自衛隊による共同運用がなされている。「テロとの戦争」を遂行する国家的暴力の主体とは，たんにアメリカ一国を指すものではない。「日米同盟」という言葉が示すように，「日米友好祭」の場を支配するまなざしとは〈日米安保のまなざし〉と言い換えられる。たった一歩を踏み出すことができないことの背景には，「テロとの戦争」という事態や日本の戦後を貫く「日米安保体制」のようなきわめて政治的で歴史的な力が働いていた。歩くという，一見無限定に自由そうな行為は，しかし，「権力」によってたえず規制され，その力が許す枠内でのみ実現されている。歩くときには必ず影ができるように，私たちは日々意識しようとしまいと，「ある戦争」を内在化した身体を引きずって歩いているのだ。

　ずいぶん文字数を費やしてしまったが，私たちは歩くこと（一歩踏み出すこと）が困難になる場について思考する必要がある一方で，他方，歩くことがもたらす喜びや楽しさについても考えなくてはならない。例えば，ヴァルター・ベンヤミンは歩くことが切り拓く可能性について以下のように語った。「われわれの友人であるこの遊歩者は黙っていてもいいのだ。彼の足音が近づくだけで，その場所は生き生きしてくる」（ベンヤミン, 1994：69）。ベンヤミンが『パサージュ論』として展開し描き出したのが，歩く者＝遊歩者と歩かれるもの＝都市が互いに交感（コミュニケート）する姿である。いまから百年前の 1920 年代パリで，ベンヤミンは現代人にも響く「街歩き」の魅力を発見した。そして，いま「歩くこと」はブームとなっている。火付け役となったのは NHK のヒット番組「ブラタモリ」（古地図好きとして知られるタレントのタモリが，番組開始当初は東京のまちを，現在では全国各地の都市をブラブラ歩きながら，歴史遺構や地形から在りし日の姿を発見する番組）だが，そのブームに拍車をかけたのが昨今のスマートフォン・ゲーム「ポケモン GO」の普及だろう。ベンヤミンの時代とは異なり，21 世紀の遊歩者は都市や街に刻まれた過去の痕跡と「おしゃべり」する必要などない。彼／彼女たちの手には，誰よりも雄弁に，そして棒よりもずっと幸運なポケットモンスターとの出会い

を演出してくれる「われわれの友人」＝スマホが握られているからだ。

　最後に歩くことをゲームに変えてくれるテクノロジーの裏面についても踏み込んでおこう。個人の現在地を特定し，目的地までナビゲートしてくれるテクノロジーは，ポケモンを捕まえる時にのみ役立つのではない。2016 年夏，米軍はこれまで作戦遂行のため兵士に支給してきた Android 端末「Android Tacktical Assault Kit」に変え，iPhone6s を導入するとのニュースが報じられた。米軍の兵士たちは戦場で，スマートフォン上に示された地図を頼りに標的を探している。もちろん，戦争は中東の砂漠だけで展開されているのではない。テロとの戦争が謳われる中，そしてパリのような大都市がテロのターゲットとなる中で，スマホを標準装備し〈市街戦〉を戦っているのは横田基地に所属している米兵だけでない。21 世紀の遊歩者たる私たちも，知らず知らず兵士／国家が「テロリスト」に向ける〈まなざし〉を内面化し，その戦場で使用されているテクノロジーを共有している。追いかけるターゲットこそ，ポケモンとテロリストと違えど……。

高原太一

【参考・引用文献】
ベンヤミン, W. ／今村仁司・三島憲一（1994）. パサージュ論III　岩波書店

Chapter 11

ネット右翼，ナショナリズム，レイシズム

川村覚文

学びのポイント
- ●インターネットナショナリズムおよびネット右翼へのカルチュラル・スタディーズ的介入の可能性について，考察する。
- ●ネット右翼がいかに現代的な問題であるのか，理解する。
- ●ネット右翼とナショナリズムの関係を，批判的に分析できるようになる。

11-1　インターネットナショナリズムのカルチュラル・スタディーズ ──

◉右翼とネトウヨ

　今現在，右翼的あるいはナショナリスト的言説はかつてないほど人気があり，それを声高に唱える人びとがこれまでになく活発に活動しているように見える。「ネット右翼」あるいは「ネトウヨ」という言葉が一般化するくらい，インターネット空間では右翼ナショナリスト的主張が氾濫していることは，その顕著な例だろう。ネトウヨの代表的なものが，**ヘイトスピーチ**問題などでメディアをにぎわせている「在特会」（在日特権を許さない市民の会）である。彼らはネットで中国人と韓国人に対する露骨に排外的な主張することで人気を得，街頭でデモをする動員力をもつまでの一大「右翼」勢力となるにいたった。「在特会」以外にも，最近では現役国会議員の中に日本による 1930 年代から 40 年代の戦争行為を肯定したり，**教育勅語**の復活や再軍備を望んだりするような右翼的な声が目立つようになってきた。現政権（2017年）の首相もまた，その言動がしばしばネトウヨ的であると指摘されている。少し前に『**嫌韓流**』なるマンガが注目されたことや，2014 年ごろには「左翼」の朝日新聞へ

> **ヘイトスピーチ**　ヘイトスピーチとは，差別的な意識に基づいた憎悪表現のこと。
> **教育勅語**　正しくは『教育ニ関スル勅語』。1890 年に，明治天皇によって日本の基本的な教育方針を定める物として与えられた。
> **嫌韓流**　マンガ家・山野車輪による 2005 年出版のマンガ。歴史認識をめぐる韓国による日本への批判を，反批判することを目的にして描かれているが，その描写が差別的・独善的であるとして，大きな議論を巻き起こした。

> **『永遠の0』** 2006年に出版された放送作家・百田尚樹原作の小説，およびその小説をもとにした岡田准一主演の2013年の映画。題材である特攻隊を美化しているのではないか，としばしば議論がおこった。

のバッシングが盛り上がったり，特攻隊を美化する『永遠の0』のような映画が人気をもつようになったりするのも，右翼的な主張が力をもち始めていることの証拠として理解できるだろう。

　この章の目的は，こういった右翼，とりわけネトウヨとよばれている現象を批判的に分析する視点を学ぶことである。つまり右翼やネトウヨがどういった問題を孕んでいるのか，あるいはそういった主張をする人びとはなぜそういったことをするのか，ということを考察するのが，この章の目的である。いうまでもなく，ネトウヨとよばれている現象に参加する人たちは，まずネットにおける自らの主張や行動があり，それらを通じて彼・彼女らはネトウヨ的だと認識されることになる，というのが実情である。本章では，そういった主張や行動の背後にある問題を考え，なぜ彼ら・彼女らがそういったことをするのか，つまりどうしてネトウヨとよばれるように至ったのか，ということを考えたい。そしてそのうえで，そういったネット右翼的な主張や行動が，いったいどういった問題を孕んでいるのかについて，考えたい。言い換えれば，こういった考察を通して，ネトウヨという言葉の背後にあるさまざまな問題を，批判的に考えるやり方を学ぶ，というのが本章の目的である。この結果として「日本が好き」「戦争（戦前）を肯定する」「中国や韓国への差別的発言をする」といった個別の事象がどのように連関しているのかが理解できるようになるだろうし，そうなれば，ネトウヨの問題がよりはっきり理解できることになるだろう。

●カルチュラル・スタディーズ的なアプローチ

　では，どうやって批判的に考えることが可能になるのだろうか。この問いに対する一つの解答が，カルチュラル・スタディーズ的なアプローチであるといえるだろう。しかし，それではカルチュラル・スタディーズ的なアプローチとは何だろうか。それには，次の三つの特徴を挙げることができると，本章では考えている。

　一つ目は，モダニティの問題から考える，ということだ。モダニティ，あるいは「近代」という言葉は，私たちが生きているこの世界を条件づける，大き

Chapter 11 ネット右翼，ナショナリズム，レイシズム

な原理だと考えられてきた。そして，さらには近代の後にくる世界として，ポストモダン（後近代）という議論もなされている。**ジャン＝フランソワ・リオタール**が『ポストモダンの条件』という本で述べているように，私たちの生きる現代世界はいわゆる**「大きな物語」**が崩壊した時代であるととらえることができる。つまり，安定的な基盤となる思想や原理が失われ，全てが流動的で不安定になっている社会である。しかも，

> **ジャン＝フランソワ・リオタール** ジャン＝フランソワ・リオタール (1924-1998) はフランスの哲学者。パリ第八大学教授や国際哲学コレージュ学院長などを務めた。
>
> **「大きな物語」** 近代にいたるまで，広範囲に共有されている信念や信仰，あるいは価値観や世界観などが存在しており，個々人はそれをもとに自らの思想や行為を規定していた。こういった，人びとによって共有され，彼ら・彼女らを規定する信念や世界観などを「大きな物語」と呼ぶ。
>
> **ジグムント・バウマン** ジグムント・バウマン (1925-) はポーランド出身の社会学者。ワルシャワ大学教授やリーズ大学教授などを務めた。

ジグムント・バウマン (2001) がいうように，そのような不安定性・流動性は，モダニティが進展した結果生じたものなのだ。このようなモダンからポストモダンへと進展する今日の時代状況と，ネット右翼的な主張が力をもつということは，何か相関関係があるのだろうか。

　そして二つ目は，文化の問題から考える，ということである。カルチュラル・スタディーズにとって最も重要なテーマは，文化と政治の関係だ。通常，文化と政治は全然関係ない領域に属していると考えられている。たとえば，「日本文化」という言葉を聞いた時に思い浮かぶもの，それは茶道や着物，寿司などの和食，あるいは最近ならマンガやアニメ，といったものだろう。そして，こういった事柄は，いわゆる政治という言葉を聞いた時に思い浮かぶものとあまり結びつかないのが，普通だろう。しかし，実は「日本文化」という**概念**自体，とても政治的なものだ。なぜなら，「日本文化」という概念は「日本人」という**ナショナル・アイデンティティ**を支えるために，近代において発明されたものだからだ。**ベネディクト・アンダーソン** (2007) が主張するように，そもそも「日本」というような，まったく見

> **ナショナル・アイデンティティ** たとえば，ある人が日本人といった意識を肯定的なものとして捉えるのは，「日本」という国家があり，その国家の核には「日本人」という民族的な集団が存在し，この私はその民族的な集団の一員であって，その事実に誇りをもつ，といった感覚をもつ場合である。このように，特定の国家に属する国民（＝ネイション）という意識をもちつつ，それが自身の存在を支える特権的なものとして作用するとき，このような意識のことをナショナル・アイデンティティとよぶ。
>
> **ベネディクト・アンダーソン** ベネディクト・アンダーソン (1936-2015) はアメリカの政治学者・地域研究者。コーネル大学で博士号取得後，同大学教授をへて，同大学名誉教授。『想像の共同体』はナショナリズム研究に多大な影響を与えた。

知らぬ人も含まれるような広い範囲にわたる「国民」（ネイション）共同体自体，近代において初めて「想像」可能になったものだ。近代以前においては，共同体意識それ自体が，口語の多様性と相まって，想像することが非常に難しかったのである。

　このような「日本」という想像された国民共同体の核として，「日本文化」もまた発明され想像されたのだ。同じ「日本文化」を共有する我々「日本人」という訳だ。だからこそ，「日本文化」を維持することの重要性を主張することは，「日本人」というナショナル・アイデンティティを鼓舞することにつながる。そして，このような「日本文化」の重要性の主張は，社会に対して違和感を感じ，あるいは疎外されていると考える人たちに対して，たいへんな訴求力をもちうる。なぜなら，たとえ社会の中で自分の考えが認めてもらえず，そのため自分の存在に意味が見出せないと感じたとしても，日本文化がすぐれたものであり，重要なものだとすれば，ただ生まれた時以来の「日本人」であるだけで自らには意味があるのだ，と感じさせてくれるからだ。一つ目の問題と絡ませていうなら，「大きな物語」として「日本文化」は機能するといえる。このような状況が日本において最も顕著に現れたのは，1930 年代から 40 年代の戦争の時代においてだが，似たような状況が，現在のネット右翼にもみられるのではないだろうか。そうであるなら，日本文化と政治の関係といった問題への歴史（思想史）的考察は，ネトウヨへの理解を深めてくれることになるだろう。

　この文化の問題は，レイシズム（人種主義）の問題を考えることにもつながる。なぜなら，**酒井直樹**（1997：52-62）が指摘するように，ある文化の外縁を想像するためには，他の文化の存在を前提にしなければならないからだ。つまり，自分の文化を形あるものとして捉えるためには，そうではない他人の文化を想像する必要がある。日本文化に対して中国文化や韓国文化，という訳だ。そして，レイシズムとは，自身の文化の純粋性を保持するために，それを脅かすと考えられた他の文化を排斥しようとして，生じるものだ。しかしながらここで注意したいのは，文化の純粋性という主張自体，たいへん問題があるということだ。文化概念が近代において発明され，しかも他の文化との想像的な対立のみにおいて文化が捉

酒井直樹　酒井直樹（1946-）は比較文学者・歴史学者・日本思想史研究者。シカゴ大学で博士号取得後，現在コーネル大学教授。特に近代日本思想の政治性について，批判理論や文化理論的な視点から分析を行っている。

Chapter 11　ネット右翼，ナショナリズム，レイシズム

えられるのだとしたら，そもそも形をもった実体的な「日本文化」など存在しないのではないか。にもかかわらず，そんな存在するかどうか判然としないものを基準に，自分たちと異なっているとみなされた人びとを強行に排斥しようとするのは，なぜなのだろうか。このことについても，本章では考えてみたい。

　以上がカルチュラル・スタディーズ的なアプローチの全てでは決してないが，しかし，ネトウヨを批判的に考察するためには，ひとまずこれらが有効なものなのではないかと思う。それでは，以下の各節において，これらの議論をより詳しく進めていこう。

11-2　ポストモダンな社会とインターネットナショナリズム

●流動的で基盤のない社会

　現代社会は流動的で基盤のない社会である，と考えられる。たとえば，東京や大阪みたいな大都市に住んでみれば，そのことが特に顕著に感じられるだろう。そこでは，人びとの流動性がとても高く，共通となるような基盤を形成することはとても難しい。見ず知らずの人が多く集まっているところでは，他人への無関心が普通のことになってしまう。また，大都市は景観の移り変わりなども，たいへん激しい。そのため，住んでいる場所への記憶や思い出なども，移り住んだ時期によって容易に変化するため，共有しづらい。そのこともやはり，人びとの間に共通の基盤を構築することを，難しくさせている原因となる。しかも，私たちは学校や会社，あるいは趣味の集まりにおいて，全然違う共同体に属したりする。そうすると，それぞれで異なった規範や価値観にさらされると同時に，それぞれを結びつけるような大きくて全体的な規範や価値観が存在しないことに直面する。つまり，多様な規範や価値観が存在する一方で，それをつなぐようなものが存在しないのだ。

　このような流動性や基盤のなさは，ポストモダン的な社会の特徴であるといえる。バウマンがいうように，現代社会は液状化しており，頼りとなるような「指針，道案内となる形式，法規，規則」（バウマン，2001：11）が欠落している。これは，モダニティ（近代性）という原理によって，そもそも現代社会が規定されているからだ。

　モダニティにおいては，人間という存在が自ら認識し，考え判断し，そして

行為する存在として（こういった存在を哲学的には「主体」という）捉えられつつ，それぞれの個々人はそのようにあるべきものとして，認識されることになる。つまり，迷信や因習などの間違いを自ら判断し，それを批判的に乗り越えて正しい方向へと進むことが，個人に対して期待されているのである，進歩するのが人間だ，という訳だ。この結果，宗教的な価値や伝統的な規範は，批判的・反省的に捉えられ，場合によっては否定されるべきもの，として理解されるようになった。しかしそういった批判や反省がさらに進展することで，あらゆる価値や規範が批判の対象となり，何一つ確実なものとして捉えられることができなくなってしまった。このような認識が支配的なものとして受け止められているのが，いわゆるポストモダン的な社会状況である。あらゆる価値や規範は「物語」に過ぎず，それぞれが勝手にそれが正しいと信じ込んでいるものであって，実際には何の根拠もない。その意味では，進歩さえもまた一つの「大きな物語」であって，かつては信じられていたが，もはや私たちが本当に正しい方向へ進んでいるかなんて，誰にもわからない。このように，いわばモダニティの底が抜けてしまって，ひたすら批判と相対化が遂行される状態が，ポストモダンである。

●アイロニーとしてのナショナリズム

　このような社会状況の中にあって，ナショナリズム的な主張は訴求力をもつことになる。ナショナリズムにおいて主張されていることは，ネイション（国民＝国家）を価値あるものとして認め，それへの帰属をたいへん重要なものとして捉えるということだ。言い換えれば，日本という国を尊重し，それへの国民としての帰属感をもつこと，これらを最も重要なこととして理解することが，日本におけるナショナリズムにおいては主張されているのだ。そして，こ

> **大澤真幸**　大澤真幸（1958-）は社会学者，元京都大学教授。「第三者の審級」といった独自の概念をもとに，現代社会について広く分析している。
> **北田暁大**　北田暁大（1971-）は社会学者。東京大学大学院博士課程修了後，筑波大学講師を経て，現在東京大学大学院准教授。広告などの日本のメディアについて分析するとともに，理論的な研究も行っている。

のような主張が，全てが相対化されるようなポストモダン的状況において，むしろその相対化の最中から，逆説的にも生じてくるという現象がみられる。そういった現象は，社会学者の**大澤真幸**（2011）や**北田暁大**（2005）らによって，アイロニーという言葉

Chapter 11 ネット右翼，ナショナリズム，レイシズム

を使って分析されている。

アイロニーとは，単純にいってしまえば，対象から距離をとりつつそれを冷めた目線で見つめるような態度のことだ。より詳しくいうと，対象を肯定的に評価するような態度をとりながら，じつは本心では肯定も否定もしていない，といったような態度である。それは肯定か否定かという評価をするような，対象にコミットした立場よりも上位の立場（メタな立場）に自らをおいたうえで，その対象を相対化する態度である。その意味では，ポストモダン的状況では全てがアイロニーの対象となっているといえるだろう。

にもかかわらず，ネトウヨとよばれている人びとの議論においては，ナショナリズム的な主張がアイロニーの対象となることから免れ，むしろすんなりと受け入れられてしまっているというものだ。しかし，実はそこにもアイロニカルな視点は機能しているのだ。そこにみられるのは，大手新聞や知識人たちによるいかにも権威的で正しいことをいっているかのようにみえる主張に対して冷めた目線がむけられるとともに，その視線の裏返しとして，その正しさの真逆であるかのようなナショナリズム的主張が受け入れられている，という構造である。たとえば朝日新聞や大学教員などによって日本の戦争責任や憲法9条の重要性といった，日本を批判するような「正しい」主張がされればされるほど，それへのアイロニカルな視点は強まり，その反面，日本の素晴らしさや優秀さを唱えるような主張はすんなりと受け入れられてしまっているようにみえる。だが，ネトウヨとよばれている人びとは，自分たちの視点は全てに対してアイロニカルな立場を取っていると認識しているという。つまり彼・彼女らは，ナショナリズムも一つの物語にすぎないと認めつつ，その物語性を引き受けた上で，あえて支持していると考えている，という訳なのだ。

しかし，なぜ「あえて」なのだろうか。一つの理由としては，飽くなきアイロニーの遂行だけでは，耐えられなくなるからだといえるだろう。ポストモダンの絶えざる相対化においては，「よって立つ」ものが失われてしまい，自分自身が何者なのかわからなくなってしまうという事態が生じてしまう。そこで，それへのある種の防衛反応として，最も相対化やアイロニーの対象としたいものの極北を，あえて選んで受け入れることになってしまっているのだ，と考えられる。また，有力な新聞や知識人による主張へのアイロニカルな視点は，あ

> **戦後民主主義** 1945年の敗戦後，日本は新しい憲法の制定を通じて，それまでとは異なった政治的・社会的価値観の導入をはかった。それは，敗戦以前のものに比べて，驚くほど民主主義的なものであった。このような，戦後において始めて導入された民主的な政治的・社会的価値観を重視する思潮をさして，戦後民主主義と呼ぶ。

る種の反権威・反権力的なものであるということも，挙げられるだろう。このような視点からは，たとえば「反日左翼」で「**戦後民主主義**者」の「東大教授」といった存在は，左翼がそのまま権威・権力の側である，と認識するのに十分な証拠となってしまう。

そして，そのような権威や権力を相対化するだけでなく，それへと対抗する視点として，ナショナリズムが選択されることになる。しかし，この立場はたいへんねじれているものだ。なぜなら，対抗的立場としてナショナリズムを受け入れた結果，実はより大きな権力である国家や政府に追従してしまう，という事態をひきおこしてしまうからだ。このため，ネトウヨとよばれる人びとは主観的には自身を反権威・反権力主義であると思っているにもかかわらず，客観的には権威や権力にあくまでも従属的な人びとのようにみえる，という事態が生じることになるといえよう。

11-3　インターネットナショナリズムを支える技術的次元

●ネイションを可能にする技術

前節では，ポストモダン社会がネトウヨを産み出す条件を考察したが，本節で注目したいのは，「ネトウヨ」が「ネトウヨ」であるその理由に関してである。「ネトウヨ」とは，いうまでもなく「インターネット」上で活動している右翼のことをさす訳だが，このインターネットというメディア・コミュニケーション技術こそが，ネトウヨの出現を可能にしたことについてここでは考察したい。つまり，ネットこそが，ネトウヨをして，ポストモダン的時代状況にあって「大きな物語」としてのナショナリズムへと「あえて」向かうことを，可能にしているのである。

そもそも，ナショナリズムが可能になること自体が，技術の成立に依存しているということができる。すでに触れたアンダーソンを再び参照すれば，ネイションという「共同体」を「想像」することは，出版というメディア・コミュニケーション技術が普及することで可能になったという。アンダーソン（2007：82-87）は，自分たちがネイションの一員であるという「国民意識」が形成される地

Chapter 11　ネット右翼，ナショナリズム，レイシズム

盤として，それまで存在していた多様な口語に対して，出版メディアによって形成されることになった「出版語」が出現したことをあげる。それまではあまりに口語が多様であるがゆえに，それぞれの個人がお互いに会話をつうじて理解することにしばしば困難が生じ，結果としてお互いが同じ共同体に属する仲間であると認識するのが不可能であったのに対し，出版メディアが市場を通して普及し，出版語が人びとに浸透し始めることで，標準化された言語としての出版語を通じた相互了解が人びとの間で可能になった。その結果として，お互いが同一の言語を了解し文化を共有する同じ共同体の成員である，という意識をもつことが可能になった，というわけなのだ。このように，国民意識の形成には，出版というメディア・コミュニケーション技術の成立が欠かせなかったのである。

　アンダーソンによる指摘は，国民意識が成立するためには，同質（均質）的な一つの全体性を人びとが想像できるようになることが必要である，ということとして理解できる。国民として括られる全体性の中には，さまざまな意見や立場あるいは階級の差異が存在しており，一つの同質的な全体性として理解するには実際には無理がある。にもかかわらず，言語と文化の同一性という特徴は，そのような差異や多様性よりもネイションの同質性や共同性を人びとの意識において優先させるように強く機能する。そして，このような意識を担保させることに大きな役割を果たすのが，メディア・コミュニケーション技術であるのだ。

　現代に生きる我々は，出版だけではなく，テレビやラジオなどもこのようなネイションの共同性を担保させるのに強く機能するのを知っている。テレビやラジオといったマス・メディアの高い普及率に伴って，私たちは，たとえば大阪にいたとしても，東京や北海道，あるいは沖縄で起こった事象を，同じ日本というネイションの中で起こった出来事としてその情報を日々受容している。そのうえで，ほかの日本人もまた同じ情報を共有する同じ日本人として認知しており，さまざまな場面において共有している情報をお互い確認し合うことを通じて，お互いを日本人であると承認し合っているのである。つまり，マーク・ポスター（2001：101）がジョシュア・メロウィッツを参照しつつ指摘するように，時間と空間の隔たりが無効にされることで，異質な人びととの出会いが可能となるのが，テレビ（やラジオ）というメディア・コミュニケーション技術

であるのだ。

●全体性の構築からネットワークの構築へ

　しかし，インターネットによって可能になっているネイションの意識は，このようなこれまでのメディア・コミュニケーション技術によって可能になっているものとは，異なっているといえるだろう。それは，インターネットが担保しているのは，出版や，あるいはラジオやテレビなどによって可能となっている同質性や共同性，ではないからである。インターネットによってつながりを求めているのは，むしろこのような共同性をうさんくさいものと考えているか，あるいはそこから疎外されていると感じる人たちであるのだ。テレビやラジオといったマス・メディア，あるいは新聞などの出版メディアが「一方的に」流す情報が「反日的」で「左翼的」，「戦後民主主義的」であることに不満をもち，そのようなメディア・コミュニケーション技術によって担保されている共同性に懐疑的な人びと（それは，後にみるように彼ら自身が社会的な弱者として疎外感を抱いているということとも，場合によっては相関しているかもしれない）。それは，より強くポストモダン的で，マス・メディアによって作り出される「大きな物語」に対して懐疑的な人びとである，といえるだろう。このような人びとが，既存のメディア・コミュニケーション技術のオルタナティブとして活路を求めたのが，インターネットであったのだ。

　そして，このようなオルタナティブな技術は，もはやネイション全体を一つの共同性や均質性としてまとめることをせずに，同じような情報を欲する人びととをネットワーク的に結びつけることを可能にする。つまり，これまで共同性へ違和感を覚える人びとの存在は，共同性のただ中にあってみえなかったのに対し，インターネットという技術の登場によって，同じようなことに悩む仲間をみつけ，容易につながることが可能になったというわけなのだ。それはある意味，たとえば『攻殻機動隊 Stand Alone Complex 2nd GIG』で描かれていた，ハブ電脳を介してつながっていく難民の共同体を彷彿とさせるだろう。

　このように，均質的な全体性を構築し担保する技術に対して，ネットワーク

マーク・ポスター　マーク・ポスター（1941-2012）は思想史学者・メディア研究者。ニューヨーク大学で博士号取得後，カリフォルニア大学アーバイン校教授。批判理論やフランス現代思想の理論的枠組みを使いつつ，現代社会におけるメディアについて分析した。
ジョシュア・メロウィッツ　ジョシュア・メロウィッツはメディア研究者。ニューヨーク大学で博士号取得後，ニューハンプシャー大学教授。社会学者アーヴィング・ゴッフマンの理論を使いつつ，テレビなどの現代のマス・メディアなどについて分析している。

Chapter 11　ネット右翼，ナショナリズム，レイシズム

を構築し担保する技術が登場した結果，ネットワーク的につながった人たちは，自分たちが疎外されることのない，理想的な調和的共同体を夢想することになる。つまり，既存のネイションに対して，オルタナティブなネイションを想像することになるのである。これこそが，ネトウヨによって想像されている，誰にも汚されることのない理

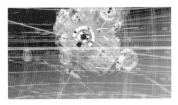

図 11-1　ハブ電脳（出典：http://gigazine.net/news/20150320-kokaku-new-movie/）

想のネイションとしての「日本」なのであり，このような「日本」の可能性が目下ネット空間において活発に論じられているのだといえよう。ここでポスター（2001：12）を再び参照すれば，これまでとは異なる情報の交換様式，すなわち新しい「情報様式」の出現が，理想的なネイションの想像を可能にしたのであると考えられる。ネトウヨとよばれる人びとは，マス・メディアによって一方的かつ受動的に交換させられる（と彼ら・彼女らが感じている）情報とは異なり，自らが能動的に求めつつ発信することのできる情報をもとに，より濃密で信頼に足る共同性を構築している，と信じてやまないのだ。彼ら・彼女らの理解によれば，現在のネイションとしての「日本」が自分たちの考えを認めず，その意味で自分たちを疎外するほど悪くなってしまったのは，「左翼」や「反日」によって日本社会全体が汚染されているからである。そのため，そのような汚染が生じる前の戦前の純粋な「日本」こそが，自分たちを完全に包摂してくれる理想的なネイションとして，彼ら・彼女らにとっては立ち現れているのである。

このような，現実のネイションを超えた理想的なネイションとして，「かつて」あった「日本」が浮上してくるという事態は，戦前においてもみられた現象である。それは，いわゆる「国体」論として論じられていたものだ。そして，興味深いことに，現在（2016年）のネトウヨによって支持されている安倍政権は，宗教学者の**島薗進**が指摘するように，国体論的な勢力の後ろ盾によってそのイデオロギー的基盤が支えられているのだ。そこで，次節では，近代日本における大衆運動と右

島薗進　島薗進（1948–）は宗教学者。東京大学大学院教授を経て，現在上智大学特任教授。現代の新興宗教から，戦前の国体論まで，幅広い宗教研究で知られる。

翼ナショナリズムの関係を詳しくみることで，ネトウヨの問題とは，未だ過ぎ去らない過去として現在に反復している問題であるということを明らかにすべく，考察したい。

11-4　インターネットナショナリズムの文化政治

●大衆主義的右翼ナショナリズムと国体

　1930年代から40年代にかけて，日本ではナショナリスト的な主張がたいへん声高に議論されていた。それは，日本文化や日本精神の優秀性を強調しつつ，それに基づいたアジアおよび世界的な新秩序の構築，という形で特になされていた。もちろん，このような主張は日本によって引き起こされた日中戦争やアジア太平洋戦争を，イデオロギー的に正当化するものに過ぎなかったが，しかし多くの人はこういった主張を真剣に受け取っていたのだ。明治維新以来の日本の近代化は，都市と農村の間に激しい格差を生じさせ，それに対して多くの人が不満を抱いていた。また，1929年に起こった世界大恐慌以降，経済の混乱によって社会が不安定となり，それへの有効な対処を望む声も強くなっていた。アンドルー・ゴードン（Gordon, 2010）によれば，こういった不満は政党政治への批判として噴出し，**大正デモクラシー**以来の比較的民主的な体制に変わるような新しい政治体制の構築こそが，現在の難局を超克する唯一の道であるとの認識が，人びとの間に広く受け入れられるようになっていった。その結果，西洋社会由来の民主主義などの政治・社会体制を超えうる原理として，日本文化や日本精神を主張する勢力が力を伸ばすことになったのだ。その意味で，ウォルター・スカヤ（Skya, 2009）がいうように，30年代から40年代の日本の右翼ナショナリズムは，大衆的な支持という基盤をもっていたのである。

　30年代から40年代の右翼ナショナリズムの特色は，「国体」（旧漢字では，「國體」）という概念をその中心的な原理においていた，ということに見出せる。この国体という言葉は幕末の儒学者である会沢安（正志斎）の著作である『新論』によって広められ，以後明治維新からアジア太平洋戦争における日本の敗戦にかけてまで，たいへん強いイデオロギー的機能をもつも

> **大正デモクラシー**　大正デモクラシーの定義はさまざまあるが，時代的には20世紀初頭の日本において訴求力を持った，美濃部達吉による天皇機関説と吉野作造の民本主義論をその理論的支柱にもつ政治・社会運動，としてここでは捉えておく。

Chapter 11 ネット右翼，ナショナリズム，レイシズム

のとして作用した。**丸山真男**（1961）が指摘
するように，反「国体」的な敵だとひとた
び認定されれば，苛烈な排除・抑圧にあう
という「峻烈な権力体」として機能するも
のだったのだ。しかしその一方で，西洋の
民主主義や社会主義，全体主義などを超え
た理想の政治理念および体制を表す言葉と

> **丸山真男** 丸山真男（1914-1996）は政治学者。東京大学名誉教授。専門は日本政治思想史だが，戦後民主主義の代表的な論客として，アカデミズムやジャーナリズムの世界に多大な影響を与えた。
> **京都学派** 哲学者・西田幾多郎（1870-1945）の強い影響下にあった哲学研究者たちの集団。西田が京都大学教授を務めていた際に，そのもとで学生として学んだ者たちが中心となっている。

して，多くの知識人や政治運動家たちによって議論されていた。その論者たち
の名前を挙げれば，枚挙にいとまがないが，たとえば東京帝国大学法学部教授
だった筧克彦や，あるいは狂信的な右翼だとみなされた蓑田胸喜，文部省によ
る思想統制政策の音頭をとっていた紀平正美，そして東亜協同体や大東亜共栄
圏などの戦時イデオロギーと深い関係をもった**京都学派**の哲学者たち，などが
代表的な人びとだろう。

　彼らの国体論を十把一からげに論じることはできないが，日本の文化的・精
神的伝統に則した政治体制という，文化的な理念として国体が理解されている
ことは共通する。また，いくつかの議論に共通している注目すべき特徴は，全
体性との関連において国体論を論じているということだ。一般的には，その祖
先に神をもつ生き神（「現人神」あるいは「現つ神」）として天皇をみなした上で，
国体とはその神たる天皇の名の下に行使される権力を，絶対的なものとして正
当化する原理として捉えられている。実際それはその通りなのだが，しかしそ
の権力は神であるからという理由によって，端的に絶対化されているわけでは
ない。その権力が絶対的なものとされている理由は，人びとの集まりである共
同体や社会全体のことを見通した上で，その全体の福利にみあうような政治を
可能にする原理として，国体が論じられているからだ。つまり言い換えれば，
国体は，天皇が一方的に絶対的な権力を振うことを正当化している原理では
なく，統治されている対象としての人びとあるいは民衆のための原理であるか
らこそ正当化されうるのだ，という論理によって支えられていたのである。そ
して，国体の卓越性を主張する論者たちは，民主主義などのようないかなる西
洋由来の政治原理よりも，国体こそが全ての人びとの福利に即した調和的な共
同体を可能にする最も優れた原理であると強調し，その上でこのような調和的

原理を古来よりもっている日本こそ，世界の中で最も優れた国であるのだと主張してやまなかったのだ。

●社会からの疎外と右翼ナショナリズム

もちろん，実際に国体がそのような原理として働いたかどうかはまったく根拠がないし，日本が古来より調和的な共同体であったというような主張もたいへん怪しいが，しかし少なくとも論理的には民衆あるいは人びとのための原理として，国体は論じられていたのだ。ここには，**ミシェル・フーコー**が「統治性」として定式化した，統治対象に内在的な論理によってその行使が正当化される権力に類似した問題の存在を，捉えることができる。私たちは権力というと自らの意志に反して行使されるもの，つまり強制のイメージで捉えているが，最も巧妙でかつ危険な権力とは，いかにも私たちのためになされているかのような印象を与え，だからこそ私たち自らがむしろ率先してそちらへ向かってしまうような——言い換えれば主体となってしまうような——権力なのだ。それは，なぜそれが問題なのかということを，論理的に批判するのがたいへん困難な権力であるといえるだろう。

1930年代から40年代の右翼ナショナリズムに共感した人びとは，国体概念のもつこのような論理に魅了された人びとであるともいえる。彼らは，自分たちが生きている社会への不満を強烈にもち，現実の社会とは異なった理想の社会を構築してくれる原理として，国体を信奉していたのである。そしてそういった不満は，社会的な不安や危機に由来する以外にも，個々人の挫折や不幸な経験によって，しばしば増幅された。たとえば，**橋川文三**(1994)が30年代から40年代の右翼ナショナリストの先駆としてみなしている朝日平吾は，自らの幼少からの不幸な境遇に関して，たいへん苦悩する青年だった。朝日は自らの不遇を呪いつつ，現実の社会において成功している人びとへのルサンチマン（怨恨）を募らせていったのである。その結果，自らの幸福の実現と特権階級の打倒をつなげ，その実現を，かつての日本においては実現され

ミシェル・フーコー　ミシェル・フーコー(1926-1984)はフランスの哲学者。さまざまな大学で教えた後，コレージュ・ド・フランス教授に就任した。彼の考古学，系譜学，規律訓練権力論，統治性論といった一連の研究は，さまざまな領域に甚大な影響を及ぼした。
橋川文三　橋川文三(1922-1983)は政治学者・日本政治思想史研究者。丸山に師事し，おもに日本の保守派や右翼の思想について研究した。

ていたはずの，天皇との一体化によって求
めようとした。このような天皇との一体化
をはかる試みとして，朝日は，特権階級の
一人である安田財閥総帥の安田善次郎を暗
殺するというテロ行為に走ったのだった。

> **マルクス主義**　1930年代から40年代の日本
> においては，マルクス主義が最先端の哲学理
> 論として，さまざまなところで受容されてい
> た。

　あるいは，30年代から40年代の最中にその悪名を轟かせた蓑田胸喜もまた，
ある種の疎外を覚えていた人物であったといえるだろう。蓑田は「学術維新」
の名の下，東京帝国大学および京都帝国大学の進歩的な考え方をもっている教
授たちを，激しく批判し排撃しようとした。蓑田は，**マルクス主義**や民主主義
などの，進歩的で西洋的な考え方は，国体などの日本的な原理を阻害し，日本
を滅亡へと導くと信じてやまなかった。蓑田の目標は，西洋近代の知識によっ
て汚染された日本の学術界に，古代において実現されていたはずの国体の理想
に基づいた知識を新たに打ち立てる，ということであったのだ。そのため，進
歩的な知識人を大学から追放すべく活動し，時の文部大臣荒木貞夫までも動か
すなどして，帝国大学の「粛正」に蓑田は奔走したのである。このような行動
に蓑田が走ったのも，特権階級あるいは権威として大学に君臨する教授陣への，
反発であったと考えられる。竹内洋（2006）によれば，蓑田は標準的なエリー
トコースから外れてしまったがゆえに，エリートたちの共同体における支配的
な思想（＝進歩的な西洋思想）へと反発を抱くようになってしまったという。つ
まり，蓑田もまたある種の疎外感を保持していたからこそ，現実に変わる理想
としての国体へと走った，というわけなのだ。

◉過去の右翼ナショナリズムと現代のネトウヨ

　以上のような戦前・戦間期における国体論的ナショナリズムは，すでに前節
で述べたような現代のネトウヨ的ナショナリズムと，その理想主義的あるいは
ロマン主義的な特徴において，たいへん似ているといえるのではないだろう
か。双方とも，既存のネイションの共同性に対して違和感や疎外感を抱く人び
とが，そういった共同性とは異なった，それを超えるオルタナティブな共同性
を求める運動として，理解できる。しかも，それはネイションを超えたまった
く新たな共同性へと向かうのではなく，より理想的なものとして構想され直さ

れ，しかも過去に投影されたネイションに，再び回収されてしまうのである。

　それにより，既存のネイションによる統治はますます強くなる，ということが生じる。しかも現代の状況は，統治に資する技術の登場に伴い，戦前・戦間期の状況よりもさらに統治が巧妙となり，強まっているとさえいえるだろう。インターネット技術によってネットワーク的な共同性が可能になったという事態は，言い換えれば，ネットワークを通じた統治を可能にする技術的な条件が整った，とも理解することができる。それは，これまで全体性というマクロなレベルを通じてのみ作用していた統治権力が，その全体性からあぶれてしまう諸個人といったミクロレベルの対象も統治可能にすべく，彼ら・彼女らをつなぐネットワークを利用しはじめるという事態として，理解できるであろう。この結果，現実のネイションと理想化されたネイションという，両方からのアプローチによって，ネイションにできるだけ多くの成員を包摂することが可能になる。

　総理大臣・安倍晋三が，たとえば『保守速報』などのネトウヨ系まとめサイトを参照していると同時に，国体論的な政治観の尊重を唱える「神道議員連盟」や「日本会議」所属議員を重用しているという事実は，ネット上の言論空間を利用した統治の目指すものが国体論的な政治的理想の実現であることの，傍証であるとも理解できるのではないだろうか。しかも，その一方で経済的・外交的問題に対し，より一般的で現実的な政策を提示することで，安倍は自らの支持率を上げようとしている。このネトウヨ＝国体的政治と現実主義的政治はしばしば矛盾さえするものだが，安倍政権下では両者は「ネイション」によって媒介され，等しく「ネイション」による統治の強化に寄与することになっているといえよう。

　社会や共同体からの疎外が，そのオルタナティブとしてのナショナリズムへと人々を走らせるのだとしたら，その疎外が今日における階級的あるいは経済的問題に起因している場合もあると考えられる。例えば，

保守速報　URL は http://hosyusokuhou.jp。保守派や右派の人びとが好むようなニュースをまとめたサイト。しばしばヘイトスピーチを肯定・助長するような主張もみられる。
まとめサイト　ウェブ上で公開されている情報やニュースをまとめたウェブサイトのこと。情報を挙げるだけではなく，それに対してさまざまなコメントを閲覧者が付け加えることが可能である。
神道議員連盟　1969 年に結成された，神社本庁を母体とする政治団体。神社本庁の価値観（天皇中心主義的な日本文化観）を浸透させることを目的とする。
日本会議　1997 年に結成された保守派の団体。神社本庁の強い影響下にある。天皇中心主義的な価値観や愛国主義教育の浸透，憲法改正などを目的とする。

Chapter 11　ネット右翼，ナショナリズム，レイシズム

安田浩一（2012：314-355）によると，社会において「奪われた」あるいは「うまくいかない」と感じている人たちこそが，「在特会」などのネトウヨ的主張や論理を基にした政治活動を支えているという。彼らは，左翼による「人権」の保護や「福祉」の重要性などの主張が，「もっている」あるいは「うまくいっている」特権階級による既得権益の擁護であるかのように感じ，そういった特権階級や既得権益への批判あるいは攻撃として，ネット右翼的な主張に共感しそれに基づいたデモなどの示威行為などを行うのだという。彼・彼女らもまた，社会から疎外されている自己に何らかの意味を見出すべく，ネトウヨ的な活動にコミットしていると考えられる。

　一方，樋口直人（2014）によると，安田が主張するほどには階級決定的ではなく，むしろネトウヨ的活動にのめりこむ人々にはそこへ至るさまざまな経路が存在するという。とはいえ，彼ら・彼女らは，強い疎外感を抱いているとまではいえないにしても，社会の主流派（と彼ら・彼女らがみなしているもの）に対する強い反発や違和感によって，ナショナリスト的な言説を支持するようになった人々であるといえるだろう。たとえば，外国人労働者への反発から，その排斥を唱える主張に共感を覚えるようになる者や，祖父から聞かされた話や，あるいは歴史修正主義へのシンパシーをもつことで，学校における歴史教育に対して批判的・懐疑的になっていった者など，さまざまな経路を通じてネトウヨ的な活動へ向かっていった者たちの事例が樋口によって挙げられている。これらのことから理解できることは，学校や地域社会などで学んだり聞いたりする主流派の議論に対して，反発を覚え異を唱えたいというのが，ナショナリスト的主張をうけいれ，ネトウヨ的活動へと参加するようになった動機となったということだ。

　さらには，北原みのりと朴順梨（北原・朴，2014）によれば，階級的・社会的にはそれなりに満たされている女性たちが，主にメディアによって担保されている支配的な風潮への強い反感や違和感がその動機となって，在特会とつながりのある「愛国」女性のつどい「花時計」の街宣活動といった，ネトウヨ活動へと参加しているという。北原はこれに関して，「どこにも届かない声を，だからこそ彼女たちはネットを通じて発表し，そしてこうやって街に出てきて声をあげるのだ。さぞかし悔しい思いをしてきただろう。さぞかし怒りがくすぶっていることだろう。闘わずには，いられないことだろう」（北原・朴，2014：62）

と分析する。ここでも，主流派に対する抵抗・対抗という構図が，そのネトウヨ的活動に邁進する動機として維持されている。

　在特会参加者自身が述べるように（安田, 2012：322-323），あるいは花時計をフィールドワークした北原が指摘するように（北原・朴, 2014：60），ネトウヨ的活動をつうじて，違和感や不満，あるいは疎外感を抱いている人たちの共同性が作られることになる。そこでは，同じような考えをもつ人たちがいて，自分のことを認めてくれるからこそ，居心地がよいという感覚を覚えることを可能にさせてくれるのだ。しかしこのことは，見方を変えれば，実際はそのような居心地のよさを得たいがために，主流派である右翼的な主張を受け入れているにすぎないとも考えられないだろうか。つまり，つながり自体が最も重要な目的なのであって，主張の内容それ自体はじつは副次的なものにすぎない可能性がある。しかし，だとすれば，ネイションに「あえて」こだわるということ自体には，実は何の必然性もないのだろうか。北原が指摘するように，なぜ「愛国」なのか，（特に女性の場合は）フェミニズム運動でもよいのではないか，という問いが生じるだろう。

　このような問いに対しては，次のように答えることができるかもしれない。それは，ネトウヨ的な人びとが求める調和的で疎外のない共同性などというのは，ネイション的なものとして以外は，宗教的な共同体を除いて，想像しにくいのではないか，ということだ。言い換えれば，現実的な係争や敵対性をすべて止揚した理想的な共同性といったものは，つねにネイションに仮託されて語られてきた，という思想史上の問題が存在するのであり，ネトウヨ的な想像力もまた，その限界に規定されているのではないだろうか。また，**テッサ・モーリス＝スズキ**（2013）が指摘するように，グローバライゼーションの問題も無視することはできないだろう。グローバライゼーションの進展によって，国境横断的な経済システムが各国社会のすみずみにまで浸透することで，既存の国民国家を基盤にした政治・社会制度が浸食されつつある。その結果，人々の生活が不安定なものとなり，既存の制度の下ある程度の繁栄を享受していた人々は不安感を募らせる

テッサ・モーリス＝スズキ　テッサ・モーリス＝スズキ（1951-）はオーストラリアの日本経済史・日本思想史学者。バス大学で博士号取得後，ニューイングランド大学を経て，現在オーストラリア国立大学教授。近代性と国民国家形成の関係の問題，およびそれに伴って生じる暴力性について，批判的に研究している。

Chapter 11　ネット右翼，ナショナリズム，レイシズム

ことになる。そして，その不安感の受け皿として，ナショナリズムが機能することになるのである。いいかえれば，不安感を払拭すべく，ネイションの再強化を人々は求めるのだ。

●レイシズムとネット右翼

　ネトウヨ的な主張のたいへん大きな問題として，レイシスト的な特徴をもっているということが挙げられる。たとえば，ネットでしばしばみられるのが，中国人や韓国人への露骨な侮蔑の言葉であり，彼・彼女らを自分たちより劣った存在としてみなすことを正当化するような議論である。また，すでに述べた在特会の活動においては，いわゆるヘイトスピーチとよばれる，「死ね」や「殺せ」などといった生命への脅威を感じさせるような言葉が，日本に在住している中国や韓国籍の人びとに対して容赦なく浴びせられている。これらは，個人がどのような人格や思想をもっているのかということと関係なく，ただどこの国籍かということだけが根拠となって，その攻撃の対象となっているのである。その意味で，このような攻撃的主張は文化的なものである，といえるだろう。

　実際，酒井直樹（2012：18）がいうように，今日のレイシズムは文化主義的なものである。つまり，ある個人が育ったであろうと想像される文化的環境をもとにして，その人の本質を規定してしまうという発想が，レイシズムを可能にしている。そして，このような文化の想像は，同じく酒井（1997）がいうように，「対−形象化の図式」とよばれる思考様式をもとになされている。つまり，自身が属する文化を実体的なものとして想像するためには，それとは異なった実体的な文化に属する他者を想像することが必要なのである。そして，この他者を想像しつつ否認することが，レイシズムであるのだ。

　ガッサン・ハージ（2003：144）によれば，他者は自文化に関する幻想を維持するために必要なものであるという。その幻想とは，純粋で均質的で切れ目がなく，自分の存在意味が十全に見出されるような共同体こそが，ネイションという文化的共同体である，というものだ。しかし，実際にはそういった共同体など存在しない。そのため，幻想を抱いている人びとは，その

> **ガッサン・ハージ**　ガッサン・ハージ（1957 -）はベイルート生まれのオーストラリアの人類学者。マックォーリー大学で博士号取得後，シドニー大学をへてメルボルン大学教授。ラカンなどの精神分析理論を用いつつ，現代社会のレイシズムなどについて研究している。

ような共同体の不在を，他者が不当にもネイションに侵入し，その純粋性や均質性を穢しているからだとみなすようになる。だからこそ，ネイションの維持のために他者の排斥が必要である，と彼ら・彼女らは声高に主張するのである。もちろん，他者が共同体から完全に排斥され尽くすことはないから，このような主張はずっと続くことになる。その結果，その主張が続く限り幻想が保持され続ける，という訳なのだ。この意味で，レイシズムはたとえば日本という文化的共同体が存在するという幻想を保持しようとする限り，必然的に生じるものなのだ。言い換えれば，日本などという文化的共同体は実は存在しない，という不都合な現実から目を背けたいがために，レイシズムは生じるのである。

　同様のことは，日本国内の問題だけでなく，日本と国外との関係を考える際にもあてはまるだろう。樋口直人（2014：204-206）によれば，ネトウヨや在特会などの主張に見られるレイシズムや排外主義は，日本と他国との間の植民地化や戦争などの歴史問題などを，放置しておきたいという意図に支えられているという。ネトウヨにとって，日本による植民地化や戦争といった問題は，日本というネイションを保持するために必要な「正当」な行為であったと理解されている。それゆえ，ネトウヨにみられるレイシスト的な主張は，それによってなんであれ日本への批判を，批判する側の悪意──すなわち日本のネイションの共同性を侵害しようという意図──に還元してしまおう，という欲望によるものでもあるのだ。そこでは，現実の他者による批判に耳を傾けることを避け，自分たちにとって都合の良い幻想を保持しつづけるために，レイシズムが機能しているのだといえるだろう。

11-5　まとめ

　本章においてはインターネットナショナリズムおよびネトウヨについて考察してきた。この考察を通して明らかにしようとしたのは，ネトウヨという現象の背後には，さまざまな次元の問題がお互い絡まり合う形で潜んでいる，ということである。それを手短にまとめれば，次のようになるだろう。

　「モダニティ」が進展した結果，ポストモダン的な状況ができ，その結果あらゆる価値が「大きな物語」として相対化された。そのような中，既存の共同性を担保している「大きな物語」に懐疑的な人びとの間に，ネイションが回帰

Chapter 11 ネット右翼，ナショナリズム，レイシズム 209

することになった。つまり，理想的なネイションとして戦前の「日本」が立ち現れたのだが，しかしこれは，今日においてにわかに起こった問題というよりは，実はすでに起こった国体を巡る歴史のある種の反復としても捉えられるのだ。そして，そもそも「文化的」概念である「日本」は，その外縁を規定するための外部が必要となる。そのため，ネイションとしての「日本」の純粋性を担保することを名目に，「レイシズム」はその外部の排除として生じているのである。そして，これら一連のネトウヨ的主張や活動を支えているのは，インターネットというメディア・コミュニケーションの技術的条件なのだ。

　以上，本章で論じられたのはネトウヨ／インターネットナショリズムに関する考察のほんの一端に過ぎないが，こういった考察を積み重ねつつ，現実を生き抜いていくための批判的な視点を構築していくこと，これこそがカルチュラル・スタディーズを学ぶことの大きな意義なのではないだろうか。

チェックポイント

- ☐ モダニティがナショナリズムを肯定する個人を生み出すのはなぜか。
- ☐ なぜインターネットがネット右翼を産み出すのだろうか。
- ☐ 国体主義的右翼と現代のネット右翼との類似性とは何か。
- ☐ ネット右翼がレイシスト的発言をするのはなぜか。

ディスカッションテーマ

① 「日本文化」や「日本性」という言葉を聞いたとき，どのようなことをイメージするだろうか。また，そういったイメージは右翼的なものと結びつくだろうか。話し合ってみよう。
② インターネットとラジオやテレビといったメディア・コミュニケーション技術はどのように違うだろうか。そして，その違いがもたらす利点と欠点は何だろうか。話し合ってみよう。
③ 社会からの疎外が，ナショナリズム的な価値や主張へとむかわせるのはなぜだろうか。それ以外の価値や主張へとむかう可能性はないのだろうか。話し合ってみよう。

レポート課題集

① ネット右翼はどのように現代の情報技術によってささえられているのか，またその技術によって支えられている共同体はどのようなものか，論じなさい。
② ネット右翼はなぜレイシズムを引き起こしてしまうのか。ネット右翼によって構想されている共同体の特徴を明らかにしつつ，論じなさい。

関連文献リスト

フーコー, M.（2007）．ミシェル・フーコー講義集成 7　安全・人口・領土　筑摩書房
島薗　進（2010）．国家神道と日本人　岩波書店
リオタール, J. -F.（1989）．ポスト・モダンの条件─知・社会・言語ゲーム　水声社

【参考・引用文献】

アンダーソン, B.／白石　隆・白石さや［訳］（2007）．定本 想像の共同体―ナショナリズムの起源と流行　書籍工房早山（Anderson, B. R. O'G.（1983）. *Imagined communities: Reflections on the origin and spread of nationalism.* London: Verso.）

大沢真幸（2011）．近代日本のナショナリズム　講談社

ハージ, G.／保苅　実・塩原良和［訳］（2003）．ホワイト・ネイション―ネオ・ナショナリズム批判　平凡社（Hage, G.（1998）. *White nation: Fantasies of white supremacy in a multicultural society.* Annandale, AU: Pluto Press.）

北田暁大（2005）．嗤う日本の「ナショナリズム」　日本放送出版協会

北原みのり・朴順梨（2014）．奥さまは愛国　河出書房新社

酒井直樹（1997）．日本思想という問題―翻訳と主体　岩波書店

酒井直樹（2012）．レイシズム・スタディーズへの視座　鵜飼　哲・酒井直樹・モーリス＝スズキ, T.・李　孝徳　レイシズム・スタディーズ序説　以文社, pp.3-68.

竹内　洋・佐藤卓己［編］（2006）．日本主義的教養の時代―大学批判の古層　柏書房

バウマン, Z.／森田典正［訳］（2001）．リキッド・モダニティ―液状化する社会　大月書店（Bauman, Z.（2001）. *Liquid modernity.* Cambridge: Polity Press.）

橋川文三（1994）．昭和ナショナリズムの諸相　名古屋大学出版会

樋口直人（2014）．日本型排外主義―在特会・外国人参政権・東アジア地政学　名古屋大学出版会

ポスター, M.／室井　尚・吉岡　洋［訳］（2001）．情報様式論　岩波書店（Poster, M.（1990）. *The mode of information: Poststructuralism and social context.* Cambridge: Polity Press.）

丸山真男（1961）．日本の思想　岩波書店

モーリス＝スズキ, T.（2013）．批判的想像力のために―グローバル化時代の日本　平凡社

安田浩一（2012）．ネットと愛国―在特会の「闇」を追いかけて　講談社

Gordon, A.（1992）. *Labor and imperial democracy in prewar Japan.* Berkeley: University of California Press.

Skya, W.（2009）. *Japan's holy war: The ideology of radical Shintō ultranationalism.* Durham: Duke University Press.

コラム⑥
即興創作の「場」としての「ニコニコ動画」——————

　スマートフォンや PC の個人所有が一般的となった現代においては，インターネット上での動画の視聴は，ごく当たり前の行為となっている。日常生活を記録したものから，音楽やアニメなどの自主制作作品まで，多様な動画が投稿されているYouTube 等の動画共有サイトは特に人気が高い。

　しかし同時にスマートフォンや PC による動画の視聴は，映画館や舞台での鑑賞やパブリックビューイングのように，「他の不特定多数の人と一緒に一つの動画を見ている」という実感を得ることは難しい。ところが，株式会社ドワンゴが運営する動画共有サイト「ニコニコ動画」は，動画プレイヤーに独自の機能を組み込むことで，インターネット動画視聴における動画製作者と視聴者の新しい関わり方を提示している。

　「ニコニコ動画」において最も特徴的な機能が「コメント機能」と「タグ機能」である。

　「コメント機能」とは，動画上に，視聴者が直接文字（コメント）を書き込むシステムのことである。動画プレイヤーの真下にあるボックスに文字を入力すると，再生中の動画に覆い被さるような形で，入力された文字（コメント）が右から左にスクロール表示される。入力したコメントはそのまま保存されるため，動画を再生する度に，入力した時と同じタイミングでコメントも再生される。自分のコメントのみならず，他のユーザーのコメントも保存・表示されるため，「ニコニコ動画」では動画を再生する度に誰かのコメントを目にすることになる。面白い動画には多数のコメントが流れ，クライマックスの場面では拍手や大歓声のかわりに，字幕が画面をうめつくす。もちろんコメントの内容は賞賛に限らず，動画を揶揄するものや，批判の言葉が書き込まれる場合もある。

　ただ動画を見るのではなく，動画と併せてそのレスポンスをも再生可能にするシステム，それがコメント機能だ。動画投稿者はコメント機能により，視聴者からの反応を直接的に受け取ることができる。また，視聴者も，別の視聴者と一緒に同じ動画を見ているようなライブ感を擬似的に体験・共有することとなる。

　また動画の再生画面の真上には，動画の内容を簡潔に表現した複数の単語や短文，「タグ」が表示されている。それらの一つをクリックすると，同じタグがつけられた動画がサイト内から抽出・表示される。タグ機能もコメント機能と同様に，動画の投稿者のみならず視聴者によって入力が可能だ。

　タグ機能はコンテンツの分類に有用なため，他の動画共有サイトや SNS 等にも搭載されている。しかし「ニコニコ動画」におけるタグは，単なる動画の分類に限

らず，コメントと同様に動画の説明や内容を批評，揶揄するため，もしくは投稿者と視聴者のコミュニケーションのために利用されている。一方で，本来の抽出機能も有しているため，異なるジャンルに分類されるべき動画でも，同一のタグが使用されていれば，同じ検索画面に表示されることになる。そのため，「ニコニコ動画」においてタグ機能は，類似の動画を見つけると同時に，一見関係性がないと思われる動画同士を関連づける契機としても機能しているのだ。

コメント機能とタグ機能に共通しているのは，動画の視聴者がその機能を通して，音楽のセッションのような即興的な創作を行う点である。コメント機能は主に動画に対する感想や意見を述べる際に使用されるが，文字の色・表示方法を変更することで動画の装飾に応用される場合も多い。楽曲の動画で歌詞を表示させたり，文字記号を応用して画面上に字幕でイラスト描く視聴者もいる。またタグ機能も，「振り込めない詐欺」（視聴者がお金を払おうと思うほど優れた内容の動画に対する，「振り込め詐欺」を捩った賞賛の言葉）などの独自の言葉が生み出されており，秀逸なものは他の動画でも引用されている。

このように「ニコニコ動画」においては，動画製作者のみならず，視聴者が即興的創作を行い，動画コンテンツに介入している点が大きな特徴である。即興的創作は特に，再生数が多い＝注目度の高い動画で活発に行われる傾向があるため，動画製作者にとっては作品づくりへのモチベーションとなる。また視聴者も，秀逸なコメントやタグを投稿した際には，他の視聴者から「職人」と賞賛されたり，「ニコニコ動画」内でのジャーゴンとして汎用されるため，積極的に投稿する。

そのため，「ニコニコ動画」はただ動画を投稿，視聴するだけにとどまらず，視聴者と投稿者がインタラクティブに刺激しあい，かつ即興的な創作を生み出す「場」を有したサイトである，と考えられる。

かつて映像コンテンツを扱うメディアがテレビに限られた時代は，放送免許をもつ企業が独占して映像コンテンツを製作・公開していた。しかしインターネット上で動画投稿が可能になると，映像コンテンツの製作・提供は企業に限らず，一般人が自らの力で世界中の視聴者の注目をあつめることが可能になった。そして「ニコニコ動画」の登場と隆盛は，動画製作者のみならず視聴者も創作活動に介入することが可能であるということを，私たちに伝えているのではないだろうか。

山際節子

Chapter 12

ポピュリズム，テレビ政治，ファシズム

川村覚文

学びのポイント
- ●ポピュリズムが台頭する仕組みについて，考察する。
- ●ポピュリズムにおいてしばしば主張される「民意」とは何か，理解する。
- ●カルチュラル・スタディーズ的視点から，ポピュリズムを理論的に分析できるようになる。

12-1　ポピュリズムという古くて新しい現象

　近年，日本の政治をめぐる議論においてしばしば聞かれる言葉に，「ポピュリズム」がある。最近では，大阪府知事と市長を歴任した橋下徹による，高い支持率を獲得するための手法がポピュリズム的である，といわれたりしているのを聞いたことが，この本の読者であるみなさんにはあるだろう。あるいは，少し昔の話になるが，元首相の小泉純一郎がポピュリズム的手法に訴えることによって，その高い支持率を維持していた，という話も聞いたことがあるかもしれない。さらには，首相に返り咲いた安倍晋三が主張している，「私は選挙で人びとから選ばれており，それは民意だ」といった類の意見には，ポピュリズム的特徴がみられるといえるかもしれない。

　しかし，多用される割には，ポピュリズムという言葉の定義はイマイチはっきりしないものである。たとえば，ポピュリズムはしばしば「民意」という人びとの本当の意志・意見といったものと対立するもの，として論じられている。つまり，ポピュリズムとは自らの意志や意見をちゃんと捉えきれていない人びとが，偏った意見をもつ政治的指導者によって騙され動員された結果可能になったものだ，として理解されがちである。だが，それでは人びとの本当の意志や意見なるものはどのように捉えることができ，それがいかにポピュリズ

ムと異なるものとして提示することができるのだろうか。このような問いに対して，有効な答えを出すことは難しいようにみえる。そして，このような事実自体，ポピュリズム（およびそれに対抗するものとして民意）という概念がいまだ十分に論じられておらず，曖昧な概念のままであるということの証左であるといえよう。実際，たとえば政治学などにおいてポピュリズムがその分析対象として論じられ始めたのは，ごく最近のことであるのだ。

　もちろん，ポピュリズムという現象としてよばれるものの歴史をふりかえれば，かなり古くまでさかのぼることができる。たとえば，ユリウス・シーザーやナポレオン・ボナパルトは，ポピュリストの先駆けであるということができるだろうし，19世紀にはアメリカでポピュリスト党なる政党が出現している。また，1930年代から40年代の日本やドイツ，あるいはイタリアなどで見られたファシズムもまたポピュリズムの一つとみなすこともできるだろう。そもそも，ポピュリズムは民主主義がいまだしっかりと根付いていない，発展途上国などにおいてみられる現象だとみなされてきた。それはたとえば1960年代の南米やアフリカなどにおいて典型的に見られる現象として，長らく理解されてきたのである。言い換えれば，西ヨーロッパや北アメリカなどの先進諸国における政治を研究する際に，ポピュリズムはその対象として理解されてはいなかったのである。

　それに対して，1970年代後半にはポピュリズムが先進国でも見られる現象として理解されるようになってくる。そういった先進国の問題としてポピュリズムを研究したものの先駆けこそが，スチュアート・ホールによるサッチャリズムへの批判的研究である。ここで強調したいのは，スチュアート・ホールというカルチュラル・スタディーズ発展のために最も中心的な役割を担った人物による名高い研究の一つが，ポピュリズム研究であったということだ。ホールはイギリスで首相を長らく努めたマーガレット・サッチャーによる主張や政治手法（これをサッチャー主義＝サッチャリズムと呼ぶ）を「権威主義的ポピュリズム」として批判し，そのようなポピュリズムがどのような言説実践，とりわけ 節　合^{アーティキュレーション} によって可能になっているかを分析した。そして，このような分析枠組みは，その後のさまざまなカルチュラル・スタディーズやカルチュラル・スタディーズ系のメディア研究の主要な理論的前提として受け継がれている。この意味で，ポピュリズムへ

Chapter 12　ポピュリズム，テレビ政治，ファシズム

の批判的分析はカルチュラル・スタディーズの主要な問題関心であるべきだし，最近になって政治学や社会学がポピュリズムへとその関心を向けつつある中で，より早くから関心を寄せてきたという意味においても，カルチュラル・スタディーズによるポピュリズムへの批判的介入は注目に値するといえるだろう。

　サッチャー登場に前後して，より広範囲にポピュリズム的と呼ばれる現象が起こり始めた。北米の**ロナルド・レーガン**，オーストリアの**イェルク・ハイダー**，フランスの**国民戦線**や**ニコラ・サルコジ**，イタリアの**シルヴィオ・ベルルスコーニ**，オランダの**ヘルト・ウィルダース**などのポピュリストやポピュリストグループ・政党が登場し注目を集め始めたのである。日本でも冒頭にあげた小泉，橋下，安倍以外にも，**田中角栄**や**中曽根康弘**，あるいは**石原慎太郎**などが，ポピュリストとして呼ばれ注目されてきている。その結果として，政治学や社会学において，ポピュリズム研究が脚光を浴びつつあるといえるだろう。しかし，冒頭に述べたように，そこではポピュリズムが何をさすのかということに関する支配的な理解は，いまだないように見える。

　本章では，以上のような古くて新しい問題としてのポピュリズムを理解するための，カルチュラル・スタディーズ的アプローチについて考察する。それによって，いまだ

ロナルド・レーガン　ロナルド・レーガン（1911-2004）は第40代アメリカ合衆国大統領。元俳優という経歴のもと人気を集め，国内的にはレーガノミクスと呼ばれる経済政策を，国外的には軍備力増強をもとにした強硬路線をとった。

イェルク・ハイダー　イェルク・ハイダー（1950-2008）はオーストリアの政治家。オーストリア自由党元党首。激しい移民排斥と公的機関の民営化推進を主要な政策として訴えた。

国民戦線　血統に基づくフランス人至上主義を唱え，ムスリムや黒人系移民の排斥を強硬に主張するフランスの政党。ジャン＝マリー・ル・ペンによって創設され，現党首はその娘のマリーヌ・ル・ペン。

ニコラ・サルコジ　ニコラ・サルコジ（1955-）はフランスの政治家。第23代フランス大統領。移民への強硬な姿勢で知られるとともに，経済自由化を押し進める政策をとった。

シルヴィオ・ベルルスコーニ　シルヴィオ・ベルルスコーニ（1936-）はイタリアの政治家であり，4期続けて9年間にわたり首相を務めた。多くのテレビ局を支配するメディア王であり，その影響力を背景に強圧的・独裁的な政治姿勢を採った。

ヘルト・ウィルダース　ヘルト・ウィルダース（1963-）はオランダの政治家。自由党の党首。イスラームへの激しい批判で知られ，ムスリム移民の流入を禁止することで「オランダのイスラーム化」を食い止めることを主張した。

田中角栄　田中角栄（1918-1993）は日本の政治家。第64代および第65代首相。日本列島改造論で知られ，新幹線や高速道路の整備を通じて日本列島をつなぐことで，地方の工業の振興が可能になるとを訴えた。

中曽根康弘　中曽根康弘（1918-）は日本の政治家。第71代・72代・73代首相。戦後に制定された日本国憲法を基にした民主主義的な法律や制度に対して強い批判をもち，教育基本法の見直しや靖国神社の公式参拝などを主張した。また，経済的には国営企業であった専売公社，電電公社，国鉄の民営化や，半官半民であった日本航空の完全民営化を押し進めるなどの，自由化路線を採った。

石原慎太郎　石原慎太郎（1932-）は日本の作家，政治家。『太陽の季節』でデビューした後，同作品で芥川賞受賞。その後政治家に転身し，自民党内閣で大臣等を歴任した後，東京都知事を4期続けて13年に渡り務めた。民族主義的かつ家父長主義的な信念をもつことで知られ，しばしばその発言は批判の対象となっている。

錯綜しているポピュリズムを巡る議論を読み解くことができるような，一つの視点を学習することを目標とする。そのために，まずホールによるサッチャリズム批判を検討する。そして，そのホールにも影響を与え，また反対にホールによるサッチャリズム批判がその理論的深化にも影響を与えた，エルネスト・ラクラウによるポピュリズム分析を考察する。最後に，日本の最近のポピュリスト的事象に関して，ホールやラクラウらによる理論がどのように応用可能かを検討して，本章を終えたいと思う。

12-2　スチュアート・ホールによるサッチャリズム批判

●カルチュラル・スタディーズとしてのポピュリズム研究

　サッチャーは1979年に首相の座につくや否や，1990年にいたるまで十年以上にわたる**保守党**による長期政権を維持した。このような長期政権を可能にしたものこそ，サッチャーがとったポピュリスト的手法，すなわち「サッチャリズム」であるといえる。ホールによる研究の目的は，サッチャリズムがどのようにしてこのような長期政権を可能にする支持をあつめることができたのか，そしてそれがなぜ保守党への対立勢力——すなわち左翼——には不可能であったのか，ということを明らかにすることであった。この目的のためにホールが注目したのが，アンジェラ・マクロビー（2005）が指摘するように，「文化」という問題である。つまり，単にいわゆる「政治」——議会や政府におけるパワーゲームとして通常は認識されているもの——を通してだけではなく，日々の生活において個々人の行動や好みなどに指針を与えるものとしての「文化」の問題を，政治的な問題につなげ，それによって議会外の人びとに訴えることで，その力を維持したのがサッチャーの戦略であったという訳なのである。

　サッチャーの所属する政党は保守党であるにもかかわらず，彼女によって押し進められた政策は，ある種の「革命」であるというイメージとともに受け止められていた。通常，「保守」（あるいは右翼）とは伝統や古くから存在するものの権威を「守り保つ」ものであるはずだから，現状を破壊し新たなものを構築しようとする（革新あるいは左翼的なイメージを想起させる）「革命」とは対極にあるものだ。にもか

保守党　二大政党制を採っているイギリスで，左派政党である労働党に対抗する右派政党。その前身は王党派（王の絶対的権力を支持する人びと）であるトーリー党である。

Chapter 12　ポピュリズム，テレビ政治，ファシズム

かわらず，サッチャーは「革命」を遂行する政治家として，理解されていた。このようなことが，どうして可能であったのだろうか。ホールは，サッチャーのこのようなイメージがいかに形成されているのかに着目することで，彼女のイメージ形成が人びとからの支持を集めることにいかに成功したのかを批判的に分析しようとした。そして，そこに「文化」的な要素が大きく作用していることを明らかにした。この分析の為にホールが採用したアプローチが，政治理論家であるエルネスト・ラクラウとシャンタル・ムフ（1985）によって提起された，ヘゲモニー（覇権）と 節　合（アーティキュレーション）の理論である。

　ホールによれば，サッチャーの成功は，それぞれまったく異なったばらばらの要素や問題を「縫い合わす」ことによって，新しい政治的な展望が可能であるかのように見せることができたからであるという。それは具体的には，既存の政治構造や制度を改変していくことが，人びとの日々の生活における自由や選択肢を増やすことを可能にし，結果として自身の文化を豊かにすることへとつながる，というような主張として流通していった。この結果，日々の生活と政治の双方に不満をもっていた人びとの広範な支持を獲得することに成功したのである。このように，異なった次元に属すると思われる事柄にかんする要素をつなげ，一つの新しい言説を構築することを 節　合（アーティキュレーション）と呼ぶ。そして，このような 節　合（アーティキュレーション）を通じて，より多くの人に受け入れられ支配的なものとなるような言説が，構築されることになる。つまり，言説のヘゲモニー（覇権）を構築することになるのだ。イタリアの政治思想家**アントニオ・グラムシ**とフランスの精神分析学者**ジャック・ラカン**に影響を受けつつ，ラクラウとムフによって論じられたこの 節　合（アーティキュレーション）とヘゲモニーの理論に依拠することで，ホールはサッチャーによる主張がいかに人びとからの支持を集め，ヘゲモニーを構築していったのか，ということを分析したのである。だが，それでは具体的にはどのように要素が縫い合わされ，ヘゲモニー的な主張＝言説が構築されたのであろうか。次項では，この問題ついてより詳しく分析しつつ，ホールがサッチャリズムを「権威主義的ポ

> **アントニオ・グラムシ**　アントニオ・グラムシ（1891-1937）はイタリアの政治運動家，思想家。イタリア共産党の結成メンバーであり，「ヘゲモニー」という概念を唱えたことで知られる。
> **ジャック・ラカン**　ジャック・ラカン（1901-1981）はフランスの哲学者，精神分析学者，精神科医。構造主義的発想を導入することでフロイトの精神分析論を刷新，その思想は第二次大戦後のフランスにおいて発展した現代思想に多大な影響を与えた。

ピュリズム」と名付け批判した理由について，考察してみよう。

●「権威主義的ポピュリズム」としてのサッチャリズム

　サッチャリズムが登場してくるその背景には，戦後のイギリスの福祉国家化という問題が存在していた。「英国病」という言葉があるが，戦後のイギリスではさまざまな基幹産業部門（電力や鉄道，運輸など）の国有化や社会保障制度（全国民を対象にした原則無料の医療サービスなど）の拡充化，あるいは労働組合の権限強化などを進めた結果，政府や行政機構が肥大化し機能不全に陥ってしまうという事態が，1970年代には生じてしまった。また，このような国内的な要因とあいまって，国際社会におけるイギリスの経済的・産業的な存在意義の著しい低下などが同時期にみられた。かつて大英帝国とよばれ権勢をほこったイギリスは，いまや「ヨーロッパの病人」と呼ばれるまでに落ちぶれてしまっていたのである。

　このような英国病を招いたとされる政策は，左翼政党である労働党が主にイニシアティブを採って進めていったものであったが，そのためサッチャー保守党が主張したのが，機能不全に陥ったのは労働党に責任がある，というものであった。つまり，国政レベルから市役所レベルにまではびこっている官僚主義的で集合主義的な労働党のやり方が，労働組合員などの労働党と結託している既得権益層にのみ恩恵を与える一方で，システムとしては効率が悪く人びとの自由と活力を奪っている，と非難したのである。そして，このような労働党の政策によって最も被害を被っているのは，「普通の人びとの生活」であるとサッチャーは主張した。子どもをどの学校に入れたいか，あるいは公営住宅の玄関をどのような色に塗り替えたいか，などといった，個々人が日々の生活において大切なこととして捉えるであろうことにたいして，その自由な選択を制限してくるのが，労働党の官僚主義であると非難したのである。そして，サッチャー保守党こそが，このような労働党によって悪化させられた英国病を根底から治療することのできる，革命的な政策を推進できると主張したのであった。

　このような主張が，労働党が草の根からの政治参加をあまり好まなかったということも相まって，現状に不満をもつ人びとに対して強い訴求力をもつことになった。それは，保守党や労働党を伝統的に支持してきた層とは異なっ

た，より広範な人びとであった。サッチャーは，「公平さ」・「選択」・「近代」という言葉を使い，自らが行おうとしている政策こそがこれらの理念にかなったものであるとしつつ，それまでの労働党による政治を，既得権益者にのみ便益を図るという点で不公平であり，官僚主義的に個人の選択の自由を制限するものであって，しかも非効率的で非近代的なものであると糾弾した。マクロビー（2005：27）がホールを参照しつついうように，サッチャー保守党は自分たち「新右翼」（New Right）がそれまで構築されてきた社会構造全体に対して徹底的な刷新を行う，「断固としたラディカリズム」を押し進めるのだというイメージを説得力をもって提示することによって，より多くの人びとからの支持を集めることに成功したのである。こうした人びとからの支持をもとに，サッチャー保守党は国営企業の民営化や公営住宅の払い下げ，あるいは労働組合の弱体化を通じた労働市場の柔軟化などといったいわゆる新自由主義（ネオ・リベラリズム）的政策を押し進めたのであった。

　以上のように，サッチャーは自らのイメージを「革命」あるいは「ラディカルさ」と結びつけることに成功した。その結果，彼らの主張はヘゲモニーを構築し，広範な支持を取り付けることが可能になったのであった。その上でサッチャー保守党は，このような革命を通じて，「法と秩序」そして「家族的価値観」といったものの恢復の必要性を主張したのである。これらは，労働党政権におけるシステムの機能不全が社会を混乱させた結果，政府への信頼が失われるとともにその権威も失墜させられた，という状況への処方箋として提示されたのであった。このように，政府や伝統的なものの権威の重要性と主張するという意味において，サッチャリズムは権威主義的な性質を持っている。だからこそ，ホールはこれを「権威主義的ポピュリズム」と名付けたのである。ここで興味深いのは，しばしば権威主義は個人の自由を抑圧し束縛する傾向があるにもかかわらず，サッチャリズムにおいてはこの両者が共存しうるものとして主張されていた，ということだ。「保守」と「革命」，そして「自由」と「権威」。このような論理的には矛盾し合うはずの要素がつなげられ，人びとからの支持を得るというのがサッチャリズムにおいてはみられたが，このような事態こそがポピュリズムを構成するメカニズムの本質であるともいえるだろう。その理由について，次節ではポピュリズムをより理論的に考えることで，明らかにしてみよう。

12-3 ポピュリズムを分析する理論

◉エルネスト・ラクラウによるポピュリズム理論１：民意かポピュリズムか

ホールに大きな影響を与えたのは，ラクラウによるポピュリズム理論である。
ラクラウは**ポスト・マルクス主義**的な観点からポピュリズムに関する理論を構
築しようとしたが，それによってこれまで階級などに還元されて，政治やイデ
オロギーが分析されてきたあり方の不十分さを，批判しようとした。たとえば，
すでに触れた労働党や，あるいは社会党や共産党などといったいわゆる左翼政
党は，労働者階級とよばれる，財産をもたず自らの労働力を売って雇ってもら
うことしかできない貧しい人びとの利害を代表し代弁するものとして理解され
てきた。その一方で，保守党などのいわゆる右翼政党は，資本家などの潤沢な
財産をもちそれによって人びとを雇うことのできるような豊かな人びとの利害
を代表し代弁するものである，と理解されてきた。しかしポピュリズムにおい
ては，こういった党と階級との間の相関的な代表関係が見られず，むしろ人民
あるいは人びとといった一般的な存在を代表することこそが，自らの存在根拠
であるかのように主張されている。むしろ，ポピュリズムとはその言葉自体が
人びとあるいは人民を意味する，people や popular に由来するのだ。そのため，
このような事態をどのように理解すればよいのかというのが，ラクラウにとっ
ての大きな関心であったといえるだろう。

ポピュリズムがしばしば民意と対立するものとして批判されるのも，その批
判においては党とそれが代表する階級や集団の相関関係といったものがあると
想定されているのだとしたら，その理由が理解しやすくなる。つまり，それは
民意こそが特定の階級や集団の利害を超えた，一般的な意味での人びとの意見
であって，ポピュリズムはそれを僭称して
いるにすぎない，という理解がその批判の
背後にあるのだといえるだろう。すでにみ
たサッチャリズムにしても，それは本来保
守党という右翼政党によるものであり，そ
の意味において特定の層，つまり資本家階
級といういわばお金持ち層の利害を代表し

> **ポスト・マルクス主義** ポスト・マルクス主
> 義は，それまでのマルクス主義思想の解釈を
> 批判しつつ，その新しい可能性を求めようと
> する思想および運動のこと。旧共産圏の国々
> の問題が明らかになるなどした後，ラカン派
> 精神分析などのフランス現代思想を導入する
> ことで，マルクス主義の可能性を批判的に構
> 想し直そうという機運が高まったことによっ
> て生じた。

ているはずである。にもかかわらず，それは貧しい人も含めた人びと一般の利害を代弁しているかのように装っているのであり，実際にはそんなことはできないはずだから，それはある種の欺瞞にすぎない，という訳だ。言い換えれば，ポピュリズムによって人びとは騙され，自らの利害を見誤ってしまっている，というのがその批判によっていわんとしていることなのである。

　実際，ラクラウも自らの初期のポピュリズム理論においては，このような人びとに誤った認識を植え付けるものとして，ポピュリズムを理解していたといえるだろう。そもそも，マルクスにとってイデオロギーとは虚偽意識のことであり，資本家階級が労働者階級を欺くために構築したものであるとされていた。つまり，労働者階級はイデオロギーといった形で，たとえば自分たちは――実際にはお金の必要性という観点から資本家たちによって縛られコントロールされているにもかかわらず――自由な労働者だというような嘘の意識を植え付けられてしまっている，というのがマルクスによるイデオロギー批判だったのである。

　初期のラクラウ (1985) もまた，ポピュリズムは特定の階級がヘゲモニーを構築するために，人びとあるいは人民一般が普遍的に受け入れることのできるであろう言説を利用して成り立っている，と理解していた。たとえば，いまさっき触れた自由という問題を例にとれば，自由という概念自体は人びとあるいは人民全員にとっていかにも重要なものして受け入れられることができるだろう。しかし自由とは資本家階級にとってみれば，労働市場において自由に労働者自身を競わせ，より安価で使える労働力を入手するための原理であるのだ。このように，たとえば自由という概念を使った普遍的な価値の受容（人民的審問）が，特定の階級にとって都合のよい価値の受容（階級的審問）へとつながるようにアーティキュレート＝節合されることで，その階級的価値観を正当化する言説にヘゲモニーをとらせるというのが，ポピュリズムの本質であると初期のラクラウは考えていたのであった。

◉エルネスト・ラクラウによるポピュリズム理論2：空虚なシニフィエと敵対性

　しかし，このような理解はまさにホールのサッチャリズム分析によって，重要な反駁をくわえられることになった。それは，サッチャリズムのようなポピュリズムにおいては，階級的な利害というよりもむしろ個々人の多様な価値の

方が問題になっている，ということであった。人びとは欺かれているのではなく，どの学校に入りたいか，あるいはどのように自分の家の扉の色を塗りたいかなどの，自分たちの個人的な利害により敏感であり，だからこそそれを実現してくれそうな勢力を支持するのである。その意味で，より多くの個人の利害を実現することが可能であるように説得できれば，そのポピュリズムはより強力なものとなる。つまり，サッチャリズムはより多くの個人の多様な利害を結び合わせることに成功したからこそ，人びとあるいは人民のための政策を提示する勢力としてヘゲモニーを構築することができたのである。この様なホールの議論は，言い換えれば，階級的あるいは集団的な利害を，たとえその特定の階級や集団に限ったとしても，一般的なものとして措定すること自体が暴力的なのではないか，という批判とつながっているともいえるだろう。そもそもある特定の階級の一般的な利害を特定することは，それにそぐわない利害をもつ個人を排除してしまう可能性を免れ得ない。にもかかわらず，一般的な利害なるものの存在を主張するのであれば，一般性から外れる個別性を認めないファシズムへと陥る危険性を冒すことになるだろう。

　このようなホールによる批判をうけとめつつ，ラクラウは自らのポピュリズム理論を刷新した。その結果ラクラウは，ポピュリズムを個別の要素の節合を通じてひとつの全体性が構築される運動として理解するようになった。ラクラウによれば，さまざまな要素は「空虚なシニフィアン」を通じて節合され，その結果人民あるいは人びとが構成されることになるという。シニフィアンとは意味するもの（能記）のことであり，これに対して意味されるもの（所期）のことをシニフィエと呼ぶ。たとえば，サッチャリズムにおいて「革命」がひとつのキータームとなったが，この「革命」という言葉自体が，シニフィアンである。そして，この「革命」によって意味される内容がシニフィエとなるが，サッチャリズムにおける「革命」の内容はさまざまなものに節合可能であった。それは国営企業を民営化することも，政府の権威を高めることも，子どもを好きな学校に入れられるようになることも，全て「革命」という言葉のシニフィエとなりうるのであった。このように，さまざまな意味内容を包摂することができ，ひとつのシニフィエによって規定されることのできないシニフィアンが，ラクラウがいうところの「空虚なシニフィアン」なのである。ポピュリズムはこの

ような「空虚なシニフィアン」を利用することで，なるべく多くの要素を節合し，その結果さまざまな利害をもつ大きな集団としての人民あるいは人びとを構成するのである。

　そして，この「空虚なシニフィアン」を通じて人民あるいは人びとが構成されるためには，「敵対性」（antagonism）という契機が必要になる，とラクラウは主張する。「空虚なシニフィアン」は，それが空虚である以上，何がそのシニフィエにあたるのかはあらかじめ決定されてはいない。そのため，そのシニフィエが決定されるのは，「空虚なシニフィアン」が敵対しているものを通じてなのである。例えば，サッチャリズムにおける「革命」のシニフィエは，その「革命」に対して敵対するものを特定することによって，規定することが可能になったのであった。具体的にいえば，労働党や，国営企業の幹部や，労働組合や，役所の官僚といった「革命」の敵を見出すことで，その敵を自らの敵とみなす要素は全て「革命」のシニフィエとすることが可能となる，というわけなのだ。そこでは「権威」と「自由」という一見相反するかのように見えるものも，それらが反革命派に敵対する概念だとひとたび認められれば，同じように「革命」のシニフィエとなり得るのである。これはいいかえれば，人びとや人民は，それに対する敵が見出されることで，初めて構成可能になるという訳だ。「革命」を望む人びととその敵。こういった敵対性に基づいた関係性を構築することで，ポピュリズムはヘゲモニーを構築しようとするのだ，といえるだろう。

　以上，ラクラウによるポピュリズム理論を概観してきた。最後に，次節においてはこのようなポピュリズム理論が現代の日本にどのように応用可能か，検討してみよう。

12-4　日本のポピュリズムを分析する

　2001 年に首相に就任した小泉純一郎の政治手法は，しばしばポピュリズムであるといわれてきた。しかし，どういった点においてそうなのだろうか。小泉もまた，「構造改革」や「自民党をぶっ壊す」といった言葉を使い，自らを「改革」者であるかのようなイメージでもって訴えた。つまり，それまでの自民党政治によって構築されてきた，既得権益を生み出すような構造を壊し改革する存在として，自らをアピールしたのであった。とりわけその改革の目玉として

主張されたのが，郵政事業の民営化である。1980年代にいわゆるバブル経済がはじけて以来，日本は長く続く不況に当時も喘いでいたが，その不況の原因を小泉は既得権益層に還元する形で批判したのであった。そして，その改革に反対する人たちを「抵抗勢力」とよぶことで，小泉は敵対性の契機を生じさせることに成功した。つまり，「抵抗勢力」たちは自らの既得権益の保持のために，郵政民営化を核とする構造改革に反対しているのだ，というように主張したのである。このように既得権益層と，そのせいで割りを食っている一般的な人びとという敵と味方の区別を構成し，一般の人びとのために改革を行う小泉内閣というイメージを構築することを小泉は可能にしたのであった。

　ここにおいて，ラクラウによるポピュリズム分析が小泉にも当てはまることが理解できるだろう。小泉は「抵抗勢力」との敵対性によって，「構造改革」という言葉が人びとを構成する「空虚なシニフィアン」として機能するようにし，その結果ヘゲモニーを握ることに成功したのである。なんであれ「抵抗勢力」が反対するような政策は，「構造改革」によってアーティキュレート＝節合される要素となり，それは一般的な人びとの利害に見合ったものとして語られ，認識されるようになっていったのであった。逆にいえば，「抵抗勢力」を敵とすることによって，一般的な人びとという外縁が決定されるようになっていったのだ。この結果，小泉がヘゲモニーを握っている状況下では，一般的な人びとであると自らを自認している場合，あたかも「抵抗勢力」を自らの敵であり，「構造改革」こそが自らの利害に叶うものである，と積極的に（＝主体的に）思うようになっていく，という構造が構築されていったのであった。

　小泉は，自らが人びとの利害を代表しているのだというイメージを構築するために，積極的にメディアを活用した。それは論理的に訴えるというだけではなく，人びとの情動に訴えるという戦略も利用したのであった。たとえば，「小泉」自民党のテレビCMにおいては，Xジャパンの『Forever Love』をバックに流し，自身をより一般的な人びとが受容するようなポピュラー音楽やサブ・カルチャーを愛好している人物であるというイメージを印象づけようとした。これは，論理というよりも趣味や嗜好の共通性を通じて，共感を得ようとした手法であるといえるだろう。このような戦略は小泉だけではなく，その三代後に首相に就任した麻生太郎などもまた，自らを『こちら葛飾区亀有公園前派出

Chapter 12　ポピュリズム，テレビ政治，ファシズム　225

所』や『勇午』，あるいは『ローゼンメイデン』などのマンガを愛好するサブ・カルチャー好きというイメージに訴えるという形で，採用していたのであった。

　しかし，このようなポピュリスト戦略においては，それを支持している多様な思惑や利害がすべて達成されることは難しい。なぜならば，その多様な思惑や利害そのものが，すでにサッチャリズムの分析において見たように，矛盾した関係であることもしばしばだからである。にもかかわらず，ポピュリスト戦略を通じて達成された成果を，あたかも自身の利害が達成されたかのように誤認してしまう可能性が生じる。しかも，それだけではなく，よくよく考えてみれば自身の利害に矛盾するような政策がポピュリスト政治によって押し進められているにも関わらず，それに気づかずにむしろそれを熱狂的に支持してしまう危険性まであるだろう。ポピュリズムへの熱狂はしばしば全体的な連関への視点を見失わせ，自分で自分の首を締める結果へといたることになるのだ。実際，サッチャリズムにおいて進められた福祉政策の弱体化や，小泉政権のもとにおいて進められた年金改革・医療改革などは，それが唱えられた際には強力な支持を取り付けたが，その後しばらくしてからその問題性が明らかになり，批判の対象となっている。つまり，それは人びと（人民）のためと称してなされたことが，実際には（もちろんそれによって利益を得た，あるいは影響を被っていないという少数の人びともいるだろうが）多くの人びとの利益を損ねるものであった，ということが明らかになったということだと理解できよう。このような事態が生じることを，ポピュリズムの問題として挙げることができるだろう。

12-5　ま と め

　近年においては，橋下徹や安倍晋三もまたポピュリストであると批判されている。彼らのポピュリスト的側面もまた，敵対性によって敵と味方を作り出し，味方の側にある勢力を普通の人びと，あるいは「民意」として構成している点にあるといえるだろう。これまで見てきたように，人びとや「民意」が構成されるために節合される要素は，多様で時には矛盾しあうものが含まれている。にもかかわらずその多様性がポピュリストによって無視され，しかも多くの人がそれを見逃している場合，構成された「民意」や人びとの名の下に進められる政策が，個々人の多様な利害に反してでも優先されるような状況を容易

に出現させるだろう。その結果，個人の意見を表明することが直ちに全体の利益を害するものとされてしまい，だれも時の政権への批判を口にすることのできないような体制，すなわちファシズム的体制が（皮肉にも）成立してしまうことになるだろう。これこそが，ポピュリズムにおいて最も警戒せねばならない側面であるのだ。ここまでポピュリズムについて学んできた私たちは，現代日本における政治家によるポピュリスト的言説がファシズムへと転化しないように，つねに批判的な視点を保持することができるであろう。

チェックポイント

□ 節　合とヘゲモニーの関係とは何か。。
□ 敵対性と「空虚なシニフィアン」はポピュリズムにおいてどう機能するのか。
□ ポピュリズムにおいて民意はどのようなものとして理解されているのだろうか。

ディスカッションテーマ

①日本においてみられるポピュリズムでは，どのようにテレビやメディアが利用されているだろうか。議論してみよう。
②現代のポピュリズムはファシズムへと転化してしまう危険性はないだろうか。その可能性はどこまで高い（あるいは低い）だろうか。議論してみよう。

レポート課題集

①ポピュリズムは「民意」を反映していないのだろうか。そもそも「民意」とは一体どういったものを指し，それは本当に存在するのだろうか。論じなさい。
②サッチャーと小泉の政治手法は，それぞれどういった意味においてポピュリズムなのか。そして，今日の政治においてポピュリズム的状況はみられるだろうか。以上の問題について，理論的に論じなさい。

関連文献リスト

Hall, S. (1988). *The hard road to renewal: Thatcherism and the crisis of the left.* London: Verso.
鵜飼健史（2013）．人民主権について　法政大学出版局
山本　圭（2016）．不審者のデモクラシー—ラクラウの政治思想　岩波書店
吉田　徹（2011）．ポピュリズムを考える—民主主義への再入門　NHK ブックス

【参考・引用文献】

ラクラウ, E. ／横越英一［監訳］（1985）．資本主義・ファシズム・ポピュリズム—マルクス主義理論における政治とイデオロギー　柏植書房（Laclau, E.（1979）．*Politics and ideology in Marxist theory: Capitalism-fascism-populism.* London: Verso.）
ラクラウ, E. & ムフ, C. ／西永　亮・千葉　眞［訳］（2012）．民主主義の革命—ヘゲモニーとポスト・マルクス主義　筑摩書房（Laclau, E., & Mouffe, C.（1985）．*Hegemony and socialist strategy: Towards a radical democratic politics.* London: Verso.）
McRobbie, A.（2005）．Stuart Hall and the inventiveness of cultural studies, *The use of cultural studies.* London: Sage, pp.9–38.

Chapter 13

オリンピック，祝賀資本主義，アクティヴィズム

山本敦久

> **学びのポイント**
> - アスリートたちが競技場で示す身体パフォーマンスがどのような政治的意味をもつのかを読み解く。
> - 祝賀資本主義という概念を手がかりに，現代のオリンピックがどのような問題を引き起こしているのかを問う。
> - アスリートたちが，オリンピックの内部でどのような抵抗のパフォーマンスを示しているか考える。

13-1 "Hands up, Don't shoot"：ジョン・カーロス，再び

 2014年11月，ミズーリ州セントルイスに本拠地を置くNFLのセントルイス・ラムズ（現ロサンゼルス・ラムズ）に所属していた5名の黒人選手たちは，ホームスタジアムで行われる試合の直前，入場口からフィールドに飛び出してくると，なんらスローガンを発話することなく，ただ両手を挙げて無抵抗（丸腰）を体現した。この様子は#BlackLivesMatterを通じて，瞬く間にTwitterやfacebook，Instagramを通じて世界を駆け巡った。

 同じミズーリ州ファーガソンで8月に起きた白人警官による黒人少年マイケル・ブラウン射殺を受け，大陪審は白人警官の不起訴という決定を下した。こうした理由から，丸腰の黒人への残忍な行為に対する怒りの反応は暴動となって，車を焼き，商店を襲った。抗議行動は"ファーガソン・プロテスト"と呼ばれ，"hands up, don't shoot"（丸腰だ，撃つ

図13-1 セントルイス・ラムズ所属選手の無言の身体表現[1]

---

1) 出典：http://www.post-gazette.com/image/2014/12/01/ca0,12,4232,2833/ADDITION-Raiders-Rams-Football.jpg（2017年8月28日確認）

な），"Black Lives Matter"（黒人の命だって大切だ）というスローガンとともに米国各地に広がった。このような事態のなかで起きた黒人アスリートたちの無言の身体表現であったのだから，誰しもがその抗議の意味を理解できた。ラムズの選手たちは，無抵抗のまま殺されたマイケル・ブラウンとファーガソン・プロテストへの団結を示したのだ。それは米国に暮らす黒人たちの現実の生を象徴的な形で際立たせるものだった。

　アスリートたちの動向に対するセントルイス警察の反応も早かった。警察は，NFLとラムズに対して，抗議を表明した選手たちへのすみやかな謝罪と処罰を要求した。「政治」から切り離され，極度に商業化された現代スポーツの世界では，"アスリートは政治的な抗議活動をするべきではない"，"アスリートは黙って仕事をして，結果を出すことを使命とするべきだ"といった常識がまかり通っている。しかし，そうしたおなじみの言説は，すぐさま，ある老齢の黒人の発話によって押し返されることになる。

　　もっと多くのアスリートたちが彼ら同様に，前に踏み出し，声をあげるべきだ。今回のような残虐行為はこれまでも起こってきた。こんなことはもうたくさんだ。私は1968年を思い出す。周囲は私が間違っていたと言うだろう。この新しい世代が出現するまでは。私は新たな世代がここにいるのだと感じている[2]。

　これは1968年に開催されたメキシコ・オリンピック陸上男子200Mの表彰台でトミー・スミスとともに，黒皮の手袋に包まれた拳を高く突き上げたジョン・カーロスの現在の言葉だ。彼もかつてスポーツの大舞台で，何も語らずに

> **ブラックパワー**　1964年の公民権法の成立以降もアメリカ社会では白人による黒人への差別が続いていたため，黒人の経済的・社会的自立の獲得に向け，黒人と白人との人種的平等を求めるストークリー・カーマイケルによって1966年に唱えられたスローガン。

身体で異議を唱えたアスリートのひとりだ。はじめてカラー衛星放送で中継されたオリンピックの舞台で，ふたりのアフリカ系アメリカ人は，**ブラックパワー**への敬意と団結を表し，奴隷制から続く黒人差別への無

---

2)　出典：https://www.thenation.com/article/st-louis-rams-players-tell-world-blacklivesmatter/（2017年8月28日確認）

Chapter 13　オリンピック，祝賀資本主義，アクティヴィズム

言の抗議を表明したのである。

　表彰台で拳を突き上げた身振りは，オリンピック史上もっとも意義深いものとして記憶されている。この時の写真は，60年代アメリカ史における反人種差別運動の功績の一つとして有名にもなった。だが，ここに出現した"スポーツ・アクティヴィズム"の可能性は，それほど重要視されてはこなかった。むしろ，「スポーツに政治を持ち込むべきではない」という，スポーツと政治を切り離す言説にたびたび利用されもした。また，ふたりの黒人アスリートはスポーツ界から追放され，二度と陸上界に戻ることはできなかった。

図13-2　トミー・スミスとジョン・カーロスのブラックパワー・サリュート

　しかし，カーロスたちの身振りによって"可能性"の新たな場所が作り出された。この時，オリンピックは既存の権力関係が映し出される儀礼であることを中断し，近代を通じて歴史の表面には現れなかった別のスポーツの可能性を出現させた。スポーツは政治と切り離される空間ではなく，耐えてきたことに耐えるのをやめて，新しい生の可能性を表現することができる変容の兆しを産出する場所にもなりうる。カーロスたちはそのことを示してみせたのだ。

　もちろん，可能性を実現させることにはリスクがつきまとう。事実，カーロスとスミスの人生は大きく変わってしまった。だが，アスリートたちの身体表現によって表面化された可能性は予測不能なまま，もう一つのプロセスを開始していた。だからこそ，カーロスは「新たな世代がここにいるのだと感じている」と喜び，擁護し，そして鼓舞するのだろう。

　ファーガソン・プロテストの勢いが収束する間もなく，今度は黒人男性を羽交い絞めにして窒息死させた白人警官たちへの怒りが米国各地で爆発した。カーロスが「新しい世代」と呼ぶアスリートのアクティヴィストたちは，NFLのみならずNBAや高校バスケット界の女性たちからも現れた。NBAのスター選手であるデリック・ローズをはじめとするアスリートたちは，窒息死したエリック・ガーナーの最後の言葉とされる"I CAN'T BREATHE"（息ができない）と書かれたTシャツを試合前のウォームアップ時に着て抗議し，両手を宙

図 13-3　I CAN'T BREATHE [3]

図 13-4　オキュパイ運動に参加する
ジョン・カーロス [4]

コーネル・ウエスト　アメリカの哲学者・政治思想家で，人種差別の問題を歴史分析的な手法を用いて論じた『人種の問題―アメリカ民主主義の危機と再生』(山下慶親 [訳], 新教出版社, 2008年) が代表作。
オキュパイ運動 (Occupy Wall Street)
2008年アメリカで起きたリーマンショック後に生じた格差社会への抗議行動として, 2011年9月にニューヨーク市マンハッタンのウォール街で起きた運動とその主催団体の名前。運動のスローガンとして, 「We are the 99%」という言葉が用いられた。

に挙げるパフォーマンスを行った。

　一連のムーヴメントは，「黒人の問題」であることにとどまらなかった。"Black Lives Matter" は，"MY Teammates' Lives Matter" へと読み替えられ，台湾系アメリカ人でレイカーズのジェレミー・リンを手始めに，多人種からなる運動へと拡がっていった。スポーツの舞台が黒人差別のみならず，アメリカを構成する多様な人たちが日常的に受けている差別を問題にする場になっていった。こうした文脈から考えると，ファーガソン・プロテストに賛同する NFL の選手たちの無言の抗議というのは，スミスとカーロスによって 40 年以上前に提示されたスポーツ・アクティヴィズムの可能性を現在へと召喚させるものとして考えることができるだろう。

　近年のジョン・カーロスは積極的に政治にコミットしている。アメリカのスポーツ・ジャーナリズム界でクリティカルな姿勢と活動を展開するデイヴ・ザイリンや黒人文化研究者の**コーネル・ウエスト**らと協力しながら回顧録『ジョン・カーロスの物語：世界を変えたスポーツの瞬間』(*The John Carlos story: The sports moment that changed the world*) を出版し，ザイリンが監督したドキュメンタリー映画 "*Not just a game*"

---

3) 出典：http://www.espn.co.uk/nba/story/_/id/12010612/nba-stars-making-statement-wearing-breathe-shirts (2017 年 8 月 28 日確認)
4) 出典：http://www.nydailynews.com/sports/more-sports/occupy-wall-street-sees-john-carlos-1968-olympic-medalist-famous-black-power-salute-speak-article-1.961940 (2017 年 8 月 28 日確認)

Chapter 13 オリンピック，祝賀資本主義，アクティヴィズム

では，1968年当時の様子を生々しく伝えている。また，ウォールストリートでの「**オキュパイ運動**」に参加し，街路を占拠する群衆の前で演説を行ったことも記憶に新しい。警察当局によって拡声器の使用が禁止されていたこの運動のなかで，カーロスの発話は参加していた人々の生の声からなる人間マイクの手法で，まるで“こだま”のように繰り返された。人種差別と闘い続ける黒人たちの苦境は，カーロスを介して現代におけるグローバル資本主義の横暴によって広がる貧困や格差に抗議する群衆たちの境遇に重ねられたのだ。

かつてオリンピックの内側にアクティヴィズムの場を作り出したカーロスが，「オキュパイ運動」のような現代のグローバル資本主義に抵抗する行動に参加するというのはとても象徴的な出来事だ。というのも，現代のオリンピックは，アスリートたちが競い合う場であると同時に，その周辺に吸い寄せられるビジネスや利権の拡大チャンスなのだが，それにとどまらない形をとりはじめている。オリンピックは，カーロスたちが開始したもう一つのプロセスを歩んでいる。それがスポーツを通じたアクティヴィズムだ。オリンピックは，現代のグローバル資本主義やネオリベラリズムの横暴，それらがもたらす抑圧に歯止めをかけようとするクリティカルな場にもなっている。現代社会の諸問題，例えば人種差別，性差別，民族差別，人権抑圧，環境破壊，メディアによる統制，都市の再開発と立ち退き，軍事化と監視社会化，そして貧困や格差に抵抗する多様な活動が集結し，そこでイシューを共有するグローバルな拠点になっているのだ。

本章では，まず1968年のオリンピックで起きたいくつかの出来事を振り返りながら，カーロスたちが切り開いた新しいプロセスについて考えていく。アスリートたちが，自らのスポーツする身体を記録や名誉のためでなく，別の可能性にむけて表現し，政治化していった内実を検証する。また，68年のメキシコ大会は，開催直前に起きたトラテロルコの大虐殺とそれを覆い隠すオリンピック祝賀が同時に共存したオリンピックだった。惨事と祝賀_{ディザスターセレブレーション}という二つの顔を同時にもつオリンピックから，私たちは現代オリンピックのなかに引き継がれる，隠された“負のレガシー”を発見していく。

北京，ソチ，ロンドン，バンクーバーで開催されたオリンピックでは，その周囲で大規模な抗議デモが行われた。オリンピックは，その支配形態に異議を唱える人々のグローバルな結節点ともなっている。世界中の関心を集めなが

ナオミ・クライン　カナダのジャーナリスト、作家、アクティヴィスト。1999年に『ブランドなんか、いらない──搾取で巨大化する大企業の非情』（松島聖子［訳］、大月書店、2009年）を刊行。新自由主義とグローバルな巨大資本に対抗するマニュフェストの書として世界中で読まれた。2007年には『ショック・ドクトリン──惨事便乗型資本主義の正体を暴く』（上下巻、幾島幸子・村上由見子［訳］、岩波書店）が出版された。

らも、なぜ現代オリンピックはこれほどまでに嫌われるのか。経済発展を謳う祝祭が、なぜ格差や貧困を引き起こすのか。私たちは、国家、マスメディア、グローバル企業などオリンピック支持者たちが信奉する「平和」や「夢」というレトリックに彩られた祝典を簡単に受け入れることができない現実が生み出されていることについて考えていく必要がある。

　近年、カーロスの周辺では"祝賀資本主義"という概念によってオリンピックを問題化しようとする動きが出ている。**ナオミ・クライン**が提起した"惨事便乗型資本主義"と対になり"例外状況"のなかで邁進する祝賀資本主義の一形態としてのオリンピックについて学びながら、現代オリンピックがもたらす諸問題を批判的に考えていく。

　最後に、カーロスを媒介にして広がる新しい潮流を掴まえていく。カーロスが関わる出来事と、そこから開始されるプロセスから学ぶべきことは多い。アスリートやアクティヴィストのみならず、現代社会の出来事を通じてカルチュラル・スタディーズを学び、実践する「新しい世代」たちにも多種多様な戦術のヒントを与えてくれるはずだ。そこには"粋"な技芸と、学問という領野から軽視されがちな"人情"を垣間見ることができる。クリティカルな態度と、皮肉やユーモアや機知を兼ね備えた"人情"は共存する。カーロスたちのアクティヴィズムは、そんなことを教えてくれるはずだ。

13-2　表彰台のアプロプリエーション：身体表現の政治学

●ブラック・サリュート

　最初に、これまで蓄積されてきた諸研究にくわえ、カーロスによる最近の証言などを紹介しながら、1968年のオリンピック表彰台で起きた出来事を身体表現とその政治学という観点から考えてみたい。

　陸上200Mでスミスとカーロスはそれぞれ当時の世界記録で金メダルと銅メダルを獲得した。表彰台に向かう途中、ふたりは靴を脱ぎ、ズボンの裾をロールアップした。表彰台のふたりは、黒いウエアに身を包んでいる。スミスは黒

Chapter 13　オリンピック，祝賀資本主義，アクティヴィズム　233

いスカーフを，カーロスは首にビーズのネックレスを着けている。カーロスは，上着のジッパーを開けている。合衆国国歌が流れると，ふたりは顔をうつむき，黒い手袋をした拳を空に突き上げた（図13-2 ☞ 229頁）。ふたりの身体を通じて上演されたものは何だったのか。身体で何を語ろうとしていたのか。近年，カーロスはあるインタビューのなかで次のように語っている。

> ビーズは南部で縛り首になって命を落とした人たちの象徴を意味していました。多くの黒人たちが肌の色だけで，そして白人女性を見つめたというだけで縛り首にされました。……スミスは首にスカーフを巻いていました。黒いスカーフは，アフリカからの航海の途中で船から投げだされ，サメの餌食になった人たちへの追憶のためでした。歴史のなかで忘却された存在であり，誰にも祈りを捧げられることのない人たちのためです。次に，USAのユニフォームの上に黒いウエアを着ました。正直に言うなら，私は米国の行為に恥じていたのです。米国が歴史のなかでやってきたこと，特にあの当時，米国が私たちにやったことに対して。そのような気持ちを表現したかったのです。小学生の頃から，この国は自由の土地だと教えられてきました。でも，表彰台に立つことになったとき，そうは思えなかったのです。それから，私たちはズボンの裾をまくりあげていました。靴は履かずに，黒いソックスでした。1960年代南部の多くの子どもたちの貧困を表現しようと思いました。今でもそうだと思いますが，毎日裸足で10マイルも20マイルも通学していたのです[5]。

　このように奴隷船や南部の記憶が差し挟まれた追憶を介して表彰台で演じられたのは，歴史の連続性を進行させつつ一旦停止させ，その裂け目に“別の近代”の時間を
節　合しようとする物語である。続け
（アーティキュレーション）

> **節合（アーティキュレーション）**　複数の要素が，ある特定の文脈や出来事の中でつながったり（節合されたり），切り離されたり（切断されたり）して，また新たな文脈につなぎ直されるプロセスを指す。そのプロセスは，偶発的で非決定的な意味をめぐる闘争のプロセスに左右され，そこではヘゲモニーをめぐって交渉と衝突が繰り広げられる。また，節合には，つなげることによって「意味をはっきりさせる」という作用がある。

---

5) John Carlos, 1968 Olympic U.S. medalist, on the revolutionary sports moment that changed the world, *Democracy Now!*（2011年10月12日）〈https://www.democracynow.org/2011/10/12/john_carlos_1968_olympic_us_medalist（2017年8月28日確認）〉

てトミー・スミスのインタビューを見てみたい。

> 高く掲げられた私の右手は，ブラック・アメリカのパワーを象徴している。
> カーロスの掲げられた左手はブラック・アメリカの団結を表している。それ
> らはひとつとなって団結とパワーのアーチを形作った。……私たちの努
> 力のすべては黒人の威厳を奪還することだった（Hartman, 1996：552）。

　カーロスとスミスは，近代を支えた奴隷船の船底で，南部の農場で，都市の
貧困地区で，それこそ体を張って生き抜いてきた黒人たちの歴史に意味を与え，
そこに威厳を取り戻すことによって，近代史の裏面に抑圧されてきたもう一つ
の近代史を語ろうとしているのだ。それも，オリンピックという西洋白人中心
主義の近代が生み出したスペクタクルの内部で上演したのである。初めてカラ
ー衛星中継が行われたメキシコ大会は，まずもって「色」による差別を世界に
向けて批判する舞台となった。

　本来，オリンピックのメダルは国別に争われ，表彰式では国旗が掲げられ，
国歌が流される。しかし，イギリスのスポーツ史家マイク・マークシーによれ
ば，個人の勝利と国家の栄誉のレトリックである表彰台は，彼らの身体表現を
通じて，人種差別がまかり通る合衆国の放棄にも等しい「団結」という「新し
い象徴」に置き換えられた（Marqusee, 1995）。ふたりは，従来の表彰台がもつ
支配的な意味秩序の空間の内部でそれを奪用／流用（アプロプリエーション）
し，表彰台を別の意味秩序の空間へと変貌させたのである。

　アメリカのスポーツ史家であるエイミー・バスは，彼らの抗議は侮辱的な
「ニグロ」アスリートから，誇り高い「ブラック」アスリートへの集合的な変換
を示すものだとし，それは既存の権力配置を転換させるために効果的に創案さ
れた文化的戦術だったと論じている（Bass, 2002）。

　時代を席捲したブラックパワー運動は，何よりも文化を通じた政治の戦術を巧みに編成していった。音楽，ファッション，ダンス，スポーツといった文化領域は，公式の政治から排除された者たちにとって限られた闘争の場となった。そこで身

> **奪用／流用（アプロプリエーション）**　何の
> 力ももっていない者たちが，支配者の所有する
> 空間やモノや意味付与を（ときにこっそり
> と）奪い，かすめとり，自分たち自身のものと
> して再編集・再加工して用いること。

Chapter 13　オリンピック，祝賀資本主義，アクティヴィズム

体をめぐる表象と意味の価値づけが争われた。したがって，カーロスたちの身体による政治は，近代社会を支配してきた白人中心主義的な視覚領域への抵抗である。表象の客体として，偏狭なステレオタイプのなかに貶められてきた身体を自分たちで奪い返し，黒人身体の歴史をもう一度意味づけしなおすための政治だったのだ。

> **本質主義**　物事には本質的で変質することのない実体があり，その本質によって内実が規定されているという考え方。こうした考え方が社会集団やカテゴリーに適用されると，それぞれの集団に対して「男性とは…」「白人とは…」「母親とは…」といったステレオタイプを当てはめ，それ以外の内実を認めようとしない思考形態が生み出されてしまう。

ただし，ここで確認しておきたいのは，表彰台で演じられた「ブラック」は「色」に還元されないということだ。スミスやカーロスの身体表現を**本質主義**や民族絶対主義的な側面の強調だと受け取ってはならない。「ブラック」とは，闘争を通じて構築される集合性に与えられた名前だ。その意味で，初期カルチュラル・スタディーズにとってもっとも影響力のある理論家＝実践者であるスチュアート・ホールの次の言葉は重要となる。

> ブラックとは，ある歴史的契機の中で政治的なカテゴリーとして創造されたものである。それはシンボリックでイデオロギー的な闘争の結果である。……まさに闘争こそが，意識の変化であり，自己認識の変化であり，アイデンティフィケーションの新しい過程であり，新しい主体性が可視化されたものの出現なのだ（Hall, 1997）。

また，スリランカ系イギリス人のシバナンダンは，「ブラックパワー」が必ずしも黒人性に限られるものではないとし，黒人たちの運動と第三世界のアクティヴィズムを結ぶものだったと述べている。「ブラックは，第三世界のアクティヴィストやラディカルたちがアイデンティファイできる政治的な色となったのだ。〈ブラックパワー〉とは，ブラックという言葉に政治的意味を持たせるメタファーだった」（Sivanandan, 1982）。

後述するが，この時代，黒人たちのスポ

> **ハリー・エドワーズ**　1968年メキシコオリンピックに向けて，黒人アスリートによるオリンピックボイコット運動を指導したアメリカのスポーツ社会学者でアクティビスト。

図13-5　ハリー・エドワーズ[6]

ーツ・アクティヴィズムを主導し，あるいは裏方として支えていたのは，元バスケット選手で，当時大学教員をしていたスポーツ社会学者ハリー・エドワーズである。エドワーズは，スミスとカーロスの行為を次のように評価している。

> （彼らの行為は）すべての黒人たちに対してアクセスの可能性を示すものであり，インターナショナルな抗議のためのプラットフォームを約束する希少なルートだった。黒人たちの闘争のなかで，黒人アメリカ人たちの抑圧を目の当たりにした戦闘的なスポークスマンによって長く代弁されてきたものが段階的に拡大されたものなのである。それは一国内の公民権をめぐる問題ではなく，インターナショナルな領域での人権に関する法と正義の侵害を問題にしたのだ（Edwards, 1980）。

　事実，オリンピック前にハリー・エドワーズは，メキシコシティの若者たちやアクティヴィストの運動とつながる試みを準備していたということが明らかになっている[7]。開催されるオリンピックを控えて，あらゆる人権侵害と貧困問題，そして国家の暴力に異議を申し立てていたメキシコ「トラテロルコ広場」に集まった若者や民衆たちの活動への連帯を目指していたのだ。カーロスたちの運動が，インターナショナルな抗議のプラットフォームとしての「ブラック」だったことが伺える。

　しかし，オリンピック開幕直前にメキシコではとてつもない虐殺事件が起きていた。その事実ははっきりと公表されないまま，スポーツの祝典は何事もなかったかのように開催された。カーロスたちの闘争の背後には，オリンピックがもたらしたもう一つの残虐な顔が潜んでいたのである。

13-3　トラテロルコの虐殺

　オリンピック開幕を10日後に控えたメキシコ市内「トラテロルコ広場」では，多くの学生やアクティヴィスト，民衆たち約1万人が集まり，制度的革命

6）出典：Author：LBJ Library：〈Source：https://www.flickr.com/photos/lbjlibrarynow/13765
　799715/（2017年8月28日確認）〉（CC BY-SA 2.0）
7）前掲注5）を参照。

Chapter 13　オリンピック，祝賀資本主義，アクティヴィズム

党（PRI）の長期独裁と腐敗した官僚制，日常のすみずみに浸透する管理・統制への不満から自由と民主化を訴えていた。ところがその夜，突如，武器をもたない学生や民衆たちは，警察と軍隊によって一方的に発砲され，虐殺されてしまった。約2000人が投獄され，死者の数に関しては諸説あるが，300人ともいわれている。エドワーズを介して断片的な情報は耳にしていたようだが，実際にメキシコに降り立ったカーロスは，そこで何が起きたのかを知ることになる。

　　メキシコシティは，大きな緊張とトラウマのなかにあった。一触即発の状態が続いていた。米国チームがオリンピックに行く前，メキシコシティでは大虐殺が行われたのです。数百人の学生や若いアクティヴィストが殺されました。メキシコには貧困にあえぐ人たちがあまりにも多いという事実に我慢できなくなった人々は，オリンピックで得た収益がどう使われるのか，貧しい者たちの援助にそうした資金が充てられるのかどうかを問題にしていたのです。当局は，オリンピック開催の場所を確保するために，貧しい者たちを立ち退かせようとしていました。多くの若者が瞬時に命を落としたのです。……あらゆる手段を使って排除の命令がくだったのです。……大勢の若者が殺されました。遺体を炉に投げ込み，灰にしました。そこに入りきらない遺体は海に投棄されたのです[8]。

　ジャーナリストのエレナ・ポニアトウスカがまとめた『トラテロルコの夜』は，虐殺事件の「証言記録」や「歴史の目撃者たちの声」からなるコラージュである。ページをめくると学生たちの活動のなかで頻繁に発せられた言葉が目に飛び込んでくる。「オリンピックは要らない！　革命を望む！」というものだ。オリンピックに出場したイタリア人選手の声も紹介されている。

　　オリンピックを開催できるようにと学生が殺されているのなら，オリンピックなど行われないほうがましだ。どんなオリンピックも，歴代のオリンピックを合わせても，学生ひとりの命に値しない（ポニアトウスカ，2005：456）。

8）前掲注5）を参照。

活動家の言葉もある。

> スポーツ行事としては，我々はオリンピック開催に反対していなかったんだ。だが，経済的事象としては反対だった。わが国は貧しすぎる。オリンピックは，どれほど逆のことが喧伝されようとも，回復しようのないほど厳しい財政的出血を意味していた。ロペス＝マテオス［前大統領］は，わが国の現実にまったく相応しくない自己顕示欲に基づく狙いから，そんな公約を結んだんだ（ポニアトウスカ，2005：459）。

　こうした証言の数々を目の当たりにすると，否が応でも，私たちはオリンピックの開催と，暴力的鎮圧，貧困，排除との間に深い関係があることを疑わざるを得ない。ポニアトウスカは，「事件後三十年に寄せて」というエッセイのなかで，オリンピックを控えた当時の状況について次のように振り返っている。

> メキシコ市は，オリンピックの表の顔を一年弱のうちにたちまち出現させた。スタジアム，オリンピック村，各種スポーツ施設。……しかし，選手を迎え入れる施設が続々と建ってゆく裏には，貧困，裸足の人びと，栄養失調で腹の腫れた子供たち，食べるに事欠く農民たち，これまでもこれからも忘れられた人びとにとって敵対的な社会とそれを横切る階級間の深い溝，どんな見せかけでも取り繕うつもりの政府の残忍さが隠れていた。……第一九回オリンピック大会にどれほど莫大な費用をつぎ込もうとも，いずれは我々の利益に適うのだ，なぜなら資金を大事にしたい投資家は，「信頼できる安定した国」としてメキシコを選んでくれるはずだから。ところが……（ポニアトウスカ，2005：504-5）。

　「トラテロルコの虐殺」のあとでは，オリンピックという祝典の意味を根本から問い直さなければならないのではないか。トラテロルコで起きた出来事に関する数々の証言は，人類の繁栄と世界平和を訴えるはずのスポーツの祝典がなぜ軍事弾圧や貧困，排除を生じさせるのかを考えるよう私たちに迫っているように思えてならない。祝典の成功のために人権や法や秩序が宙吊りにされ，軍

Chapter 13 オリンピック，祝賀資本主義，アクティヴィズム

や警察が圧倒的な力によって貧民やマイノリティ，アクティヴィストを弾圧・排除するという構図は，オリンピック開催のたびに繰り返されてきた事実である。オリンピックはその表向きの華やかさとは裏腹に，民衆たちを排除し，貧困と巨額の借金を残して去っていく。

祝典を成功させようとする力は，ポニアトウスカが指摘するようにグローバルな資本を吸い寄せる。オリンピックを成功できる「安定した国」を表明することがかえって国家財政を圧迫させ，軍備の拡張と都市の浄化を推し進めていく。その結果，オリンピックは国内に向けて暴力や排除を生み出しもする。

13-4　祝　賀　資本主義とオリンピック

◉惨事便乗型資本主義との補完関係

ここ数年，カーロスの功績を現代の文脈につなぐ手助けをするデイヴ・ザイリンを筆頭に，英語圏におけるクリティカルなオリンピック論，記事，アクティヴィズムのなかでしばしば使われている概念に「祝　賀　資本主義」がある。これは元アメリカ代表のサッカー選手で，現在パシフィック・ユニバーシティの教授であるジュールズ・ボイコフが提起しているものだ。この概念を使って，ボイコフやザイリンは秀逸なオリンピック研究や影響力ある意見を発表している。ここでは祝賀資本主義について説明しながら，オリンピックの特異性とその問題点について考えていきたい。

祝賀資本主義という概念は，311をきっかけに日本でも有名な概念となったナオミ・クラインの「惨事便乗型資本主義」との対比や関連において整理される。惨事便乗型資本主義は，大地震や大津波，軍事クーデター，株価の大暴落など，政変や戦争，災害や経済危機といった例外的な状態に陥ることによって引き起こされる集合的な"ショック"にあからさまにつけ込んでいく。だからしばしば火事場泥棒資本主義とも訳されることがある。大災害によって人々が混乱し，自分を見失ったその隙に入り込み，平穏な生活を取り戻そうとする前に，極端な自由市場原理とネオリベラルな政策を実施していく。その結果として生じる民営化と規制緩和によって急速に国家の改造を進めていく。

ボイコフは，「資本主義は，巧妙で変幻自在な妖怪である」と述べている（Boykoff, 2014：4）。したがって，あるときは惨事便乗型資本主義の姿をとるが，

オリンピックのような祝賀を伴う社会的活力に溢れるときには，経済的編制という点からすれば，まったく異なった仕組みとなる。ボイコフはこれを「祝賀資本主義」と呼んでいる。祝賀資本主義は，民営化や規制緩和といったネオリベラルな政策にそれほど根ざしておらず，そのかわりに祝賀の精神に根差す（Boykoff, 2014：4）。事実，オリンピックは民営化されてはいない。開催費用の多くは公的資金，つまり一般の人たちによる税金から支払われる。スポンサーの参入も自由市場になっているわけではない。限られた企業が特権的に参入を許されている。IOC は，規制緩和するどころか，厳格なルールと規制によってオリンピックのビジネスを管理しているのである。

　惨事便乗型資本主義が社会のトラウマを搾取し，それを資本に転化するのに対して，祝賀資本主義は，お祝い気分や祝賀精神を搾取する。祝賀に伴う幸福感やポジティヴな気分は短期に限定されるため，多くのオリンピック支持者が信じるような長期的経済発展とは異なる経済編制をとることになる。

　だが両者は矛盾せずに共存するというのがボイコフの考え方である。というのも，どちらも「例外状態」のなかで作動するからだ。大惨事や祝賀によって日常の社会・政治・経済のシステムは一時的に宙吊りにされる。そのとき，通常では思いもよらないような規則や政策が打ち出され，実施されていく。したがって両者は互いに補完し合う関係にあるといえる。むしろ両者の機能が絡まり合うことによって破壊的な事態が生じる可能性があるとすらボイコフは指摘する。

　ボイコフによれば，惨事便乗型資本主義下の危機的な状況において私たちは何か幸福な出来事を切望する。そのような時，オリンピックのようにみんなで好きな選手やチームを応援することで人々をまとめあげるようなものがやってくる。そこに私たちは巨額の公的資金を注入するのだが，やがて資金に乏しくなる。その結果，厳格な緊縮策を招きよせ，仕方ないのだと諦めながらネオリベラルな政策を自分たちから要求することになる。ボイコフはこれを「ボトックス・スマイル」と揶揄している。

◉官民パートナーシップ

　ロンドン五輪は，"フィールグッド・ファクター"——夢，希望，ワクワクする気持ちといった，ポジティヴで心地よい要素——を盛んに打ち出した。それが

Chapter 13 オリンピック，祝賀資本主義，アクティヴィズム

惨事便乗型資本主義を補完する典型的な祝賀資本主義が出現する事例となった。

例えば選手村の建設である。それは公的機関が民間企業の担保やリスクを保証する仕組みとして具現化された。選手村は当初，オーストラリアのデベロッパー，レンドリースによって資金提供されていた。しかし2008年の“リーマンショック”による経済破綻と信用収縮は，この計画からの民間資本提供者の撤退を招き，結果，英国政府が引き継ぐことになった。選手村は完全に国有化されることになり，納税者たちの負担によって建設費を支払うことになった。選手村はその後，カタール王室が管理する投資会社と不動産開発会社に売却された。納税者の損失は約340億円とされている[9]。

このように祝賀資本主義は，国家のアクターを取り込み，巧みに扱うことに長けている。PPP（public-private-partnersips：官民パートナーシップ）はその典型といえる。選手村の事例がそうであるように，PPPはかなり不均衡な仕組みになっている。というのも，官が資金を払い，リスクをも引き取り，民間企業が利益をすくい上げる。つまり，この仕組みのうえでは，納税者の負担によって民間企業がリスクを避け，利益を得ることができるのだ。

> ホスト政府は，グローバルな舞台で財政困難を避けたいため，プロジェクトを穴埋めするインセンティヴを有している。一方の民間企業は，状況が厳しくなれば責任を放棄することができる[10]。

おかしな話だが，祝賀がもたらす“フィールグッド・ファクター”は，こうした不均衡を実現させてしまうようだ。

●軍事化・検閲・セキュリティ産業

オリンピックはセキュリティ関連部門にとって大きなチャンスになる。テロ対策という名目によって“セキュリティ・アーキテクチャー”は正当化される。ロンドンでは約2万人の武装部隊がセキュリティを担った。英国防省は，人口

---

9) 出典：https://www.commondreams.org/views/2012/04/04/celebration-capitalism-and-real-cost-olympics（2017年8月28日確認）
10) 前掲注9) を参照。

密集地の給水塔に地対空ミサイルを配備し，軍用ヘリや戦闘機がスタンバイした。巨大な戦艦が沖合に停泊する。平和の祭典と称されるオリンピックは，戦争状態のような巨大軍備包囲網のなかで行われるのである。事実，ロンドンは第二次世界大戦以来の最大規模のセキュリティ作戦を展開した[11]。

　オリンピックは最先端のテクノロジーを都市環境に配備するチャンスともなる。祝賀資本主義によって誘発された「例外状態」は，通常では考えられないレベルでの軍事化されたセキュリティ・テクノロジーや検閲システムを都市に網羅することを可能にする。そのためにロンドンでは 1800 億円以上が使われた。ちなみに北京五輪では，公共輸送，検問所，地下鉄，街路などに監視カメラや生体認証システムが配備され，セキュリティ名目でおよそ 130 億ドルが使われたという[12]。

　このように祝賀資本主義は，セキュリティ産業に巨額の利益をもたらす。たとえローカルなセキュリティ部門であっても，祝賀気分を維持するためという名目によって，通常では手に入れることのできない種類の武器を得ることができる。ここで問題となるのは，オリンピックが終わった後だ。北京では，米国のセキュリティ関連産業によって売られた装置は選手や外国要人の保護という名目によって使われたが，オリンピックが終わるとそれらは国民にむけて使われることになる。ナオミ・クラインが警鐘を鳴らしているように[13]，オリンピックの軍事化とセキュリティの上昇においてもっとも問題となるのは，「例外状態」で配備された軍備や検閲がオリンピック後の日常のポリシングのために常態化されることにある。

●立ち退きと貧困

　"富める者のための五輪より，貧しい者への支援を！"。2010 年，バンクーバーではオリンピックを控えて，もう一つのオリンピックが開催された。「貧困オリンピック」だ。ゴミの缶や木片で作られた聖火を掲げてのデモ行進リレー

11）前掲注 9）を参照。
12）前掲注 9）を参照。
13）出典：http://www.huffingtonpost.com/naomi-klein/the-olympics-unveiling-po_b_117403.html
　　（2017 年 8 月 28 日確認）

Chapter 13　オリンピック，祝賀資本主義，アクティヴィズム　243

に続いて，「住宅争奪ハードル走」が行われた。ホームレスたちがハードルを乗り越えてゴールの家までたどり着こうとする競技である。そこに「仕事を探せ」などと役所の担当者が行く手を阻む演出になっている[14]。IOCを敵に見立てたホッケーも行われた。皮肉とユーモアに溢れた表現を通じてオリンピックがもたらす問題を明るみに出そうとする狙いがある。現実にある貧困問題を差し置いて，巨額の資金を2週間だけの祝祭に費やす政府や市当局に対する抗議のために行われた"もう一つのオリンピック"である。

　"2010戸の家を！""2010年オリンピックはいらない！"華やかな祝典の陰で置き去りにされるあらゆるものの象徴が「ダウンタウン・イーストサイド」と呼ばれるカナダの最貧困地区のコミュニティだ。オリンピック会場のすぐ近くにあるこの最貧困地区は，これまで長い間，**都市のジェントリフィケーション**（☞ p.180 キーワード参照）や排除，貧困問題に抵抗する拠点であり続けた。ここでは，社会福祉事業の維持に向けた闘争が長く展開されてきた。しかしその砦であるコミュニティは，オリンピックによる打撃をもっとも受けた場所となった。バンクーバーでは，オリンピックがもたらす貧富の格差が都市内部の住宅事情にもっとも可視化されたのだ。競技関連施設の建設に充てられた資金は，貧困対策の費用を間接的に横取りした形となった。オリンピックは不動産投機やマンション建設に拍車をかける。開催が決まると1800戸の高級分譲住宅が建設され，1300戸分の低所得者住宅が失われた。

　立ち退きによって家を失った者たちや，賃料の高騰で住めなくなった者たちがホームレスとなった。貧困地区の保護を優先するという声明が出されたにも関わらず，対策は放置され，低所得者の住宅事情を締め付ける結果となった。ロンドンでも同様の事態が起きた。競技会場のイースト・ロンドンは再開発地域となり，集合住宅から多くの住民や零細企業が強制的に退去させられている。アフリカ系やアジア系のマイノリティたちが多く住むこの地域の住民や事業主は，保証金を得たとしても，その後も地価が高いロンドンに住み続けることは困難となってしまった。立ち退き後に，郊外や地方に移り住むにしても，生計や住環境を整えるための保証がないことが大きな問題となった。

---

14)「〈冬の軌跡〉祭りの裏側で「貧困オリンピック」　ホームレスら500人」（2010年2月9日）
　〈http://www.asahi.com/olympics/news/TKY201002090299.html（2017年8月28日確認）〉

オリンピック開催準備にあたって，バンクーバー市は「オリンピックの遺産（レガシー）」としてホームレスのための快適な住居の建設を掲げた。しかし，その公約はあっさりと破られた。それを受けて，開会式当日には「オリンピック抵抗ネットワーク2010歓迎委員会」によって組織された抗議デモに5000人もの市民，世界各地からやってきた活動家が参加し，バンクーバー史上最大のデモが行われた。

　これまで見てきたように，経済的発展という観点からみるとオリンピックは多数者の経済的繁栄をもたらしはしない。少数の経済利益が，多額の公的資金によってもたらされてきた。また，オリンピックはこれまででもっとも環境に配慮し，もっとも巨大な大会であることをつねに宣言することを習わしとする。バンクーバーは，"先住民の参加" "環境への配慮" "持続可能な発展" という三つの理念を掲げ，社会と環境の持続可能性を強く訴えた。しかし現実を見ると，先住民のVANOC（バンクーバー・オリンピック委員会）への参加は，たったの1%にとどまった。"持続可能性"のレトリックに関しては，特に批判の目を向ける必要がある。メキシコ湾原油流出事故を引き起こしたBP（国際エネルギー企業）が，ロンドン大会で公式スポンサーになっていることについて，デイヴ・ザイリンは「罪を洗い清める」企業の戦略だと指摘している。

　私たちは，五輪の招致，計画，運営の過程で組み立てられていく誇張された"レトリック"を注意深く読み解いていく必要がある。2020年の東京五輪は，その開催地決定の端緒から"惨事"と"祝賀"の資本主義が蠢いている。311という大災害と原発事故からの「復興」は，捻じれた形で五輪招致のレトリックに利用された。

　そもそも「復興五輪」を謳って動き出した東京五輪誘致であったが，その後，まるで「福島」を切り捨てることによって招致決定を手に入れたようにすら見える。汚染水が漏れ続ける福島原発の事実を歪曲して，「状況はコントロールされている」「東京には，いかなる悪影響にしろ，これまで及ぼしたことはなく，今後とも及ぼすことはない」と，原発事故の影響からの安全性を世界に訴えた首相の虚言にはあきれるばかりだが，祝賀資本主義の一形態としてのオリンピックは，祝賀を脅かすものを排除する傾向があるようだ。

　東京五輪における祝賀資本主義は，まずもって原発事故の現状と影響を排除

Chapter 13　オリンピック，祝賀資本主義，アクティヴィズム　　**245**

することで動き始めた。そしていま，東京五輪に違和を唱える声や姿勢が抑圧される "空気" が漂い始めている。大半のマスメディアからも五輪批判はその姿を消し始めている。"棘のある華" たるオリンピックに冷静な目を向けるために，本章で触れた "祝賀資本主義" という視座は有効となるはずだ。

13-5　アクティヴィズムの現在：笑い・機知・皮肉，そして "人情"

● "プーチンは教えてくれる，母国の愛し方を"

　ロンドン五輪の開会式に世界の関心が向けられている頃，オリンピック・パークの外では 182 人もの逮捕者が出ていた。取り締まりを強化していたロンドン警察は，開会式と同時刻に行われた月例の**クリティカル・マス**に参加したサイクリストたちを容赦なくしょっ引いたのだ。そこには 13 歳の小学生も含まれていた。不当な取り締まりに反対する市民たちの集会では，「私は圧制者を怒らせることなど怖くはない」というフレーズが繰り返し引用された。その頃，ロンドンを訪れていたジョン・カーロスの言葉だ。

　祝賀資本主義という形態をとるオリンピックに異議を唱える者たちの間で，いまカーロスは「オリンピックの英雄」だと称えられている。批判対象の英雄という皮肉交じりのスタンスに，このアクティヴィズムの様式をみることができる。また，カーロスとスミスが 68 年に切り開いたプロセスは，オリンピックの内部で確実に引き継がれてもいるようだ。

　例えば，ソチ五輪に参加したアスリートたちの身振りには，カーロスを想起させるものがあった。ソチ五輪は，過剰な経費，贈収賄，同性愛に対する抑圧的な法に対する国際的な批判を浴びていた。そうしたプーチンの肝いりの五輪（投じられた資金は五輪史上最高額）を公然と批判し続けたのがロシアのフェミニスト・パンクバンドの "プッシー・ライオット" だ。手作りの目出し帽とネオンカラーの衣装に身を包み，赤の広場や地下鉄構内での奇抜な即興パフォーマンスによって，プーチンが断行する市民への抑圧を非難した。彼女たちは "ソチ五輪観戦旅行に行かないで" と観戦者による「ボイコット」によってロシアの人権侵害に抗議してほしいとも訴えた。さらに彼女た

> **クリティカル・マス**　1992 年にサンフランシスコで始まり，その後世界に広がった運動。自転車に乗って大勢で一斉に都市部を走ることによって，自動車の排気ガスによる大気の汚染や公害に抗議し，環境にやさしいまちづくりをアピールするもの。

図 13-6　プッシー・ライオット[15]

図 13-7　レインボーとユニコーンがあしらわれた手袋[16]

ちは,「プーチンは教えてくれる,母国の愛し方を(Putin will teach you how to love the motherland)」というこれまた皮肉の利いた新曲を披露しようとして逮捕されてしまった。

　そうした抑圧的なやり方に対し,ソチ五輪に参加しているアスリートたちが多様な方法で抵抗を示した。スノーボーダーのロシア代表アレクセイ・ソボレフは,プッシー・ライオットへのオマージュを思わせるデザインの板を使ってレースに出場した。オランダのスノーボーダーで,オープンリー・レズビアンのシェリル・マースは,レインボー柄のグローブをテレビカメラに向けて,ロシアの同性愛禁止法への抵抗を表現した。

● 支配のただなかで,支配に抗する

　ここでもう一度,68 年に立ち返ってみよう。スミスとカーロスが掲げた黒い手袋は,すでに述べたようにブラックパワーへの敬意を表すものだったが,この手袋について近年になってカーロスは興味深いことを話している。人種差別主義者として名高い当時 IOC 会長だったアベリー・ブランデージが,スミスとカーロスにメダルを渡したくないという話を耳にしたスミスは,ブランデージと素手で握手しないために手袋を持っていたというのだ。ブランデージは,ナチス政権下ドイツでのオリンピック開催を強く後押しし,ナチスの元で行われるという理由によって,米国チームからユダヤ人を排除しようとたくらんだ人物で

---

15) 出典：http://static.guim.co.uk/sys-images/Guardian/Pix/pictures/2014/2/19/1392818030984/pussy-riot-attacked-by-co-010.jpg（2017 年 8 月 28 日確認）
16) 出典：http://www.advocate.com/sites/advocate.com/files/2014/02/07/CHERYL_MASS_RAINBOWX400.jpg（2017 年 8 月 28 日確認）

Chapter 13　オリンピック，祝賀資本主義，アクティヴィズム　247

ある。スミスとカーロスは，表彰式に向か
う通路で何を使ってどんなことをするかを
決めたという。ふたりの身体表現は，即興
的で，しかも皮肉と機知に富んだものだっ
たことが伺えるエピソードだ。

じつは当初，スミスとカーロスはオリン
ピックへの参加をボイコットしようと考え
ていた。ふたりの即興的な身体政治の背後
には，「人権を求めるオリンピックプロジェ

> **キング牧師**　マーティン・ルーサー・キン
> グ・ジュニアは，アメリカのプロテスタント
> 系の牧師で，アメリカ黒人たちの公民権運動
> の指導者として活躍した。1963 年のワシント
> ン大行進の集会において「I Have a Dream」
> （私には夢がある）演説を行い，人種差別の撤
> 廃とさまざまな人種の協働できる社会の到来
> を訴えた。
> **モハメッド・アリ**　1960–70 年代にアメリカ
> で活躍したボクシングのヘビー級チャンピオ
> ン。ベトナム反戦運動やブラック・パワー運
> 動の際に象徴的アイコンとなり，世界中に離
> 散していた黒人たちがスポーツを通じて政治
> 的な意識を共有していく際の媒体となった。

クト［OPHR］」という集団があった。ハリー・エドワーズが組織した OPHR は，
キング牧師やストークリー・カーマイケル，**モハメッド・アリ**らこの時代を代
表する黒人アクティヴィストや政治家たちをも巻き込んだアスリートたちから
なる運動体だった。キング牧師は，オリンピックの数か月前に暗殺されたが，
ボイコットを支援しながら，OPHR の中心となって動こうとしていたという[17]。
運動はボイコットを盾にして，モハメッド・アリのボクシングライセンスと世
界チャンピオンベルトの返還，アパルトヘイトを実施していた南アのオリンピ
ック出場の阻止，オリンピック委員会のなかに黒人役員を置くことなどを主張
した。アフリカ諸国も連携して南アの排斥を訴え，タンザニア，ウガンダ，ガ
ーナ，現在のエジプトが五輪への集団的ボイコットを表明した。OPHR はアフ
リカ諸国の動向に呼応しながら，オリンピックそれ自体が保持する"インター
ナショナリズム"という特性を運動の内部に取り込んでいった（山本, 2004）。

エドワーズは，「米国が南ア同様に，人種差別の罪を犯しているという関心を，
世界的なアリーナの中に持ち込むことを望む」と述べている（Bass, 2002）。ア
メリカ内部の反人種差別運動は，南ア問題を共有して，植民地から独立したア
フリカ諸国との連携を深めた。黒人テニス選手のアーサー・アッシュは，「ア
フリカと米国の黒人アスリートたちによる最初の連携」だと評している（Bass,
2002）。オリンピックというインターナショナルな祝典がつなぐ回路は，黒人
たちによるスポーツを通じたアウターナショナルな公共圏を形成したのである。

17）前掲注 5）を参照。

この公共圏は，南アの参加を決定していた IOC の決断を揺るがせ，ブランデージ会長は南ア排除の路線を打ち出すことになった。

ボイコットせずに，参加することで何ができるか。オリンピックを外部から批判するのではなく，その内側から批判することはできないのか。カーロスたちの闘争の方向は，ボイコットから参加へとシフトした。支配的なものの内部で，それを通じて支配的なものに対抗するという様式。70 年代以降のカルチュラル・スタディーズの諸研究が抽出し，創案してきた抵抗の戦術の一つだ。現代オリンピックというモンスターイベントの内部で，それを使って支配に抗するという様式は，カルチュラル・スタディーズの身振りと重なる部分が多い。

● "機知" と "人情" のカルチュラル・スタディーズ

シドニーのニュータウンにある線路沿いの民家に，表彰台で拳を掲げたブラック・サリュートの様子を描いた壁画がある。壁画には，「3 人の誇り高き人たち」と書いてある。なぜシドニーなのだろう。なぜ 3 人なのだろう。本章の最後に，カーロスたちが切り開いた道のりのその後を紹介しておきたい。

最近になるまで，ピーター・ノーマンの存在はほとんど知られてこなかった。壁画を見てほしい。表彰台で銀メダルを首にかけているオーストラリア人の白人アスリートだ。スミスとカーロスとは違って拳は突き上げていないが，左胸には OPHR のバッジが着けられている。スミスとカーロスに共感し，「僕はキミたちを支持する。このバッジをつけて，僕もキミたちを支持していることを世界に向かって示したい」と言って表彰台に上がったのだ[19]。ノーマンはこの行為によって IOC から処分を受けることになる。1972 年のミュンヘン五輪の予選で出場資格を得ていたにも関わらず，ブラックリストに載っているという理由で出場はかなわなかった。処分への抗議としてノーマンは陸上

図 13-8 ニュー・サウスウェールズの壁に描かれた絵[18]

---

18) 出典：Author：Newtown graffiti 〈http://www.flickr.com/photos/newtown_grafitti/4853066906/〉（2017 年 8 月 28 日確認）〉（CC BY 2.0）
19) 出典：http://www.edgeofsports.com/2006-10-09-202/index.html（2017 年 8 月 28 日確認）

Chapter 13　オリンピック，祝賀資本主義，アクティヴィズム　249

競技を引退した。オーストラリアの保守陣営から批判され，シドニー五輪に招待されることもなかった。聖火リレーからもはずされた。だがノーマンの記録は，いまだにオーストラリア記録として破られていない。皮肉にもノーマンの記録は，2000 年に開催されたシドニー五輪 200M の優勝タイムよりも速かった。

　オーストラリアで無視され続けたまま，2006 年にノーマンは亡くなってしまった。その葬儀で彼の棺を担いだのはカーロスとスミスだった。カーロスは，ノーマンへの敬意をこめて次のようなコメントをしている。

> 　ノーマンの出身国オーストラリアは当時，アボリジニーの人々に対して南アフリカとまったく同じことをしていました。米国に戻ったトミー・スミスとジョン・カーロスは，手ひどいバッシングにあいました。でも人々は町の片側に行き，スミスを痛めつけて「こいつをやっつけるのには，もうあきた。町の別の側にいって今度はカーロスを見つけ，痛い目にあわせてやろう」という風でした。でもノーマンはオーストラリアに戻っても，交替してくれる相手がいませんでした。叩かれ続けたのです。でも彼は決して私たちを非難しませんでした。否定せず，背を向けず，距離を置こうとしませんでした。アルコールに走り，神経衰弱になり，家庭も崩壊した——我々の家庭は皆，破壊されたのです——オーストラリアでオリンピックが開催されたときも，オーストラリア史上最高の短距離選手だったにもかかわらず，オリンピックの式典に何の発言力も役割も与えられませんでした。ピーター・ノーマンは，並外れた人物なのです[20]。

　米国サンノゼ州立大学のキャンパスには，スミスとカルロスが拳を掲げるポーズを再現した銅像が建てられている。この銅像にはピーター・ノーマンはいない。銀メダリストの場所はあいたままになっている。銅像の製作者はRigo23。この造形家は，ポルトガル領マデイラ島で生まれ，サンフランシスコ

---

20) Part 2: John Carlos, 1968 U.S. Olympic medalist, on the response to his iconic Black Power Salute, Democracy Now! (2011 年 10 月 12 日) 〈https://www.democracynow.org/2011/10/12/part_2_john_carlos_1968_olympic_us_medalist_on_the_response_to_his_iconic_black_power_salute（2017 年 8 月 28 日確認）〉

図 13-9　サンノゼ州立大学の銅像

を拠点にしつつ，世界各地でコミュニティに深く入り込み，その時々に関係した人々との協働として作品を作り続けている。Rigo23が制作したカーロスとスミスの銅像は，68年の記憶を呼び起こし，正統な出来事の語り方に別の語り方を与えようとする。この銅像は，歴史や出来事を新たに方向づけようとした生きた作品だ。だからノーマンは，自分の場所が空白であることについて次のように語っている。

　　僕はこのアイデアが好きだ。誰もがこの場所にのぼって，そこで自分たちが信じるもののために立つことができるんだ[21]。

　私たちはこの銅像こそを「オリンピックの遺産(レガシー)」と呼びたい。カーロス，スミス，ノーマン，そして現代のアスリートたち。オリンピックの内部で，あるいはその周囲で彼らが関わり，生み出していった出来事は，危機の瞬間に閃くような機知に富んでいる。オリンピックを通じたスポーツのアクティヴィズムは，皮肉とユーモアと人情に包まれた技芸だ。私たちがカルチュラル・スタディーズと呼ぶものの一つがここにある。

21）前掲注19）を参照。

Chapter 13　オリンピック，祝賀資本主義，アクティヴィズム

チェックポイント

☐ 祝賀資本主義とはどのような概念で，どのような問題をはらんでいるのか。
☐ 1968 年メキシコオリンピックで，スミスとカーロスは何を訴えたのか。
☐ スミスとカーロスの身体表現は，現代のアスリートにどのような影響を与えているか。

ディスカッションテーマ

①東京 2020 オリンピック・パラリンピックを祝賀資本主義の一形態としてどのように読み解けるのか話し合ってみよう。
②スポーツの場面における人種差別の問題について議論してみよう。

レポート課題集

①スミスとカーロスは表彰台のもつ意味を，どのような空間へと奪取したのか説明しなさい。
②東京 2020 オリンピック・パラリンピックについて，「祝賀資本主義」と「惨事便乗型資本主義」の概念を用いて論じなさい。

関連文献リスト

トムリンソン，A. & ファネル，G.［編］／阿里浩平［訳］(1984)．ファイブ・リング・サーカス—オリンピックの脱構築　柘植書房新社
清水　諭［編］(2004)．オリンピック・スタディーズ—複数の経験・複数の政治　せりか書房
小笠原博毅・山本敦久［編］(2016)．反東京オリンピック宣言　航思社

【参考・引用文献】

Bass, A.（2002）. *Not the triumph but the struggle: The 1968 Olympic and the making of the black athlete*. Minneapolis, MN: University of Minnesota Press.

Boycoff, J.（2014）. *Celebration capitalism and the Olympic games*. London: Routledge.

Carlos, J. & Zirin, J.（2011）. *The John Crlos story: The sports moment that changed the world*. Chicago, IL: Haymarket books.

Edwards, H.（1969）. *The revolt of the black athlete*. New York: Free Press.

Edwards, H.（1980）. *The struggle that must be: An autobiography*. Toronto: Macmillan.

Hall, S.（1997）. The local and global: Globalization and ethnicity. in A. King（ed.），*Culture, globalization and the world system: Contemporary conditions for the representation of identity*. Minneapolis, MN: University of Minnesota Press.

Hartman, D.（1996）. The politics of race and sport: Resistance and domination in the 1968 African Olympic protest movement. *Ethnic and Racial Studies, 19*(3)，548–566.

Marqusee, M.（1995）. Sport and stereotype: From role model to Muhammad Ali. *Race and Class, 36*(4)．

Sivanandan, A.（1982）. *A different hunger: Writing on black resistance*. London: Pluto Press.

クライン，N.／幾島幸子・村上由見子［訳］(2011)．ショックドクトリン—惨事便乗型資本主義の正体を暴く　岩波書店（Klein, N.（2007）. *The shock doctrine: The rise of disaster capitalism*. New York: Metropolitan Books）

ポニアトウスカ，E.／北条ゆかり［訳］(2005)．トラテロルコの夜—メキシコの 1968 年　藤原書店（Poniatowska, E.（1971）. *La noche de Tlatelolco: Testimonios de historia oral*. México:

Editiones era.)
山本敦久（2004）．レボルト '68―黒人アスリートたちの闘争とアウターナショナルなスポーツ公共圏　清水　諭［編］オリンピック・スタディーズ―複数の経験・複数の政治　せりか書房

事項索引（キーワードは太字）

あ

アイロニー　*195*
OUT　**165**
アグリビジネス　*42*
あしたのジョー　**97**
跡部景吾　**95**
雨傘運動　**154**
安心・安全　*175*

家から離れたホーム　*160, 161*
痛バッグ　**102**
逸脱　*17*
イデオロギー　**101**, *221*
遺伝子検査　*78*
居場所　*155*
移民家事労働者　*154*
違和感　*59*

永遠の0　**190**
英国病　*218*
エコロジー・パラダイム　*46*
エンコーディング　**103**

美味しんぼ　**44**
大きな物語　**191**
オキュパイ運動　*57*, **230**, *231*
オキュパイ・セントラル　**153**

か

ガールパワームーブメント　*124*
外国人研修・技能実習制度　**164**
外籍家庭雇工　*154*
革命　*216*

家事　*156*
家事代行サービス　*164*
仮想現実　*97*
カルチュラル・スタディーズ　**2**, *13*
感情労働　*126, 174*

キャラクター商品　**94**
教育勅語　**189**
京都学派　**201**
虚偽意識　**101**
規律化　*60*
銀の匙　**49**

空虚なシニフィアン　*222*
グリーンツーリズム　*52*
クリティカル・マス　**245**
グローバル・シティ　*156*

ケア労働　**127**
ゲマインシャフト　*120*
権威主義的ポピュリズム　*21, 219*
嫌韓流　**189**
健康　*88*
健康経営　**76**
現場　*118*, **120**
権力　*15, 41*

工業型農業　*42, 45*
構造改革　*224*
行動経済学　**82**
幸福　*45*
国体　*200*
国民戦線　**215**
コノテーション　*147, 148*
コミュニティ　*120*
娯楽　*108*

さ

再生産労働　**156**
再生産労働の国際分業　**157**
再分節化　*23*
サウンドシステム文化　*33, 34*
サウンド・デモ　*61*
作者　*99*
サブカルチャー　**19**
参加型権力　*112*
参加型への旋回　**105**
惨事便乗型資本主義　*232, 239*

GDP　**45**
ジェンダー　*117, 127, 128*
ジェントリフィケーション　**180**
自己文化　*48*
次世代の少女　*142*
支配権力　*17*
支配的な文化　**170**
シビック・アグリカルチャー（市民の農業）　*46*
資本主義　*31*
市民農園　*50*
シャーロック・ホームズ　**99**
社会運動　*59*
ジャスコ城下町　**171**
ジャパン・バッシング　*173*
祝賀資本主義　*232, 239*
「熟議」を伴う民主主義　**64**
出版語　*197*
正チャンの冒険　*97*
象徴論的抵抗　*24*
消費　*101, 102*

消費者作成メディア　105
商品化　1
商品化された女性性　143
植物工場　51
女性性　138
女性の社会進出　157
新右翼　219
新型出生前診断（NIPT）
　80
人権を求めるオリンピック
　プロジェクト（OPHR）
　247
新興工業経済地域（NIEs）
　157
新自由主義　**173**, 219
神道議員連盟　**204**

スポーツ・アクティヴィズ
　ム　229
棲み分け　159, 160

性差別　138
聖地巡礼　**96**
生の政治学　87
責任の個人化　68
節合（アーティキュレー
　ション）　24, 217, **233**
節合関係　103
接触　122
占拠　155, 158, 159
戦後民主主義　**196**

卒業　130

た
大規模小売店舗立地法
　175
対‐形象化の図式　207
第三波フェミニズム　137
大正デモクラシー　**200**
タイトルIX　**139**
脱工業社会　176

脱分節化　23
奪用／流用（アプロプリ
　エーション）　**234**
WTO　**39**
食べ物をめぐる戦争（フー
　ド・ウォーズ）　42
魂の労働　174
たまり場　154

地域支援型農業（CSA）
　47
地域社会　176
直接民主主義　58

ディアスポラ　32
DIY　**49**
DeNA（ディー・エヌ・
　エー）　**78**
抵抗文化　**170**
敵対性　223
テクストの密猟者　105
デコーディング　**103**
デジタル・リテラシー
　105

統治　41
都市のジェントリフィケー
　ション　**243**
ドメスティック・バイオレ
　ンス（DV）　**139**
トラテロルコの虐殺　236

な
ナショナリズム　194
ナショナル・アイデンティ
　ティ　**191**
ナッジ　82
なでしこジャパン　**138**

二次創作　99, **100**, 101
日本会議　**204**
日本文化　191

ニューレフト運動　**60**

ネオリベラリズム　**107**
ネット右翼　189

は
排除系ベンチ　179
排除と包摂のメカニズム
　170
パターナリズム　75
バックラッシュ　**140**
発話　24
パラダイム　41, **42**
パロディー　99, **100**
反規律政治　60, 62
反グローバリゼーション
　107

ピークオイル　45
PCL（ピアプロ・キャラク
　ター・ライセンス）　115
PPP（public-private-
　partnersips：官民パート
　ナーシップ）　241
ヒップホップ　34
非物質的生産労働　5
非物質的労働　134
ヒマワリ学生運動　58
ビリーズブートキャンプ
　77
ヒルズバラ事件　25

ファーガソン・プロテスト
　227
ファーストフード　40, 44
ファーマーズ・マーケット
　47
ファシズム　226
ファスト風土化　175
ファン共同体　**94**
ファンジン　**27**
ファンダム　**27**

事項索引　255

ファンフィクション　*101*
フィールドノーツ　**129**
フィールドワーク　**118**
フィットネス　*77*
フーリガン現象　**25**
フェアトレード　**47**
フェミニズム　*127, 139*
フェムバタイジング　*143*
復興　*66*
物質的生産労働　*5*
負のレガシー　*231*
ブラック・アトランティッ
　ク　*35*
ブラック・サリュート
　232
ブラックパワー　**228**
ブラックパワー運動　*234*
ブラックボックス　**165**
フランクフルト学派　**107**
ブリコラージュ　*23*
プロシューマー　*106*
文化　*2, 22*
文化の習合（シンクレティ
　ズム）　*32*
分断　*64*

ヘイトスピーチ　**189**
ヘゲモニー　*16, 22, 41,*
　217

法と秩序　**19**, *219*
ホームレス自立支援法
　180
保守　*216*
保守速報　**204**
保守党　**216**

ポスト・マルクス主義
　220
ポスト・メディア　*126*
ポストモダン　*191, 194*
ポストモダン・コミュニ
　ティ　*121*
ボトックス・スマイル
　240
ほどほどパラダイス　*177*
ポピュラー・フェミニズム
　141
ポピュリズム　*213*
本質主義　**235**

ま
MYCODE（マイコード）
　78
マイルドヤンキー　*171*
マギング　**18**
マクドナルド化　**174**
マクドナルド解体事件　*39*
まとめサイト　**204**
マルクス主義　**40, 203**
マルブッフ　*40*

民主主義　*59*

メタボリックシンドローム
　76
メディア・コミュニケー
　ション技術　*196*
メディア・スタディーズ 2.0
　105
メディアミックス　**110**
目によって聞く　*182*

物語の工学化　*110*
モラル・パニック　**17**

ら・わ
ライオット・ガール・ムー
　ブメント（Riot Grrrl
　Movement）　**141**
ライブアイドル　*117*
ライフサイエンス・パラダ
　イム　*51*
ラディカル・フェミニズム
　139

力石　徹　**97**
リキッド・モダン　*80,*
　193
リスク　*64, 80*
リスク管理的　*178*
リテラシー　*80*
リバタリアン・パターナリ
　ズム　*83, 84*
リベラル・フェミニズム
　139

レイシズム　*207*
歴史認識論争　**67**
レストラン支援型農業
　47

労働　*117*
労働の拒否　**31**
ローカルで行こう　*63*
ローカルの罠　*52*

割れ窓理論　*177*

人名索引（キーワードは太字）

A–Z

Agyeman, J.　*53*
Alkon, A.　*53*
Banet-Weiser, S.　*150*
Beck-Gersheim, E.　*48*
Blumenkranz, C.　*58*
Burgess, J.　*105, 110*
Carvalho, R.　*157*
Clough, P. T.　*134*
Constable, N.　*159*
Engelken-Jorge, M.　*134*
Gauntlette, D.　*105*
Grossberg, L.　*2*
Hartley, J.　*105*
Hartman, D.　*234*
Heffeman, W.　*43*
Hendrickson, M.　*43*
Jefferson, T.　*16, 22, 23*
Kim, Y.　*125, 130*
King, B.　*102*
Koh, C.　*158, 159*
Moss, E-L.　*158*
Ogaz, C.　*150*
Piocos, C.　*161*
Poter, N.　*150*
Siegel, D.　*139, 140*
Sivanandan, A.　*235*
Storey, J.　*3, 101, 104*
Tillu, S. S.　*158*
Tubeza, P.　*160*
Vickery, A.　*102*
Wagner, P.　*60*
Walker, R.　*141*
Wilson, J. Q.　*177*

あ

アーサー・C・ドイル　*98*
アーサー・アッシュ　*247*
会沢安（正志斎）　*200*
合田美穂　*157*
浅田真央　*147, 148*
東　浩紀　*176*
東由多加　*97*
麻生太郎　*224*
アドルノ（Adorno, T. W.）
　　87, 107, **108**
アプター（Apter, D.）　*60*
安倍晋三　*204, 213, 215,*
　　225
阿部真大　*177*
アベリー・ブランデージ
　　246
荒川　弘　*49*
アルチュセール, L.　*3*
アレクセイ・ソボレフ　*246*
アンジェリーナ・ジョリー
　　78
アンダーソン（Anderson, B.
　R. O'G.）　***191, 196, 197***
安藤丈将　*50, 59, 60, 62*

イェルク・ハイダー　**215**
五十嵐泰正　*65*
五十嵐太郎　*171, 179*
幾島幸子　*232*
石原慎太郎　**215**
伊藤るり　*158*

ヴァカン（Wacquant, L.）
　　177
ウィリス（Willis, P.）　*169,*
　　170
ウエスト, C.　**230**
上野俊哉　*73*
上野千鶴子　*127, 128*
ヴォロシーノフ, V. N.　*3*

エドワーズ（Edwards, H.）
　　235-237, 247
エリック・ガーナー　*229*
エンゲルス, F.　*40*

大澤真幸　**194**
太田省一　*121, 122*
大塚英志　*96, 97, 109-112*
大橋健一　*159*
小笠原博毅　*24-29*
尾﨑　豊　*171, 173*
小田切博　*98*
小保方晴子　*86*

か

ガイ・リッチー　*100*
筧　克彦　*201*
勝俣恒久　*68*
加藤典洋　*67*
門林岳史　*127, 134*
金子元希　*164*
粥川準二　*80, 88*
川端浩平　*180*
カンギレム（Canguilhem,
　G.）　*88*

北田暁大　*176,* **194**
北原みのり　*205, 206*
紀平正美　*201*
許斐　剛　*95*
桐野夏生　*164*
ギルロイ（Gilroy, P.）　**16**,
　31-33, 35, 73
キング牧師　**247**

クーン, T.　*42*
轡田竜蔵　*177*
工藤保則　*176*
クライン（Klein, N.）　**232**,
　239, 242

人名索引　*257*

グラムシ, A.　*3, 22*, **40**, *41*, **217**

ゲーリング（Goering, P.）
　42
ケリング（Kelling, G. L.）
　177

小泉純一郎　*213, 215, 223, 224*
ゴードン（Gordon, A.）
　200
小宮信夫　*178*
ゴンザレス（Gonzalez, M.）
　162

さ
斉藤　環　*171*
ザイリン, D.　*230, 239, 244*
酒井直樹　**192**, *207*
坂倉昇平　*125, 126*
笹井芳樹　*86*
サッセン（Sassen, S.）
　156
佐藤郁哉　*118, 129, 170*
鮫肌文殊　*119*
さやわか　*119, 120*
サンスティーン（Sunstein,
　C. R.）　*82-84*

ジェイムズ・ブラウン　*73*
シェリル・マース　*246*
ジェレミー・リン　*230*
塩見直紀　*50*
篠田節子　*164, 165*
渋谷　望　*174*
島薗　進　**199**
シューマン（Shuman, M.
　H.）　*63*
シュローサー（Schlosser,
　E.）　*44*

ジョン・カーロス　*227-237, 245-250*
ジョン・バーンズ　*30*
シルヴィオ・ベルルスコー
　ニ　**215**
ジンバルド（Zimbardo, P.
　G.）　*177*

スカヤ（Skya, W.）　*200*
スティーブンズ（Stephens,
　J.）　*60*
ストークリー・カーマイケ
　ル　*228, 247*
ストーラー, R.　*127*
スピヴァク, G.　*140*

セイラー（Thaler, R. H.）
　82-84

ソシュール, F. de　*3, 147*

た
ターナー（Turner, G.）　*3, 106*
高橋哲哉　*67*
タカハタ秀太　*119*
竹内　洋　*203*
田中角栄　**215**
田中東子　*124, 141*
玉木太郎　*164*
タモリ　*187*
ダンカン（Duncan, M. C.）
　138

近森高明　*176*
チョムスキー（Chomsky,
　N.）　**109**

土屋アンナ　*171*
都築　浩　*119*

ディケンズ, C.　*98*

寺山修司　*97*
デランティ（Delandy, G.）
　120, 121-123, 131, 132
デリック・ローズ　*229*
デルフィ, C.　*128*
テンニース, F.　*120*

土井隆義　*171*
ドゥルーズ, G.　*134*
ドーウィング（Dowling,
　R.）　*162*
ド・セルトー（Certeau, M.
　de）　*3, 104*
トミー・スミス　*228-230, 232-236, 245, 246, 248 -250*
ドライゼク（Dryzek, J. S.）
　64
ドリュー・バリモア　*136*
トリン・ミンハ　*140*
ドレイファス（Dreyfus, H.
　L.）　*41*

な
中曽根康弘　**215**
ナポレオン・ボナパルト
　214
難波功士　*171*

ニコラ・サルコジ　**215**
西田幾多郎　*201*

ネグリ（Negri, A）　*127, 134*

ノーマン・フォスター
　155
ノリス（Norris, P.）　*59*

は
ハージ（Hage, G.）　**207**
ハート（Hardt, M.）　*127,*

134

ハーマン（Herman. E. S.）
109

バウマン（Bauman, Z.）
75, 77, 80, 84, **191,**
193

馬英九 *58*

朴順梨 *205, 206*

橋川文三 **202**

橋下　徹 *213, 215, 225*

バス（Bass, A.）*234, 247*

バトラー（Butler, J.）
128, 140

バフチン, M. *3*

濱野智史 *117, 127*

ハラウェイ, D. *140, 141*

原田曜平 *171, 174*

ハリス（Harris, A.）*124,*
141, 142, 144, 145

バルト, R. *3, 99, 147*

バレーニャス, R. S. *158*

ヒースマン（Heasman,
M.）*41, 42, 46, 51*

ピーター・ノーマン *248-*
250

樋口直人 *205, 208*

姫乃たま *125*

ファルーディ（Faludi, S.）
140

フィッシャー＝リヒテ
（Fischer-Lichte, F.）*123*

フーコー, M. *3,* **41,** *87,*
134, 141, **202**

プーチン, V. *245*

深田恭子 *171*

武黒一郎 *68*

藤田　咲 *114*

藤村正之 *81*

ブラント（Blunt, A.）*162*

ブルース・スプリングティー
ン *173*

ブルデュー, P.　*3*

ブルンス（Bruns, A.）*106*

フロイト, S. *3, 108, 217*

ヘイウッド（Heywood, L.）
137, 138, 142-145, 148,
149, 151

ベック（Beck, U.）*47,*
48, *64*

ヘブディジ（Hebdige, D.）
23, 30

ヘルト・ウィルダース
215

ベンヤミン, W. *187*

ボイコフ（Boykoff, J.）*239,*
240

ボヴェ（Bové, J.）*39, 40*

ボードリヤール
（Baudrillard, J.）*84*

ホール（Hall, S.）*4, 7, 10,*
16, *18, 21-24, 30, 31,*
103-105, 157, 214, 216,
217, 221, 235

ポスター, M. *197,* **198,**
199

ホックシールド
（Hockschild, A.）*126,*
174

ポニアトウスカ
（Poniatowska, E.）*237*
-239

ホルクハイマー
（Horkheimer, M.）*87*

本田由紀 *132*

本田善彦 *58*

ま

マーガレット・サッチャー
25, 214-219

マークシー（Marqusee, M.）
234

マイケル・ブラウン *227,*
228

マイケル・ムーア **173**

マクロビー（McRobbie,
A.）**107,** *140-144, 216,*
219

松川希実 *164*

マッキベン（McKibben,
B.）*45, 46*

松島聖子 *232*

マルクス, K. *3, 40*

丸山真男 **201**

三浦　展 *175*

糞田胸善 *201, 203*

美濃部達吉 *200*

武藤　栄 *68*

ムフ（Mouffe, C.）*217*

村上由見子 *232*

メイ, T. *75*

メロウィッツ, J. *197,* **198**

毛利嘉孝 *61*

モーリス＝スズキ, T. *67,*
206

モハメッド・アリ **247**

モハンティ, C. T. *140*

や

安田浩一 *205, 206*

安田善次郎 *203*

山下慶親 *230*

山中伸弥 *86*

山之内靖 *121*

山野車輪 *189*

山本敦久 *247*

ヤング（Young, I. M.）
66, 69

人名索引

ヤング（Young, J.） *175*

ユ, イブ・ピュイ *157*
ユリウス・シーザー *214*

吉野作造 *200*

ら・わ
ライアン（Lyon, D.） *80*
ライソン（Lyson, T. A.）
46
ラカン, J. *3, 207,* **217**

ラクラウ（Laclau, E.） *10,*
216, 217, 220-224
ラビノウ（Rabinow, P.）
41
ラング（Lang, T.） *41,*
42, 46, 51

リオタール, J. -F. **191**
リッツア, G. *174*

レヴィ＝ストロース, C.
23

レス・バック（Back, L.）
163, 182

ローズ（Rose, N.） *68*
ローズ（Rose, T.） *142*
ロナルド・レーガン **215**
ロペス＝マテオス, A.
238

渡辺めぐみ *52*

■ **編著者紹介**〔執筆順〕
田中東子（たなか とうこ）
1972 年生まれ。東京大学大学院情報学環教授。メディア文化論，フェミニズム。 主な著作・翻訳に『メディア文化とジェンダーの政治学―第三波フェミニズムの視点から』（単著，世界思想社，2012 年），アンジェラ・マクロビー『フェミニズムとレジリエンスの政治―ジェンダー、メディア、そして福祉の終焉』（共訳，青土社，2022 年）など。
担当：第 1・6・8 章

山本敦久（やまもと あつひさ）
1973 年生まれ。成城大学社会イノベーション学部教授。スポーツ社会学，カルチュラル・スタディーズ。
主な著書に，『反東京オリンピック宣言』（編著，航思社，2016 年），『身体と教養―身体と向き合うアクティブ・ラーニングの探求』（編著，ナカニシヤ出版，2016 年）など。
担当：第 2・13 章

安藤丈将（あんどう たけまさ）
1976 年生まれ。武蔵大学社会学部教授。政治社会学，社会運動論。
主な著書に，『ニューレフト運動と市民社会―「六〇年代」の思想のゆくえ』（単著，世界思想社，2013 年），『グローバルヒストリーとしての 1968 年』（分担執筆，ミネルヴァ書房，2015 年）。
担当：第 3・4 章

■ **著者紹介**〔執筆順〕
二宮雅也（にのみや まさや）
1977 年生まれ。文教大学人間科学部教授。スポーツ・健康社会学，ボランティア論，地域活性論。
主な著作に『スポーツボランティア読本―「支えるスポーツ」の魅力とは』（単著，悠光堂，2017 年），『アスリートたちが変えるスポーツと身体の未来』（分担執筆，岩波書店，2023 年）など。
担当：第 5 章

竹田恵子（たけだ けいこ）
1980 年生まれ。東京外国語大学世界言語社会教育センター講師。EGSA JAPAN 代表。ジェンダー／セクシュアリティ研究。
主な著書に『生きられる「アート」―パフォーマンス・アート《S/N》とアイデンティティ（単著，ナカニシヤ出版，2020 年），*The Dumb Type reader*（分担執筆，Museum Tusculanum Press, 2017 年）。
担当：第 7 章・コラム④

栢木清吾（かやのき せいご）
1979 年生まれ。立命館大学ほか非常勤講師。翻訳家。歴史社会学，移民研究，カルチュラル・スタディーズ。
主な著作・翻訳に『ふれる社会学』（分担執筆，北樹出版，2019 年），ニケシュ・シュクラ編『よい移民―現代イギリスを生きる 21 人の物語』（翻訳，創元社，2019 年）など。
担当：第 9 章

川端浩平（かわばた こうへい）
1974 年生まれ。津田塾大学学芸学部教授。社会学，カルチュラル・スタディーズ。
主な著作に『ジモトを歩く―身近な世界のエスノグラフィ』（単著，御茶の水書房，2013 年），
『サイレント・マジョリティとは誰か―フィールドから学ぶ地域社会学』（共編，ナカニシヤ出
版，2018 年），『排外主義と在日コリアン―互いを「バカ」と呼び合うまえに』（単著，晃洋書房，
2020）など。
担当：第 10 章

川村覚文（かわむら さとふみ）
1979 年生まれ。大妻女子大学文学部准教授。批判理論、メディア文化論。
主な論文・著書に "Live concerts by voice actresses/characters as state of exception: The
affect and subjectivity of the audience as necessary conditions" *Mechademia: Second Arc* 2023,
Idology in transcultural perspective: Anthropological investigations of popular idolatry（分担執筆，
Palgrave Macmillan，2022）など。
担当：第 11・12 章

■ コラム執筆者紹介〔執筆順〕

諫山三武（いさやま さぶ）
1988 年生まれ。編集者。学生時代に ZINE『未知の駅』を創刊。2013 年に「株式会社未知の駅」
を設立。雑誌や出版物の取材，執筆，編集，制作などを行っている。
担当：コラム①

島晃一（しま こういち）
1985 年生まれ。DJ，ライター。音楽評論，映画評論。『キネマ旬報』，『ele-king』，各 CD のライナーノーツなどで執筆。渋谷 The Room の「Soul Matters」や「CHAMP」で DJ。TBS ラジオ「アフター 6 ジャンクション」の「ペデストリアンデッキは都市の DJ」特集に出演。
担当：コラム②

山際節子（やまぎわ せつこ）
1986 年生まれ。事務職員。ファンカルチャー。
担当：コラム③・⑥

高原太一（たかはら たいち）
1989 年生まれ。成城大学グローカル研究センターポストドクター研究員。占領史，カルチュラル・スタディーズ。
主な論文に「制度への仕掛け―『たまスタディーズ』という試み」（『年報カルチュラル・スタディーズ vol.4』，2016 年），『国立文教地区指定運動―占領と独立の狭間で』（修士論文，2016 年）など。
担当：コラム⑤

出来事から学ぶカルチュラル・スタディーズ

2017 年 10 月 30 日　初版第 1 刷発行　　（定価はカヴァーに表示してあります）
2023 年　9 月 30 日　初版第 3 刷発行

編著者　田中東子・山本敦久・安藤丈将
著　者　川端浩平・二宮雅也・川村覚文・
　　　　栢木清吾・竹田恵子
発行者　中西　良
発行所　株式会社ナカニシヤ出版
〒606-8161　京都市左京区一乗寺木ノ本町 15 番地
　　　　　　　　Telephone　　　075-723-0111
　　　　　　　　Facsimile　　　075-723-0095
　　Website　　http://www.nakanishiya.co.jp/
　　E-mail　　　iihon-ippai@nakanishiya.co.jp
　　　　　　　　郵便振替　　01030-0-13128

装幀＝白沢　正／印刷・製本＝ファインワークス
Copyright © 2017 by T. Tanaka, A. Yamamoto, & T. Ando
Printed in Japan.
ISBN978-4-7795-1047-2

本書のコピー，スキャン，デジタル化等の無断複製は著作権法上の例外を除き禁じられています。本書を代行業者の第三者に依頼してスキャンやデジタル化することはたとえ個人や家庭内の利用であっても著作権法上認められていません。

ナカニシヤ出版 ◆ 書籍のご案内
表示の価格は本体価格です。

シリーズ・メディアの未来 ※身近なことから考える好評テキスト・シリーズ

① メディア・コミュニケーション論
池田理知子・松本健太郎 [編著]
メディアが大きく変容している今，コミュニケーションとメディアの捉え方を根底から問い，読者を揺り
動かす入門テキスト。 2200 円＋税

②・1 メディア文化論 [第 2 版]
想像力の現在 遠藤英樹・松本健太郎・江藤茂博 [編]
多様な形態のメディアが発達を遂げた現在，私たちをとりまく文化はどう変容しているのか。身近
なことから考える好評テキストの改訂版。 2400 円＋税

③ メディア・リテラシーの現在（いま）
公害／環境問題から読み解く 池田理知子 [編]
螺旋状に広がる沈黙の輪を断つために──メディアと私たちの関係を公害／環境問題を軸に問い直
し，新たな対話の地平を拓く！ 2400 円＋税

④ 観光メディア論
遠藤英樹・寺岡伸悟・堀野正人 [編著]
揺れ動くメディアと観光の不思議な関係を，最新の知見からやさしく読み解く。読者を議論に誘い
理解を深める好評シリーズ第 4 弾！ 2500 円＋税

⑤ 音響メディア史
谷口文和・中川克志・福田裕大 [著]
19 世紀から現代に至るまで，音のメディアは，どう変容したのか？ その歴史を詳らかにし，技術
変化と文化の相互作用を論じる。 2300 円＋税

⑥ 空間とメディア
場所の記憶・移動・リアリティ 遠藤英樹・松本健太郎 [編著]
空間の意味と可能性を問い直す──テーマパーク，サイバースペース，境界，風景……多様な切り
口から空間を読みほぐす最新テキスト！ 2700 円＋税

⑦ 日常から考えるコミュニケーション学
メディアを通して学ぶ 池田理知子 [著]
立ち止まり，考えて，振り返る──私たちと他者とをつなぐ「メディア」の分析を通して，コミュ
ニケーション学とは何かを学ぶ。 2000 円＋税

⑧ メディア・コンテンツ論
岡本 健・遠藤英樹 [編]
現代社会に遍在し氾濫するメディア・コンテンツを理論的，実務的視点から多角的に読み解く。
2500 円＋税

⑨ 記録と記憶のメディア論

谷島貫太・松本健太郎［編］

記憶という行為がもつ奥行きや困難さ，歴史性，そしてそれらの可能性の条件となっているメディアの次元を考える。　　　　　　　　　　　　　　　　　　　　　　　　　　　　　　　　　　2600 円＋税

⑩ メディア・レトリック論

文化・政治・コミュニケーション　青沼　智・池田理知子・平野順也［編］

コミュニケーションが「不可避」な社会において，私たちの文化を生成するコミュニケーションの力＝レトリックを事例から検証する。　　　　　　　　　　　　　　　　　　　　　　　　2400 円＋税

⑪ ポスト情報メディア論

岡本　健・松井広志［編］

最新理論と事例から情報メディアに留まらない，さまざまな「人・モノ・場所のハイブリッドな関係性」を読み解く視点と分析を提示する。　　　　　　　　　　　　　　　　　　　　　　2400 円＋税

⑫ モノとメディアの人類学

藤野陽平・奈良雅史・近藤祉秋［編］

メディアを考える際にモノを考えなければならないのはなぜか。ヒトとモノとのかかわりを通じてメディアと社会の関係を考える。　　　　　　　　　　　　　　　　　　　　　　　　　　2600 円＋税

⑬ メディアとメッセージ

社会のなかのコミュニケーション　小西卓三・松本健太郎［編］

多種多様なメディアは何を変えたのか。メッセージは今，どのようにつくられ，流通し，受容されているのかを多角的に考察する。　　　　　　　　　　　　　　　　　　　　　　　　　　2400 円＋税

⑭ 技術と文化のメディア論

梅田拓也・近藤和都・新倉貴仁［編著］

日常文化を，技術の「マテリアル」「インターフェース」「インフラストラクチャー」「システム」に注目し読み解く。　　　　　　　　　　　　　　　　　　　　　　　　　　　　　　　2500 円＋税

移民から教育を考える

子どもたちをとりまくグローバル時代の課題

額賀美紗子・芝野淳一・三浦綾希子［編］

私たちの「当たり前」を問うために。日本における移民の子どもたちとその教育を網羅的かつ体系的に扱った初の本格的なテキストブック。　　　　　　　　　　　　　　　　　　　　　2300 円＋税

国際社会学入門

石井香世子 ［編］

移民・難民・無国籍・家族・教育・医療・観光……国境を超えたグローバルな社会現象をさまざまな切り口から捉える入門テキスト。

2200 円＋税

交錯する多文化社会
異文化コミュニケーションを捉え直す

河合優子 ［編］

日常のなかにある複雑なコンテクストと多様なカテゴリーとの交錯をインタビューやフィールドワーク，メディア分析を通じて読み解く。

2600 円＋税

認知資本主義
21 世紀のポリティカル・エコノミー

山本泰三 ［編］

フレキシブル化，金融化，労働として動員される「生」──非物質的なものをめぐる現代のグローバルな趨勢「認知資本主義」を分析。

2600 円＋税

プラットフォーム資本主義を解読する
スマートフォンからみえてくる現代社会

水嶋一憲・ケイン樹里安・妹尾麻美・山本泰三 ［編著］

ビッグ・テックの「しかけ」を，わかりやすく，この1冊で。身近な切り口から，多角的に問題を照らし出す，画期的な入門書！

2400 円＋税

フィールドワークの学び方
国際学生との協働からオンライン調査まで

村田晶子・箕曲在弘・佐藤慎司 ［編著］

多様な学生に配慮し，オンライン活用も踏まえた，新しい時代の変化に対応したフィールドワークを学ぶための実践的な参考書。

2200 円＋税

オルタナティヴ地域社会学入門
「不気味なもの」から地域活性化を問いなおす

渡邊悟史・芦田裕介・北島義和 ［編著］ 佐藤真弓・金子祥之 ［著］

「不気味なもの」を補助線に地域活性化の枠組みを問いなおし，まごつきながら農村・地域社会のリアルに迫る新たな地域社会学の入門書。

2400 円＋税

サイレント・マジョリティとは誰か
フィールドから学ぶ地域社会学

川端浩平・安藤丈将 ［編］

現地を歩き，出会い，話を聞き，現実へと一歩踏み込む。地域社会という言葉が覆い隠してしまう私たちの想像力を再び活性化するために。

2300 円＋税

同化と他者化
戦後沖縄の本土就職者たち
岸　政彦［著］

祖国への憧れを胸に本土へ渡った沖縄の若者たち。それは壮大な沖縄への帰還の旅でもあった。気鋭の社会学者，衝撃のデビュー作。　　　　　　　　　　　　　　　　　　　　　　　　　　3600 円＋税

地元を生きる
沖縄的共同性の社会学
岸　政彦・打越正行・上原健太郎・上間陽子［著］

膨大なフィールドワークから浮かび上がる，教員，公務員，飲食業，建築労働者，風俗嬢……さまざまな人びとの「沖縄の人生」。　　　　　　　　　　　　　　　　　　　　　　　　　　3200 円＋税

生活史論集
岸　政彦［編］

「人生の語りを聞く」とはどういうことか。10 人の社会学者による生活史の語りに基づく論文を収録した，社会学的質的調査の最前線。　　　　　　　　　　　　　　　　　　　　　　3600 円＋税

「グアム育ちの日本人」のエスノグラフィー
新二世のライフコースと日本をめぐる経験
芝野淳一［著］

かれらの人生にとって「日本」とは一体何か。なぜ，かれらは「日本」にこだわりをもち，「日本」に活路を見出そうとするのか。　　　　　　　　　　　　　　　　　　　　　　　　2700 円＋税

世界の手触り
フィールド哲学入門
佐藤知久・比嘉夏子・梶丸　岳［編］

多様なフィールドで，「他者」とともに考える，フィールド哲学への誘い。菅原和孝と池澤夏樹，鷲田清一との熱気溢れる対談を収録。　　　　　　　　　　　　　　　　　　　　　　2600 円＋税

フィールドワークの現代思想
パンデミック以後のフィールドワーカーのために
遠藤英樹［編］

フィールドとは何か，フィールドワーカーとは誰か，フィールドワークとは何か，フィールドワークで何が認識されるか，改めて問い直す。　　　　　　　　　　　　　　　　　　2400 円＋税

楽しみの技法
趣味実践の社会学
秋谷直矩・團　康晃・松井広志［編］

私たちは「趣味」をどのように楽しんでいるのか。現代における多様な趣味のあり方を，様々な手法を駆使して社会学的に解明！　　　　　　　　　　　　　　　　　　　　　　　　2700 円＋税

生きられる「アート」
パフォーマンス・アート《S/N》とアイデンティティ
竹田恵子［著］
夭折の芸術家，古橋悌二が関与したダムタイプの傑作《S/N》を関係者インタビューを交えながら
考察。アートと社会との関係に迫る。　　　　　　　　　　　　　　　　　　　3200 円＋税

歴史と理論からの社会学入門
木村至聖［著］
100 年以上にわたり各々の時代と格闘し，生まれ変わり続けてきた社会学理論。その軌跡を世界史
的背景とともに平易に解説！！　　　　　　　　　　　　　　　　　　　　　2600 円＋税

消費と労働の文化社会学
やりがい搾取以降の「批判」を考える
永田大輔・松永伸太朗・中村香住［編著］
労働の変化を問い直しながら，様々な消費文化と関わる労働を描きだし，外在的な批判を超える多
様な「批判」のあり方を考える。　　　　　　　　　　　　　　　　　　　　2700 円＋税

「趣味に生きる」の文化論
シリアスレジャーから考える
宮入恭平・杉山昂平［編］
趣味として自分の好きなことに打ち込む人びとや，彼・彼女らを取り囲む趣味環境に注目し，文化
のあり方，そこでの葛藤を描きだす。　　　　　　　　　　　　　　　　　　2400 円＋税

21 世紀の産業・労働社会学
「働く人間」へのアプローチ
松永伸太朗・園田　薫・中川宗人［編著］
現代の労働の多面性を分析する多様な社会学のアプローチを「働く人間」に焦点をあて整理し，新
たな産業と労働の社会学を再構築する。　　　　　　　　　　　　　　　　　2800 円＋税

アニメの社会学
アニメファンとアニメ制作者たちの文化産業論
永田大輔・松永伸太朗［編］
ファン活動，アニメ産業，それらを支える技術や制度など多様な角度からアニメ研究と文化社会学の拡が
りを捉え両者の接続を試みる。　　　　　　　　　　　　　　　　　　　　　2600 円＋税

アニメーターはどう働いているのか
集まって働くフリーランサーたちの労働社会学
松永伸太朗［著］
なぜ集まって働いているのか。制作現場はどのように維持されているのか。綿密な参与観察を通し
て，労働の実態と当事者の論理に迫る。　　　　　　　　　　　　　　　　　2800 円＋税

アクターネットワーク理論入門

「モノ」であふれる世界の記述法

栗原　亘［編著］伊藤嘉高・森下　翔・金　信行・小川湧司［著］

ANT とは何か？　ミッシェル・カロン，ジョン・ロー，そして，ブリュノ・ラトゥールたちは何をしようとしてきたのか？　　　　　　　　　　　　　　　　　　　　　　　　　　　2600 円＋税

基礎から分かる会話コミュニケーションの分析法

高梨克也［著］

さまざまな会話コミュニケーションを明示的な方法論で観察し，理論的かつ体系的に説明しようとする人のための入門書。　　　　　　　　　　　　　　　　　　　　　　　　　　　　　2400 円＋税

最強の社会調査入門

これから質的調査をはじめる人のために

前田拓也・秋谷直矩・朴　沙羅・木下　衆［編］

「聞いてみる」「やってみる」「行ってみる」「読んでみる」ことから始まる社会調査の極意を，16 人の社会学者がお教えします。　　　　　　　　　　　　　　　　　　　　　　　　　　2300 円＋税

フェミニスト現象学入門

経験から「普通」を問い直す

稲原美苗・川崎唯史・中澤　瞳・宮原　優［編］

ボーヴォワールらの哲学を拡張しつつ，当事者たちの経験の記述から様々なテーマに接近し，「当たり前」と「規範」の問い直しを試みる。　　　　　　　　　　　　　　　　　　　　　2200 円＋税

フェミニスト現象学

経験が響きあう場所へ

稲原美苗・川崎唯史・中澤　瞳・宮原　優［編］

当事者の経験を記述・考察するフェミニスト現象学の可能性を，多様なテーマと理論，自己や他者の語りを扱った論考から指し示す。　　　　　　　　　　　　　　　　　　　　　　　3200 円＋税

越境するファッション・スタディーズ

これからファッションを研究したい人のために

高木陽子・高馬京子［編著］

複雑にからみあったファッションにまつわる事象を芸術学・言語文化・文化人類学・メディア論など多様な視点から学際的に論じる。　　　　　　　　　　　　　　　　　　　　　　　2500 円＋税